C'ÉTAIT DEMAIN

Edward Bellamy

C'était demain

Traduction de Paul Rey

Édition présentée et annotée par
Normand Baillargeon et Chantal Santerre

Suivi de
« Post-Scriptum sur les avancées du progrès dans le monde »
et de
« L'allégorie du réservoir »

Collection « Orphée »

Dans la même collection :
– Lewis Carroll, *La Chasse au Snark*
– Bernard Émond, *20h17, rue Darling*
– Louis Hémon, *Maria Chapdelaine*
– Louis Hémon, *Colin-Maillard*
– Hector de Saint-Denys Garneau, *Regards et jeux dans l'espace*

Titre original : *Looking Backward, 2000 to 1887*
© Ticknor and Company, 1888

© Lux Éditeur, 2007 pour la présente édition
www.luxediteur.com

Dépôt légal : 1er trimestre 2007
Bibliothèque nationale du Canada
Bibliothèque nationale du Québec
ISBN 978-2-89596-047-8

Ouvrage publié avec le concours du Conseil des arts du Canada, du programme de crédit d'impôts du gouvernement du Québec et de la SODEC.

Introduction *

Edward Bellamy,
hier et aujourd'hui

> *Une carte du monde qui ne comprendrait pas l'Utopie omettrait le seul pays où l'humanité aborde inévitablement : elle ne mériterait pas qu'on y jette ne serait-ce qu'un simple coup d'œil.*
>
> *Pourtant, dès qu'elle a touché les rives de l'Utopie, l'humanité, regardant autour d'elle, aperçoit une meilleure contrée et fait aussitôt voile vers elle.*
>
> *Le progrès est l'accomplissement des utopies.*

Oscar Wilde [1]

ALORS qu'il faisait effectuer des travaux à sa maison de Boston, le docteur Leete, un médecin à la retraite, découvrit avec surprise une pièce secrète dans laquelle se trouvait un jeune homme endormi. Il s'appelait Julian West et, pour le soulager de ses crises d'insomnie, on l'avait hypnotisé à ce même endroit... cent treize ans plus tôt ! Personne n'étant venu le réveiller, le temps s'était mystérieusement arrêté pour lui : « mesmérisé [2] », Julian West était resté en vie, traversant, intact, toutes ces années [3].

Le voici qui reprend conscience.

West était un jeune Bostonien prospère vivant aux sommets de la société capitaliste qu'étaient alors les États-Unis. Il s'éveille dans

*. Les notes de l'introduction sont reportées en page 30.

un monde profondément transformé et, à vrai dire, complètement différent de celui dans lequel il s'était endormi. L'économie de marché et le capitalisme sont désormais choses du passé et ont été remplacés par une société qui tient tout à la fois, si l'on peut le dire ainsi, du socialisme et de la planification centrale. La ville où West s'était endormi était une cité de peur, de violents conflits, de guerre des classes, de chômage, d'insécurité et de profondes et déchirantes inégalités économiques ; dans le Boston où il s'éveille règnent l'harmonie, la coopération, la justice et la démocratie – aussi bien sociales qu'économiques –, le plein emploi et la prospérité.

Telle est, brièvement esquissée, la trame narrative de *Looking Backward: 2000-1887*, roman d'Edward Bellamy dont nous proposons ici une édition française. Il raconte comment, avec l'aide du docteur Leete, de sa femme et de leur fille, Edith, Julian West va peu à peu découvrir et apprivoiser le nouveau monde où il revient à la vie. Comment, d'étonnements en émerveillements, il comprendra ce qu'avait de désespérément inhumain la société qu'il a quittée et apprendre à aimer celle qu'il découvre.

Le roman, on l'a compris, s'inscrit dans la grande tradition philosophique, politique et littéraire de l'utopisme, tradition inaugurée par Platon dans *La République* et qui doit son nom à Thomas More, qui nomma *Utopia* le pays imaginaire qu'il conçut en 1516 [4]. Il a paru aux États-Unis en 1888 ; son héros s'était endormi l'année précédente pour s'éveiller à l'automne de l'an 2000.

L'INFLUENCE D'UN LIVRE

On a souvent cité l'impact immense qu'a eu ce livre sur son époque. Un commentateur récent écrit même, avec raison, qu'avec *La Case de l'oncle Tom* [5], *Looking Backward* est sans doute « le plus influent ouvrage de fiction jamais écrit par un Américain [6] ». Son succès fut immédiat et fulgurant. On en vendit dix mille exemplaires dès la première année, ce qui, à l'époque, représentait déjà des chiffres de vente considérables. Dans les années qui suivirent, on en écoula un million de copies. Des traductions en une douzaine de langues parurent – dont une traduction en russe, réalisée et publiée sur l'insistance de Léon Tolstoï, qui trouvait l'ouvrage « absolument remarquable [7] ». Devenu immensément célèbre, Bellamy sera considéré par bien des gens comme une sorte de prophète. Quelque cent cinquante *Bellamy Clubs* seront créés un peu partout aux États-Unis, afin de diffuser son message et de discuter ses idées. Il s'y déploiera une bouillonnante activité qui aboutira à la création d'un Mouvement nationaliste, lequel sera impliqué dans la création d'un parti politique qui recueillera plus d'un million de voix aux élections de 1892.

Il est important de noter que le retentissement des conceptions économiques, politiques et sociales exposées par Bellamy atteignit aussi bien le grand public que de nombreux intellectuels et politiciens. C'est ainsi que, dans les années qui suivirent la parution de *Looking Backward*, une centaine d'ouvrages furent publiés pour le défendre ou s'y opposer. Comme le rappelle Martin Gardner, près de la moitié de ceux-ci étaient également des utopies, aux titres faisant explicitement référence à l'ouvrage de Bellamy : *Looking Ahead, Looking Beyond, Looking Within, Looking Forward* et ainsi de suite [8]. C'est d'ailleurs en réaction au livre de Bellamy que William Morris (1834-1896) écrivit son célèbre *News from Nowhere* et que William Dean Howells publia *A Traveler from Altruria* ainsi que *Through the Eye of the Needle*. Les récents créateurs d'un modèle économique d'inspiration libertaire, appelé « *participatory economics* » ou « économie participaliste » – et sur lesquels nous reviendrons plus loin – ne sont pas en reste : ils ont intitulé *Looking Forward* un des ouvrages exposant leurs conceptions [9].

Une autre manière de mesurer l'impact exceptionnel de Bellamy et de son ouvrage est de considérer le nombre impressionnant de personnes appelées à jouer un rôle important dans l'histoire du socialisme, du syndicalisme et plus généralement des mouvements progressistes aux États-Unis et qui ont témoigné de l'influence de ce livre sur le développement de leurs idées et de leur militantisme. C'est notamment le cas d'Eugene Victor Debs (1855-1926) [10], de Norman Thomas (1884-1968) [11], d'Upton Sinclair (1878-1968) [12], de John Dewey (1859-1952) [13], d'Erich Fromm (1900-1980) [14], de Jack London (1876-1916) [15], de Charles Austin Beard (1874-1948) [16], de Carl Sandburg (1878-1967) [17], de Thorstein Bunde Veblen (1857-1929) [18], de Lincoln Steffens (1866-1936) [19] et de bien d'autres personnalités, sans compter ces innombrables militantes et militants anonymes qui puisèrent leur inspiration dans les écrits de Bellamy. Martin Gardner assure, pour sa part, et il a bien raison, que le *New*

Deal reste incompréhensible si l'on n'a pas lu *Looking Backward*. L'ouvrage programmatique du *New Deal* de Franklin D. Roosevelet, paru en 1933, s'intitulait d'ailleurs *Looking Forward* [20]. En 1935 encore, dans une enquête commanditée par l'université Columbia, John Dewey et Charles Beard citaient *Looking Backward* comme étant l'ouvrage américain le plus influent des cinquante dernières années et, sur le plan international, le plaçaient en deuxième place, tout juste derrière *Le Capital* de Karl Marx !

Cette adéquation entre un roman et les inquiétudes et les aspirations de son public et de son temps est une chose remarquable, sur laquelle nous nous pencherons dans les pages qui suivent avec une attention d'autant plus grande que certaines de ces inquiétudes et aspirations ressemblent singulièrement aux nôtres.

Il est en ce sens quelque peu désolant de constater que le roman et son auteur sont aujourd'hui tombés dans un oubli relatif, dont ne viennent périodiquement les tirer que des étudiants qui rencontrent *Looking Backward* dans un cours d'histoire de la littérature américaine ou, plus rarement, des personnes intéressées par les idées économiques, sociales et politiques qui y sont exposées. Dans le monde francophone, tout cela est encore bien plus vrai et l'on peut raisonnablement avancer que Bellamy et son œuvre y sont, à peu de choses près, entièrement inconnus.

On aura compris qu'en rééditant ce livre, nous voulons d'abord exhumer un texte important de l'histoire de la littérature et des luttes populaires, une œuvre qui témoigne d'un moment de la réflexion et de l'action pour la justice sociale et économique. Nous pensons cependant que le livre de Bellamy ne devrait pas être lu uniquement comme un document littéraire ou historique et que les idées qu'il expose méritent, aujourd'hui comme hier, d'être connues, méditées et discutées, sans aucune complaisance, pour elles-mêmes et pour ce qu'elles peuvent nous apporter, ici et maintenant.

En lisant *Looking Backward* de cette manière, on découvre d'abord la dénonciation très forte des injustices structurelles des institutions économiques de l'époque de Bellamy. On découvre encore l'implacable rigueur avec laquelle il arrache leurs masques aux vains efforts de justification de l'injustifiable, proposés par l'idéologie dominante. Rien de tout cela, hélas, n'a entièrement perdu de son actualité et les lecteurs contemporains apprécieront sans aucun doute l'acuité du regard critique de Bellamy, tout comme ils ressentiront la puissante et légitime indignation morale qui l'animait.

Mais il y a plus. Bellamy, en effet, nous donne à contempler ce trop rare spectacle d'un homme qui propose des solutions, qui ne se contente pas de dénoncer une situation intolérable, mais qui cherche aussi les moyens d'en sortir – dans son cas, par la littérature, l'imagination et l'utopie. Ce faisant, il affronte des problèmes difficiles, dont un bon nombre restent les nôtres. Ici encore, pensons-nous, il y a beaucoup à apprendre de son parcours et de son travail, et cela, même lorsqu'il s'est lourdement trompé – car Bellamy, il ne faut ni se le cacher ni s'en étonner, s'est parfois trompé.

Dans les pages qui suivent, nous voudrions essentiellement accomplir deux choses, qui prépareront à la lecture de *C'était demain* – puisque tel est le titre que nous avons choisi de donner à cette édition de *Looking Backward*.

Nous voulons d'abord rappeler qui était Edward Bellamy et le situer dans son temps. Nous voulons également replacer ce roman particulier dans l'ensemble de ses écrits.

Nous en examinerons ensuite quelques-uns des grands thèmes, en cherchant à comprendre l'immense attrait que l'œuvre a exercé à son époque – et par là même, peut-être, l'oubli qui s'ensuivit. Notre ambition sera de dresser un bilan des enseignements que peuvent nous apporter aujourd'hui la réflexion et l'exemple de Bellamy, en nous efforçant de dégager ce qui nous paraît demeurer important et stimulant et ce qui, au contraire, nous semble moins digne d'intérêt, voire très contestable – quand ce n'est pas parfaitement inacceptable.

LE SINGULIER DESTIN
D'UN RÊVEUR DISCRET

Edward Bellamy est né à Chicopee Falls, au Massachusetts, le 26 mars 1850 ; il y est mort le 22 mai 1898.

De ces seules dates, il est permis de conclure que sa vie s'est déroulée durant une période de l'histoire des États-Unis particulièrement mouvementée. En effet, la terrible et sanglante guerre civile déchira le pays de 1861 à 1865 ; Bellamy est donc adolescent quand elle se termine et que s'installe cet obscur épisode historique de la reconstruction ; il est un jeune homme au cours des années de bouleversements et de conflits sociaux et économiques majeurs qui suivent. Au total, la vie de Bellamy se déroule dans une période de profonde crise sociale, politique et économique, une période de doute et de remise en question, souvent radicale et parfois douloureuse. En particulier, bon nombre d'Étasuniens se demandent alors, avec inquiétude, s'ils verront un jour s'incarner l'idéal démocratique qu'ils croient être au fondement même de l'établissement de leur pays. Bellamy est bien entendu de ceux et de celles qui posent ces graves questions et *C'était demain* présente les réponses auxquelles il est arrivé. Plus exactement encore, le livre pourrait être donné comme la réaction d'un cœur pétri d'idéalisme devant les horreurs du monde et exprimée sous une forme littéraire.

En ce sens, son écriture demandait que trois conditions soient réunies.

Il fallait d'abord qu'en son cœur soit forgé cet idéalisme ; il fallait ensuite qu'il rencontre ce qui soulèverait son indignation ; il fallait enfin qu'il développe le talent littéraire permettant d'exposer de manière vibrante certains problèmes graves et d'exprimer avec conviction les solutions préconisées pour les résoudre.

Examinée rétrospectivement à partir de *C'était Demain*, la vie de Bellamy apparaît comme l'histoire de la réalisation de chacune de ces trois conditions.

La première sera satisfaite dès l'enfance de Bellamy, qui est né au sein d'une famille profondément pieuse. La religion, comme nous allons le constater, sera une composante fondamentale de sa personnalité, de son idéalisme ainsi que de l'*ethos* particulier qui caractérisera sa vision du monde.

Calvinisme, millénarisme et « religion de la solidarité »

Son père, Rufus King Bellamy, est le pasteur baptiste de Chicopee Falls ; sa mère, Maria Putnam Bellamy, est une calviniste aux vues plus strictes encore que celles de son époux. Ce sont les siennes qui prévalent dans l'éducation d'Edward, qui est élevé selon l'orthodoxie calviniste. Le petit garçon apprend de sa mère des vertus qui ne le quitteront plus : la discipline, le contrôle de soi et, par-dessus tout, un idéal de service de l'humanité. Bellamy hérite en fait d'un idéalisme humaniste qui débouche sur une éthique d'amour de son prochain, de solidarité et de fraternité, pour laquelle il n'est pire crime que l'égoïsme.

Bellamy devait devenir pasteur et il lui fallait pour cela « renaître en Jésus-Christ ». Pourtant, malgré tous ses efforts, il s'en avère incapable et en fait l'aveu. Peu à peu, comme le montre la lecture de ses carnets et de son journal, il se détache de la religion révélée et de la foi dans laquelle il a été élevé. Il ne renoncera cependant jamais aux idéaux et aux valeurs hérités de sa mère et qui vont imprégner de manière indélébile sa vie entière et tout ce qu'il écrira – particulièrement *C'était demain*.

Un mot doit encore être touché du millénarisme des puritains dont hérite aussi Bellamy. Selon les millénaristes, les promesses du Nouveau Testament sont sur le point d'être accomplies, *hic et nunc*, en Amérique. Cette prédiction se fonde sur une lecture de l'Ancien et du Nouveau Testament, où ils trouvent des correspondances avec leur époque. Les prophètes de l'Ancien Testament [21] ainsi que la Révélation [22] (écrit apocalyptique) sont particulièrement mis à contribution dans ce travail d'exégèse. Les millénaristes pensent qu'une période de crises et de conflits intenses sera suivie de la mise à l'écart de Satan pour un millénaire entier de parfait bonheur terrestre, auquel succédera un ultime combat avec le Mal.

C'est en vain qu'on chercherait chez Bellamy l'exposé d'une philosophie systématique. En revanche, il serait également injuste de nier qu'il y a bien eu, chez lui, un effort pour donner à sa réflexion sociale, économique et politique des assises philosophiques et métaphysiques. Comme le fera remarquer Arthur Morgan, qui a plus que quiconque tenté d'exposer cette philosophie et cette métaphysique [23], Bellamy en atteint relativement jeune les principales conclusions, qu'il expose dès 1874 – il n'a alors que 24 ans – dans un texte intitulé *La Religion de la solidarité*, qu'il renoncera à faire paraître. Bellamy y propose une sorte de traduction philosophique des valeurs et idéaux religieux du calvinisme, du puritanisme et du millénarisme dans lesquels il a été élevé.

On y entend d'abord distinctement les échos du transcendentalisme d'Emerson, alors populaire. C'est ainsi que le texte s'ouvre sur un chant entonné à la beauté de la nature, suivi du rappel de ce que l'être humain appartient lui aussi à la nature. Bellamy décrit ensuite l'être Humain, ou plutôt le Moi, comme étant composé de deux parties.

La première, dite personnelle, comprend nos désirs et appétits et c'est elle qui s'exprime dans nos égoïsmes, nos calculs, et à travers notre recherche de profits et de gains personnels. La deuxième, dite impersonnelle, aspire à l'unité avec les autres et avec la nature. Sans la pleine réalisation de cette solidarité, sans son accomplissement authentique comme un fait vécu et intensément ressenti, Bellamy soutient qu'« en tant qu'individus, nous ne serons jamais complets [24] ». Ce n'est que par cet accomplissement, réalisé dans cette religion de la solidarité qui nous enjoint de pratiquer les vertus d'altruisme et d'abnégation, que nous pouvons devenir ce qu'il nommera « une étincelle d'infini » :

> D'un côté, [l'être humain], dans sa vie personnelle, est un atome, un grain de sable sur un rivage infini, une bulle d'air sur un océan d'écume, une vie si infinitésimalement minuscule quand on la compare à la vie passée, présente et à venir, que c'est un défi à l'imagination que de parvenir à l'exprimer. [...] Mais, d'un autre côté, sur ce qui semble être un autre plan, il est une étincelle d'infini. [...] Telle est la nature de l'être humain, telle est sa double vie, [...] personnelle et impersonnelle, individuelle et universelle [25].

Avec cette idée de religion de la solidarité, la première de nos trois conditions pour la rédaction de *C'était demain* se trouve satisfaite. Venons-en à présent à la deuxième et à la troisième conditions – respectivement la découverte du malheur du monde et l'écriture.

La découverte du socialisme

Revenons à l'an 1867. Bellamy, qui a déjà, à 17 ans, la fragile santé qu'il aura toute sa vie, échoue aux examens physiques et est refusé à l'école militaire de West Point. Déçu, il part étudier un an à l'Union College de Schenectady à New York, où il suit librement des cours, affichant un intérêt tout particulier pour la philosophie et l'économie politique.

L'année suivante (1868-1869), il effectue un voyage en Allemagne : il y apprend la langue, mais s'intéresse aussi de très près au socialisme allemand. Cette expérience sera elle aussi déterminante dans sa formation : d'abord parce qu'elle le met en contact avec les idées socialistes, ensuite parce qu'elle lui fait voir de près la misère que le socialisme combat. Il est également possible que ce soit durant ce voyage que Bellamy, qui restera discret sur les sources de ses idées, soit entré en contact avec les théories de Fourier et le concept de coopératives, peut-être sous la forme qu'il prend chez Proudhon. Revenant sur ce voyage, il écrira, des années plus tard :

> C'est d'abord dans les grandes cités d'Europe et dans les taudis de ses paysans que, pour la toute première fois, mes yeux se sont ouverts sur l'étendue de l'inhumanité de l'homme [sic] envers l'homme [sic] et sur ses conséquences [...] Bien qu'il m'ait fallu porter mon regard sur l'Europe pour clairement comprendre l'enfer de la pauvreté croupissant sous notre civilisation, une fois mes yeux ouverts je n'eus plus aucun mal à remarquer que se développaient aux États-Unis les mêmes phénomènes – et cela jusque dans mon propre village, relativement prospère [26].

De retour aux États-Unis, Bellamy étudie le droit, espérant pouvoir contribuer, en tant qu'avocat, à l'avancement de la justice sociale. Il déchante vite : dans la première cause qui lui échoit, il lui est demandé de plaider pour l'éviction d'une locataire pour non-paiement de loyer. Dégoûté, il abandonne définitivement la profession d'avocat et se tourne aussitôt vers le journalisme.

Sa formation en droit a fait de lui un bon rhéteur, capable d'argumenter de manière convaincante : ces talents seront mis à contribution dans *C'était demain*. La pratique du métier de journaliste va lui permettre de développer son écriture tout en lui faisant observer de plus près la misère humaine. Il n'aura aucun mal à la rencontrer. C'est que l'époque, que l'on appellera « *the Gilded Age* » (ou l'Âge Doré, selon le titre d'un roman de Mark Twain et Charles Dudley Warner [27]), est agitée, difficile, violente, de telle sorte que la misère est omniprésente.

« THE GILDED AGE » : CORPORATIONS, BARONS VOLEURS, MISÈRE HUMAINE ET RÉVOLTES POPULAIRES

La guerre de Sécession, qui a pris fin en 1865, a fait 600 000 victimes [28]. Malgré ce lourd tribut, si l'esclavage est aboli, les Noirs restent bien loin de la pleine égalité juridique, politique et économique. Partout, les conditions des travailleurs ont subi d'importants reculs sous les effets de la rhétorique martiale et patriotique induite par la guerre. Howard Zinn résume ainsi, avec concision et acuité, la situation qui prend forme une décennie après la fin de la guerre civile :

> Dès 1877, on pouvait voir se dessiner certaines tendances qui allaient se confirmer au cours des dernières années du siècle : les Noirs seraient contenus, les grèves chez les travailleurs blancs combattues et les élites politico-industrielles du Nord et du Sud prendraient fermement les commandes du pays pour gérer la plus importante période de développement économique de toute l'histoire de l'humanité[29].

Sur le plan politique et économique, ces années sont celles de l'avènement des *trusts* et des firmes (ou corporations), ces entités légales immensément puissantes qui existent d'ailleurs toujours, plus présentes et plus influentes que jamais. Ce sont aussi celles de ces mercenaires que l'histoire appellera les barons voleurs (*robber barons*[30]), qui contrôlent les plus puissantes de ces corporations. Ce sont, par exemple, Andrew Carnegie et la Carnegie Steel ; John D. Rockefeller et la Standard Oil ; Cornelius et William Vanderbilt et leurs chemins de fer.

Au nom de l'efficacité et de la rentabilité, ces corporations ont recours à de nouvelles techniques de gestion : elles pratiquent l'intégration verticale, contrôlent le commerce depuis l'extraction des matières premières jusqu'à la distribution et la vente. Au total, on assiste à des phénomènes profondément inquiétants de concentration de capitaux, de formation de monopoles ou du moins de quasi monopoles, phénomènes d'autant plus menaçants qu'ils se déroulent avec la complicité du gouvernement[31]. Ils créent des crises à répétition (il y en eut en 1873, en 1893, en 1907, en 1919 et en 1929), lesquelles apportent « le froid, la faim et la mort aux gens du peuple, tandis que les Astor, les Vanderbilt, les Rockefeller et les Morgan poursuivent leur ascension, en temps de paix comme en temps de guerre, en temps de crise comme en temps de croissance[32] ».

Les crises et les conflits se succèdent donc, à un rythme effréné. En 1874 a lieu la grande grève des mines d'anthracite de Pennsylvanie. En 1877, la grève des chemins de fer, qui avait débuté en Pennsylvanie, touche bientôt plus d'une douzaine de villes, s'étend rapidement, paralyse finalement plus de la moitié du réseau et devient « le grand bouleversement » (« *the great upheaval* »), épisode historique hélas trop peu connu, lors duquel les ouvriers en viennent à gérer eux-mêmes le réseau ferroviaire. Le cas de Saint-Louis est particulièrement notable, puisque cette ville sera, pendant un certain temps, tout entière sous administration autogestionnaire.

L'année 1886 fut « l'année des dix mille grèves », comme la baptisa Allan Seager [33]. Cette année-là, un mouvement des agriculteurs se met en place en même temps que les Revendications de Cleburne donnent leur première véritable expression à ce qu'on appela le mouvement populiste [34]. Le 1er mai, l'American Federation of Labor (AFL) appelle à la grève nationale tous les ouvriers qui n'ont pas encore obtenu la journée de huit heures. Résultat : 350 000 travailleurs de 11 562 entreprises à travers le pays se mettent alors en grève. Le 3 mai, à Chicago, des policiers tirent sur des manifestants ; lors d'un rassemblement organisé le lendemain, une bombe est lancée sur des policiers : c'est le fameux jour du Haymarket, à l'origine de la célébration, le 1er mai, de la fête des Travailleurs.

Devant l'intransigeance et l'arrogance des autorités (la phrase de William Vanderbilt est restée célèbre : « *The public be damned!* »), les ouvriers, les travailleurs et les agriculteurs se mobilisent. L'organisation Knights of Labor (Chevaliers du travail), fondée à Philadelphie en 1869 par un groupe de neuf tailleurs, donne un bon exemple de cette mobilisation. D'abord secret, le groupe s'ouvre bientôt, sous l'impulsion de son dirigeant, Uriah S. Stephens, à toutes les nationalités, aux deux sexes, à toutes les confessions religieuses et à toutes les professions (à l'exception toutefois des banquiers, des avocats, des tenanciers de bars et des joueurs). Elle se distingue en ce qu'elle promeut, d'une part, l'idée d'un regroupement unique des travailleurs et, d'autre part, l'établissement de coopératives. Bien qu'ils aient été généralement peu enclins à promouvoir la grève, c'est à la suite d'une grève gagnée contre le Missouri Pacific Railroad que les Knights of Labor compteront le plus de membres, soit plus de 700 000 personnes [35]. Les Knights of Labor ne sont cependant pas la seule manifestation de la solidarité et de la résistance populaires, bien loin de là, et on trouvera dans l'ouvrage de Howard Zinn un exposé substantiel et clair des avenues de résistance empruntées durant ces années-là [36]. Citons simplement et pour mémoire la réunion de la section américaine de la 1re Internationale, qui a lieu en 1871, au Cooper Institute de New York ; la fondation, en 1881, de l'AFL ; et celle, en 1887, du Socialist Labor Party.

Un tel moment historique, on le devine, est tout particulièrement propice aux utopies : elles ne manqueront pas et l'époque verra en effet foisonner ce que l'historien Morris Hillquit appelle joliment des « spéculations s'avançant dans mille directions et proposant des doctrines et des théories nouvelles susceptibles de guérir les maux dont [la société] est affligée [37] ».

BELLAMY,
JOURNALISTE ET ÉCRIVAIN

En 1871, Bellamy est à New York et écrit pour *The Evening Post*, un journal engagé dans des luttes sociales, ainsi que pour *The Golden Age*, un journal radical. L'année suivante, il est engagé par le *Chicopee Falls*, où il devient éditorialiste, et par *The Springfield Daily Union*, pour le compte duquel, attiré par la littérature, il rédige des recensions de livres. Bellamy, comme le rappelle Joseph Schiffman, est alors un jeune homme torturé par « l'inhumanité de l'homme pour l'homme [38] ». En 1872, il prononce son premier discours public au Chicopee Village Lyceum. Il s'intitule : *La barbarie de la société*.

Bellamy a plus d'une fois affirmé que la transformation de Chicopee Falls avait joué un rôle prépondérant dans le développement de sa pensée [39]. À partir des années 1820, mais de manière particulièrement marquée à compter des années 1850, ce village où, comme il l'écrira, « il n'y avait pas de gens très riches et très peu de gens très pauvres et où toute personne qui acceptait de travailler était assurée de bien gagner sa vie [40] », allait se transformer en une ville industrielle – la sixième en importance au Massachusetts – où se multiplieraient les masures, où la typhoïde, le choléra et d'autres maladies feraient leur apparition et où des travailleurs surexploités travaillant durant de longues heures pour de maigres salaires feraient l'envie de chômeurs habitant des taudis et parvenant à peine à se nourrir. Les années 1870 et 1880, on le devine, y seront extrêmement tumultueuses, comme dans le reste du pays.

En exerçant son travail de journaliste, Bellamy est témoin d'horreurs qu'il ne cessera de dénoncer en des textes qui prennent pour cibles les inégalités économiques, la misère et l'injustice. Ils ont des

titres comme : « Surproduction et surconsommation » ; « Des enfants harassés de travail dans nos usines » ; « Gaspillage et fardeau social [41] ».
On aura une idée du ton qui est le sien dans ces lignes extraites d'un texte où il dénonce le travail des enfants, publié le 5 juin 1873 dans le *Springfield Daily Union* :

> Le seul spectacle de ces enfants, si vieux, si usés, si tristes à contempler et pourtant si jeunes est la preuve qu'il existe parmi nous un mal terrible causant aux enfants de la Nouvelle Angleterre et d'ailleurs des torrents de barbaries et une monstrueuse quantité de cruautés [42].

Bellamy écrit cinq ans pour ce journal. En 1877, il démissionne pour des raisons de santé. Après avoir quitté le *Springfield Daily Union* et voyagé à Hawaï (1877) dans l'espoir de fortifier sa santé chancelante, Bellamy lance en 1880, avec son frère, un journal indépendant, d'abord appelé *The Springfield Penny News*, puis *The Daily News*. Il se marie en 1882 et continue de travailler comme journaliste jusqu'en 1884.

Parallèlement à son travail de journaliste, Bellamy a commencé à écrire des nouvelles et des romans. Ces nouvelles, dont certaines sont parues dans des revues renommées comme *The Atlantic Monthly*, *Harper's* ou *Scribner's* et ces premiers romans [43] lui valent l'estime de la communauté littéraire et une modeste notoriété auprès du grand public.

Nous voici en 1887. Formé aux idéaux de son enfance, observateur de la misère de son temps qu'il ne se résout pas à accepter, journaliste et écrivain de talent, Bellamy commence à rédiger un ouvrage où il entend décrier l'inacceptable et proposer des solutions pour résoudre les injustices et les problèmes sociaux, politiques et économiques qu'il dénonce.

C'était demain paraît en 1888 et connaît l'immense succès que nous savons. Tout au long des années 1890, ce succès contraint Bellamy, dont la santé décline, à une intense activité publique. Deux publications font la promotion des idéaux nationalistes : *The Nationalist*, d'abord (1889-1894) et, animée par Bellamy, *The New Nation* (1891-1894).

Des débats et discussions suscités par son œuvre et son action émergent des critiques que Bellamy prend au sérieux et auxquelles il répond par un deuxième ouvrage, qui est une suite à *C'était demain* intitulée : *Equality*. Ce livre paraît en 1897. À ce moment, Bellamy est gravement malade et il meurt de la tuberculose chez lui, à Chicopee Falls, le 22 mai 1898.

Le moment est venu de tenter d'expliquer l'immense succès de *C'était demain* et pour ce faire, nous allons examiner quelques-unes des idées défendues par Bellamy.

Splendeur
et misère de l'utopie

Si nous pouvons expliquer le succès de *C'était demain* par le fait que le roman était en parfaite résonance avec certaines des plus profondes préoccupations de son temps, il faut aussi l'attribuer à la forme – romanesque – et au genre – l'utopie – adoptés par l'auteur. Le choix de cette stratégie rhétorique était habile. Bellamy pouvait ainsi faire un portrait vivant de son idéal, rendre concrètes et facilement perceptibles des idées complexes et parfois hautement abstraites et maintenir vif l'intérêt de lecteurs qu'un exposé théorique aride eut tôt fait de lasser.

Bellamy projetait ses lecteurs de la fin du XIXe siècle à l'orée du XXIe et décrivait notre époque telle qu'il l'imaginait. Comme on le fait à la lecture de romans d'anticipation d'hier, les lecteurs actuels vont sans doute chercher à déterminer dans quels cas l'auteur s'est avéré bon prophète et dans lesquels, au contraire, ses prédictions se sont révélées moins heureuses. Chacun fera, sur ce plan, ses propres découvertes et nous ne gâterons pas votre plaisir en vous dévoilant ce que vous trouverez dans le livre. Disons simplement qu'on reconnaît généralement à Bellamy d'avoir entrevu l'avènement de la carte de crédit ; d'avoir imaginé les gratte-ciel ; et d'avoir conçu un système de diffusion qui fait songer à la télévision, voire à Internet.

Une telle lecture de *C'était demain* est certes amusante et il ne faut pas bouder le plaisir qu'on peut y prendre ; mais ce livre, on l'a vu, s'est voulu bien plus qu'un simple écrit d'anticipation et, en l'écrivant, Bellamy a cherché à produire une utopie politique. En la lisant comme telle, on y découvrira les défauts caractéristiques du genre.

Puisqu'elles sont des fuites dans un univers imaginaire élaboré pour échapper à un réel intolérable, les utopies sont caractérisées par un refus du politique, de l'histoire et du changement qu'on retrouvera sans mal dans le roman de Bellamy. Une des raisons de son succès tient d'ailleurs probablement à ce que la dénégation du politique présente dans *C'était demain* permettait à l'auteur de promettre à son public un socialisme atteint sans violence, sans lutte de classes, sans affrontements ; bref sans que les classes ouvrières aient à combattre pour leur émancipation.

Nulle part, nous semble-t-il, ne découvre-t-on mieux cette dénégation du politique que dans la description et l'analyse du passage de la société capitaliste à la société socialiste de planification. Le brave docteur Leete explique, en effet, que tout cela s'est fait sans heurt, sans violence, par la simple nationalisation des entreprises devenues propriétés communes. Il dit à West :

> Il suffisait de compléter l'évolution logique pour ouvrir un âge d'or à l'humanité.

> Dans les premières années du xxᵉ siècle, l'évolution reçut son couronnement par la consolidation définitive du capital de la nation tout entière. L'industrie et le commerce du pays, arrachés aux mains des syndicats privés, irresponsables, qui les conduisaient au gré de leurs caprices et de leurs intérêts, furent désormais confiés à un syndicat unique, travaillant dans l'intérêt commun. La nation forma une grande et unique corporation, dans laquelle durent s'absorber toutes les autres ; elle devint le seul capitaliste, le seul patron, le monopole final qui engloba tous les anciens monopoles, grands et petits, monopoles de profits et d'économies, dont tous les citoyens eurent leur part. En un mot, le peuple des États-Unis prit la direction de ses propres affaires, comme cent ans auparavant il avait pris celle de son propre gouvernement ; il s'organisa pour l'industrie, sur le même terrain où il s'était jadis organisé pour la politique. C'est ainsi que, bien tardivement, dans l'histoire du monde, on reconnut cette éclatante vérité que rien n'est plus essentiellement l'affaire du peuple que le commerce et l'industrie, puisque sa vie en dépend. Les confier à des particuliers, qui en profitent, est une folie du même genre, mais bien plus fatale, que celle qui consiste à remettre les rênes de l'État à des rois, à des nobles, qui s'en servent pour leur gloire personnelle.

> — Un changement aussi extraordinaire que celui que vous décrivez n'a pu s'effectuer sans une grande effusion de sang, sans des convulsions terribles ? dis-je.

— Au contraire, répondit le docteur Leete, il n'y eut de violences d'aucune espèce. Le changement avait été prévu, escompté longtemps à l'avance. L'opinion publique était mûre, le gros du peuple conquis à l'idée. (Chapitre V)

Les utopies, par ailleurs, se caractérisent par un ancrage dans les modes de pensée de leur époque dont leurs créateurs, tout entiers à leurs grandes envolées sur les ailes de Pégase, ne soupçonnent pas l'ampleur. C'est le cas de l'œuvre de Bellamy et nous le verrons sans mal à la lecture du roman. Entre tant d'exemples, on pourra le constater en remarquant combien les Noirs sont absents du livre ou encore en examinant le traitement réservé aux femmes. Esprit progressiste qui s'inspire des mouvements féministes américains de la fin du XIXe siècle – et tout particulièrement du féminisme domestique –, Bellamy n'en reste pas moins un homme de son temps. Certes, il écrit – ou plutôt, le docteur Leete dit :

Il nous semble que les femmes étaient à plaindre entre toutes les victimes de votre civilisation. Même si cette époque est lointaine pour nous, nous nous sentons pénétrés de commisération au spectacle de leurs vies ennuyées et atrophiées, arrêtées par le mariage, par l'horizon étroit que bornaient matériellement les quatre murs de leur maison, moralement un cercle mesquin d'intérêts personnels. Je ne parle pas seulement ici des classes les plus pauvres, où la femme était presque toujours abrutie et lentement tuée par un travail excessif ; je parle aussi des classes aisées et même riches. Pour se consoler des grands chagrins, ainsi que des petits ennuis de la vie, elles ne pouvaient se réfugier dans l'atmosphère vivifiante du monde extérieur ; les seuls intérêts qui leur fussent permis étaient ceux de la famille. Une pareille existence eût réussi à ramollir le cerveau des hommes ou à les rendre fous. Aujourd'hui, tout cela est changé. On n'entend plus des femmes regretter de n'être pas des hommes, ni des parents souhaiter avoir des garçons plutôt que des filles. Nos filles ont, autant que nos fils, l'ambition d'arriver. Le mariage ne signifie plus pour elles la prison et ne les sépare pas davantage des grands intérêts de la société, de la vie affairée du monde. (Chapitre XXV)

Mais, comme le remarque Catherine Durieux, le regard porté sur les femmes reste essentiellement « victorien » :

Bellamy semble se contenter de transposer la société, les habitudes, les goûts et les valeurs du XIXe siècle dans la nouvelle organisation économique du xxᵉ en affirmant l'égalité des femmes il est vrai. Mais ce que le roman montre des femmes en dehors des développements théoriques est typiquement victorien [44].

C'est ainsi que, libérées des servitudes de la sphère privée et, en théorie, intégrées à l'activité économique, les femmes restent, *de facto*, largement absentes de la vie publique. L'égalité économique n'est pas encore l'égalité des droits civils ni l'égalité politique. C'est d'ailleurs en l'absence de femmes que le docteur Leete et Julian West parlent de politique et d'économie.

Le monde qu'habitent les femmes a été créé par des hommes et on découvre, dans les propos du docteur Leete, un paternalisme condescendant. Parlant de l'armée industrielle féminine, le docteur dit, par exemple : « Nous leur avons créé un monde à part, avec ses émulations, ses ambitions, ses professions, et je vous assure qu'elles s'en trouvent fort bien. » Sur le même ton et comme s'il parlait d'êtres plus faibles, il ajoute : « Leurs journées de travail sont beaucoup plus courtes que celles des hommes : on leur accorde de fréquents congés et tout le repos nécessaire à leur santé. »

Les idées de Bellamy sur les femmes, on l'a souvent noté, sont essentiellement celles des féministes domestiques du début du xixᵉ siècle, en particulier de Catharine Beecher (1800-1878). Mais, comme le note Catherine Durieux, son but ultime, à la différence de Catharine Beecher, n'est pas tant le bonheur de la femme que celui de l'homme :

> Les hommes de notre époque comprennent si bien que la beauté et la grâce de la femme sont le plus grand charme de leur vie et le principal stimulant de leur activité que, s'ils permettent à leurs compagnes de travailler, c'est uniquement parce qu'il est reconnu qu'une certaine quantité de travail régulier, d'un genre adapté à leurs moyens, leur est salutaire pour le corps et pour l'esprit pendant la période de la plus grande vigueur physique.

En ce sens, Durieux a tout à fait raison de rappeler qu'à « la contrainte sociale de son époque, à la subordination morale des femmes qu'il dénonçait, Bellamy a substitué un autre type de contrainte et de subordination, à l'État cette fois ». Elle conclut :

> Volonté libératrice et vision conservatrice cohabitent donc dans l'œuvre utopique de Bellamy. Il a l'audace de revendiquer l'indépendance

économique pour les femmes et une socialisation de leurs tâches traditionnelles, ce qui lui fait dépasser le cadre strict de l'idéologie du féminisme domestique pour atteindre au féminisme socialiste et matérialiste. Cependant, il n'échappe pas pour autant à la distribution sexuelle socialement construite des tâches et il s'éloigne des socialistes en faisant de l'indépendance économique le corollaire non d'une libéralisation mais d'une moralisation des mœurs[45].

*

* *

C'était demain est un roman à thèse qui défend, en fait, deux thèses cardinales. La première est que l'organisation économique qui prévaut dans une économie de marché est inacceptable pour un grand nombre de raisons mais, avant tout, pour des raisons morales. La deuxième est qu'une économie de planification est souhaitable et possible.

La première thèse devrait trouver de profondes résonances dans le lectorat actuel. La deuxième, telle qu'elle est exposée, présente des carences considérables qui nous sautent aux yeux, à nous qui avons sur Bellamy l'avantage de connaître l'histoire du xxᵉ siècle.

D'IMMENSES DÉFAUTS

Il y a d'abord, dans le modèle imaginé par Bellamy, ce qu'on pourrait décrire comme des relents de platonisme, qui se manifestent dans l'élitisme et le militarisme qui traversent le livre et qui caractérisent l'organisation économique préconisée. Ce que Bellamy met sur pieds est, en effet, une armée du travail au sein de laquelle chacun est conscrit, de 21 à 45 ans. Cette militarisation du travail, qui fait déjà songer aux pires excès du communisme du xxᵉ siècle, ne peut manquer de répugner les lecteurs et lectrices d'aujourd'hui et semblera bien peu propice à instituer la « religion de la solidarité ».

De même, la centralisation bureaucratique préconisée, avec cet État qui fonctionne comme une méga-entreprise régulant toute l'activité économique et les activités publiques, ne peut manquer de nous paraître dangereuse. Elle constitue une porte ouverte non vers l'accomplissement des individualités mais vers une uniformité et une massification aussi détestables que déplorables.

Le nationalisme invoqué par Bellamy, de même que son autoritarisme, sembleront, eux aussi, pour le moins contestables au lectorat d'aujourd'hui. S'il est vrai qu'on ne saurait raisonnablement tenir Bellamy responsable des défauts, carences ou crimes des régimes ultérieurs, il importe de noter avec soin les aspects inacceptables de ce qu'il préconisait.

Cela dit, le fait est aussi que Bellamy a su poser des problèmes et leur a cherché des solutions. L'entreprise à laquelle il s'est livré, tout imparfaite qu'elle soit, n'a eu que trop peu de continuateurs et rares sont aussi, aujourd'hui, des exemples de théories ou de pratiques qui affrontent la difficile question de la démocratie, de l'efficience et de l'équité économiques, dès lors qu'on refuse d'accepter que les réponses doivent absolument être formulées dans le cadre de la notion de marché.

Bellamy pensait que le marché était totalement inacceptable pour réguler les activités économiques de production, de consommation et d'allocation de ressources aux êtres humains. Cela, il le pensait pour des raisons morales et le fait qu'il n'ait pas su proposer une solution de rechange désirable et crédible au marché n'invalide aucunement la force de sa critique. Sur ce plan, pensons-nous, Bellamy reste clair, stimulant et sans concession.

UNE IMPLACABLE
CRITIQUE MORALE DU MARCHÉ

Voyez par exemple ce morceau d'anthologie qu'est la description qu'il fait de la société du XIXᵉ siècle à travers la métaphore filée d'une diligence. Elle n'a rien perdu de sa puissance d'évocation et de sa capacité à susciter l'indignation – au même titre que celle du réservoir d'eau, qu'il emploiera dans *Equality*, et qu'on peut lire en annexe du présent ouvrage. Vous lirez plus loin ce passage, dans le chapitre V de *C'était demain*, mais nous ne résistons pas à l'envie de citer ici ce texte, un des plus célèbres de Bellamy.

Pour exprimer ma pensée plus nettement, je comparerai la société à une grande diligence à laquelle était attelée l'humanité, qui traînait son fardeau péniblement sur les routes montagneuses et ardues. Malgré la difficulté de faire avancer la diligence sur une route aussi abrupte, et bien qu'on fût obligé d'aller au pas, le conducteur, qui n'était autre que la faim, n'admettait point qu'on fît de halte. Le haut du coche était couvert de voyageurs qui ne descendaient jamais, même aux montées les plus raides. Ces places élevées étaient confortables, et ceux qui les occupaient discutaient, tout en jouissant de l'air et de la vue, sur le mérite de l'attelage essoufflé. Il va sans dire que ces places étaient très recherchées, chacun s'appliquant dans la vie à s'en procurer une et à la léguer à son héritier. D'après le règlement, on pouvait disposer librement de sa place en faveur de n'importe qui ; d'un autre côté, les accidents étaient fréquents et pouvaient déloger l'heureux possesseur. À chaque secousse violente, bon nombre de voyageurs tombaient à terre ; il leur fallait alors s'établir eux-mêmes au timon de la diligence sur laquelle ils s'étaient prélassés jusqu'alors. Quand on faissait un mauvais pas, quand l'attelage succombait sous le poids du fardeau, quand on entendait les cris désespérés de ceux que rongeait la faim, que les uns, épuisés de fatigue, se laissaient choir dans la boue, que les autres gémissaient, meurtris par la peine, les voyageurs d'en haut exhortaient ceux qui souffraient à la patience, en leur faisant entrevoir un meilleur sort dans l'avenir. Ils achetaient de la charpie et des médicaments pour les blessés, s'apitoyaient sur eux ; puis, la difficulté surmontée, un cri de soulagement s'échappait de toutes les poitrines. Eh bien, ce cri n'était qu'un cri d'égoïsme ! Quand les chemins étaient mauvais, le vacillement de ce grand coche déséquilibrait quelquefois, pour un instant, les voyageurs des hauts sièges, mais quand ils réussissaient à reprendre leur assiette, ils appréciaient doublement leurs bonnes places, ils s'y cramponnaient, et c'était là tout l'effet produit par le spectacle de la misère la plus poignante. Je répète que si ces mêmes voyageurs avaient pu s'assurer que ni eux ni leurs amis ne couraient aucun risque, le sort de l'attelage ne les eût guère inquiétés.

Bien d'autres passages du livre sont tout aussi remarquables. Voici, par exemple, Bellamy-Leete parlant avec West de « salaire » et de critères de rémunération :

— [...] Comment réglez-vous les salaires ?
Le docteur Leete réfléchit quelques instants, puis il dit :
— Je suis assez au courant de l'ancien ordre des choses pour comprendre ce que vous entendez par cette question ; cependant, la société nouvelle est si totalement différente de l'ancienne que je cherche une réponse qui vous paraisse bien claire. Vous demandez comment nous réglons les

salaires? La vérité est que nous n'avons, dans notre économie politique moderne, rien qui corresponde à ce que vous appeliez, de votre temps, des salaires.

— Vous voulez sans doute dire que vous ne payez pas les services en argent comptant, dis-je, mais il me semble que le crédit alloué à chacun, dans vos magasins nationaux, correspond à nos salaires du XIXe siècle. À quel titre l'individu réclame-t-il sa part du budget social? Quelle est la base de la répartition?

— Son titre, répondit le docteur, est le fait qu'il est homme et telle est aussi la base de la répartition.

— Le fait qu'il est homme! répondis-je d'un ton d'incrédulité. Est-il possible que tous les citoyens touchent exactement la même part du budget social?

— Assurément.

Mes lecteurs, qui n'ont pas vu fonctionner en pratique d'autre organisation que celle d'aujourd'hui, et qui ne sont peut-être pas bien au courant de l'histoire des siècles passés, ne peuvent s'imaginer dans quel état de stupeur me plongea l'observation, pourtant si simple, du docteur.

«Vous voyez, dit-il en souriant, que non seulement nous ne nous servons pas d'argent pour payer les salaires, mais, ainsi que je vous l'ai dit, nous n'avons rien qui réponde à votre idée de salaire.

— Mais enfin, m'écriai-je, il y a des ouvriers qui travaillent deux fois plus que d'autres. Est-ce que les ouvriers habiles ne se plaignent pas d'un système qui les place sur le même pied que les maladroits?

— Nous ne leur donnons jamais l'occasion de se plaindre d'une injustice, dit le docteur, puisque nous exigeons la même somme de travail de chacun d'eux.

— Je serais curieux de savoir comment, puisqu'on ne rencontre pas deux hommes dont les capacités soient exactement pareilles.

— Rien n'est plus simple : nous demandons à chacun le même effort. Nous lui demandons de rendre à la société autant de services qu'il peut, de faire de son mieux, en un mot.

— Eh bien, supposons que chacun fasse réellement de son mieux; il n'en reste pas moins vrai que le produit du travail d'un homme peut valoir deux fois celui de son camarade.

— C'est très vrai, dit le docteur, mais le produit obtenu n'a rien à faire avec la question de rétribution, qui n'est qu'une question de mérite. Le mérite est une quantité morale, la production est une quantité matérielle. Singulière logique que celle qui prétendrait résoudre un problème moral d'après un étalon matériel! Il ne faut faire entrer en ligne de compte que la quantité de l'effort, non celle du résultat. Tous ceux qui font de leur mieux ont le même mérite. Les capacités individuelles, si brillantes qu'elles soient, ne servent qu'à fixer la mesure des devoirs individuels. Un homme particulièrement doué qui ne fait pas tout ce qu'il peut faire a moins de mérite qu'un homme de capacité inférieure qui donne son maximum d'effort. Le Créateur a réglé la tâche de chaque être d'après les facultés dont il l'a pourvu; nous ne faisons que suivre ses indications et exiger que la tâche soit remplie. (Chapitre IX)

Bellamy, qui a une nette perception de ce que la propriété, pour reprendre une expression de Robin Hahnel, « est moins affaire de possession de choses qu'affaire de relations humaines fondées sur l'exploitation », débusque ces relations jusque dans le fait de vendre et d'acheter :

Nous avons conservé l'usage des cadeaux mutuels, par amitié seulement, mais l'achat et la vente sont considérés comme absolument incompatibles avec la bienveillance et le désintéressement qui doivent régner parmi les citoyens, ainsi qu'avec l'esprit de communauté, sur lequel repose notre système social. Selon nos idées, le fait d'acheter et de vendre est antisocial dans toutes ses tendances. C'est une excitation perpétuelle à s'enrichir au détriment du voisin ; aucune société élevée dans ces principes ne pourra jamais dépasser un degré très inférieur de civilisation. (Chapitre IX)

Comment ne pas réfléchir à ce que nous devenons au sein de l'institution économique qu'est le marché, aux relations qu'il nous amène à avoir les uns avec les autres à travers lui, en lisant cette réflexion sur les récompenses matérielles comme seule mesure incitative :

— Quoi! vous paraît-il vraiment que la nature humaine n'est pas sensible à d'autres aiguillons que la crainte de la misère et la soif du luxe ? Croyez-vous qu'à ses débuts, l'homme, assuré du lendemain, demeure sans ambition aucune ? Vos contemporains n'étaient pas de cet avis, bien qu'ils aient pu se le persuader ! Quand il s'agissait d'efforts de la nature la plus élevée et de dévouement absolu, ils comptaient sur de tout autres leviers de l'activité humaine. Ce n'est pas l'intérêt, mais l'honneur, l'espoir de la gratitude humaine, le patriotisme, l'enthousiasme du devoir qu'on faisait briller aux yeux du soldat quand il s'agissait de mourir pour la patrie. Il n'est pas d'époque où l'appel adressé à ces sentiments n'ait fait surgir ce qu'il y a de plus noble et de plus élevé dans la nature humaine. Bien plus, si vous analysez cet amour de l'argent, le grand levier moral de votre époque, vous verrez que la crainte de la misère et le désir du luxe n'étaient que deux des éléments qui entraient dans la composition de ce puissant mobile. Il y entrait, en outre, la soif du pouvoir, l'appétit d'une position sociale, l'ambition de la notoriété et du succès. Ainsi vous voyez que, tout en abolissant la pauvreté et la crainte qu'elle inspire, le luxe désordonné et les espérances qu'il sollicite, nous n'avons pas fait disparaître les motifs principaux qui, de votre temps même, incitaient à la conquête de l'argent, ni aucun de ceux qui inspiraient les efforts suprêmes. Seulement, les mobiles grossiers ont été remplacés par des aspirations plus hautes, inconnues à la plupart des affamés de votre époque. (Chapitre IX)

Nous avons déploré plus haut le peu de travaux effectués sur la question de savoir *comment* pourrait fonctionner une économie qui refuserait le marché et qui se proposerait d'incarner certaines des valeurs prônées par Bellamy, tout en échappant aux pièges que celui-ci n'a pu éviter et que le XXᵉ siècle a mis en évidence. L'économie participative, développée par Michael Albert et Robin Hahnel, est justement un exemple de travail accompli en ce sens ; et nous invitons le lecteur à examiner ces travaux avec l'attention qu'ils méritent : on trouvera dans la bibliographie qui figure à la fin de cet ouvrage (page 267) de quoi satisfaire sa curiosité.

Mais il est temps, à présent, de laisser la parole à Bellamy.

Normand Baillargeon
Chantal Santerre

NOTE SUR L'ÉTABLISSEMENT DU TEXTE

Nous avons repris ici, avec de très mineures modifications, la traduction française de *Looking Backward* réalisée par Paul Rey (Éditions E. Dentu, Paris, 1891) sous le titre : *Cent ans après ou l'an 2000*.

Nous lui avons ajouté, traduit par nous, le *Post-scriptum sur les avancées du progrès du monde*, de Bellamy, qui figure dans toutes les éditions de *Looking Backward* postérieures à la toute première, que Rey avait traduite.

L'annexe que nous proposons – *L'allégorie du réservoir* – est un extrait de *Equality* (1897) traduit par nos soins.

1. Oscar Wilde *The Soul of Man under Socialism*, Portland, ME, T.B. Mosher, 1905, p. 40. Sauf indication contraire, toutes les notes de cet ouvrage ainsi que les traductions de l'anglais des textes cités dans la présente introduction sont de Normand Baillargeon et de Chantal Santerre. Nous remercions chaleureusement Guillaume Beaulac, qui a fait pour nous des recherches qui nous ont grandement aidés dans la rédaction de ces pages.

2. C'est le mot qu'emploie Bellamy, au chapitre II de ce livre, en référence à Franz Mesmer (1734-1812), médecin allemand, créateur et promoteur, en 1772, de la « théorie » dite du « magnétisme animal », ou mesmérisme. Mesmer en tirera diverses techniques et pratiques supposées thérapeutiques, comme la suggestion (« le sommeil nerveux ») et le somnambulisme. Il se rend à Paris en 1778 et y donne des séances qui font sensation avant d'être, en 1785, dénoncé comme charlatan par une commission savante. À compter de cette date, Mesmer vit en Suisse, où il finit ses jours dans l'anonymat.

3. Depuis *When the Sleeper Wakes*, de H. G. Wells – et bien avant – jusqu'à *Sleeper*, de Woody Allen – et bien après –, la convention narrative d'un sommeil extrêmement long à la suite duquel le héros se réveille dans un monde totalement différent de celui dans lequel il s'était endormi a été abondamment utilisée, tout spécialement dans la littérature de science-fiction.

4. Il existe plusieurs traductions françaises de *La République*. C'est celle de Georges Leroux, parue chez Garnier Flammarion en 2002, qui a notre préférence. L'ouvrage de Thomas More (ou Morus) s'intitulait : *De optimo reipublicae statu deque nova insula Utopia*. Le mot « utopie » signifie littéralement *non-lieu* ou *nulle part*. Il est formé du préfixe privatif grec *ou* (*non*, ou *ne pas*) et de *topos*, lieu.

5. Paru en 1852, ce roman de Harriet Beecher-Stowe (1811-1896) a été d'une importance considérable pour la diffusion des idéaux des abolitionnistes. Son influence a été si grande qu'Abraham Lincoln faisait référence à son auteure, en une boutade qui contenait une part de vérité, en l'appelant « la jeune femme qui gagna la guerre [civile] ». *La Case de l'oncle Tom* demeure un des romans américains les plus lus, non seulement aux États-Unis, mais dans le monde entier.

6. D. H. Borus, « Introduction », dans : E. Bellamy, *Looking Backward*, Boston et New York, Bedford Books of St. Martin's Press, 1995, p. 1.

7. Sylvia E. Bowman *et al.*, *Edward Bellamy Abroad. An American Prophet's Influence*, Boston, Twayne Publishers, 1962, p. 67.

8. Martin Gardner, « Looking Backward at Edward Bellamy's Utopia », *New Criterion*, 2000.

9. M. Albert et R. Hahnel, *Looking Forward : Participatory Economics for the Twenty First Century*, Boston, South End Press, 1991.

10. Après avoir contribué à mettre sur pied l'*American Railways Union* en 1893, Debs en sera nommé le premier président. Il occupe d'ailleurs ce poste lors

de la célèbre grève Pullman de 1894, à la suite de laquelle il sera accusé de conspiration pour meurtre. Acquitté, il sera ensuite déclaré coupable d'avoir violé une injonction de la cour et condamné à une peine de six mois de prison, qu'il purge de mai à novembre 1895. En 1897, Debs joint les rangs du mouvement socialiste, dont il sera à quatre reprises le candidat à la présidence des États-Unis. Dans un essai intitulé *How I became a Socialist* (Comment je suis devenu socialiste), il souligne l'importance qu'a eue pour lui *Looking Backward*, qu'il lut en prison, et remercie Bellamy de l'avoir « tiré de l'obscurité » et de lui avoir permis de « voir la lumière ». (Cet essai est repris dans : *Writings and Speeches of Eugene V. Debs*, New York, Hermitage Press, 1948, p. 43-47). Debs revient sur l'influence de Bellamy dans un essai intitulé *The American Movement*, paru en 1904. Il y écrit : « [...] *Looking Backward* eut un formidable impact sur le peuple. Le livre touchait une corde sensible et le nom de Bellamy était sur toutes les lèvres. Les éditions se succédaient, les ventes atteignirent des centaines de milliers d'exemplaires et les gens étaient profondément remués par ce qu'on appelait les visions d'un doux rêveur et poète. Bien que ne constituant pas des exposés d'un socialisme scientifique, les romans sociaux de Bellamy, *Looking Backward*, puis *Equality*, sont des contributions de valeur et opportunes à la littérature socialiste qui réveillèrent bien des gens et les amenèrent à joindre le mouvement révolutionnaire. » (Cité dans : Eugene V. Debs, *op.cit.*, p. 89-90).

11. Norman Thomas fut un dirigeant du parti socialiste américain, dont il sera à six reprises le candidat aux élections présidentielles.

12. Ce journaliste, romancier et essayiste américain fut un socialiste passionné et un ardent défenseur des réformes sociales progressistes.

13. Philosophe, pédagogue et réformateur social américain, il a développé une forme de pragmatisme appelée l'instrumentalisme.

14. Psychanalyste et essayiste américain né en Allemagne, il a signé l'avant-propos de l'édition de *Looking Backward* parue en 1960 dans la New American Library, à New York.

15. Auteur et militant socialiste américain.

16. Historien, politologue et réformateur municipal.

17. Poète et journaliste, il est également un important biographe d'Abraham Lincoln.

18. Il est aujourd'hui surtout connu pour son ouvrage : *The Theory Of The Leisure Class* (1899). C'est à la suite de la lecture du roman de Bellamy qu'il se décidera à abandonner la philosophie afin de poursuivre des études en économie.

19. Journaliste et auteur, il est le premier et le plus célèbre de ceux qu'on appellera aux États-Unis les « *muckrackers* », c'est-à-dire les « déterreurs de scandales ». Il doit ce titre à des séries d'articles portant sur la ville et le lien entre le gouvernement et les gens d'affaires. Ces articles ont été réunis en deux célèbres ouvrages : *The Shame of the Cities* (1904) et *The Struggle for Self-Government* (1906).

20. Franklin D. Roosevelt, *Looking Forward*, Londres, Heinemann, 1933.

21. Voici un passage caractéristique : « Car de Sion sortira la loi, Et de Jérusalem la parole de l'Éternel. / Il sera le juge d'un grand nombre de peuples, L'arbitre de nations puissantes, lointaines. De leurs glaives ils forgeront des hoyaux, Et de leurs lances des serpes ; Une nation ne tirera plus l'épée contre une autre, Et l'on n'apprendra plus la guerre. / Ils habiteront chacun sous sa vigne et sous son figuier, Et il n'y aura personne pour les troubler ; Car la bouche de l'Éternel des armées a parlé. / Tandis que tous les peuples marchent, chacun au nom de son dieu, Nous marcherons, nous, au nom de l'Éternel, notre Dieu, À toujours et à perpétuité. / En ce jour-là, dit l'Éternel, je recueillerai les boiteux, Je rassemblerai ceux qui étaient chassés, Ceux que j'avais maltraités. / Des boiteux je ferai un reste, De ceux qui étaient chassés une nation puissante ; Et l'Éternel régnera sur eux, à la montagne de Sion, Dès lors et pour toujours. » (*Michée*, 2 : 2-7, Traduction de Louis Segond, 1910)

22. Par exemple, *Révélation* 20, 1-6 (Traduction de Louis Segond, 1910) : « Puis je vis descendre du ciel un ange, qui avait la clef de l'abîme et une grande chaîne dans sa main. / Il saisit le dragon, le serpent ancien, qui est le diable et Satan, et il le lia pour mille ans. / Il le jeta dans l'abîme, ferma et scella l'entrée au-dessus de lui, afin qu'il ne séduisît plus les nations, jusqu'à ce que les mille ans fussent accomplis. Après cela, il faut qu'il soit délié pour un peu de temps. / Et je vis des trônes ; et à ceux qui s'y assirent fut donné le pouvoir de juger. Et je vis les âmes de ceux qui avaient été décapités à cause du témoignage de Jésus et à cause de la parole de Dieu, et de ceux qui n'avaient pas adoré la bête ni son image, et qui n'avaient pas reçu la marque sur leur front et sur leur main. Ils revinrent à la vie, et ils régnèrent avec Christ pendant mille ans. / Les autres morts ne revinrent point à la vie jusqu'à ce que les mille ans fussent accomplis. C'est la première résurrection. / Heureux et saints ceux qui ont part à la première résurrection ! La seconde mort n'a point de pouvoir sur eux ; mais ils seront sacrificateurs de Dieu et de Christ, et ils régneront avec lui pendant mille ans. / Quand les mille ans seront accomplis, Satan sera relâché de sa prison. »

23. Arthur Morgan, *The Philosophy of Edward Bellamy*, New York, King Crown Press, 1945.

24. Cité par : D. H. Borus, « Introduction », dans : E. Bellamy, *Looking Backward*, Boston et New York, Bedford Books of St. Martin's Press, 1995, p. 6. Borus remarque avec finesse que cette aspiration à l'unité que revendique Bellamy est précisément ce que lui-même n'a pu accomplir en ne parvenant pas à « renaître en Jésus-Christ ».

25. E. Bellamy, *Selected Writings on Religion and Society*, New York, Liberal Arts Press, 1955, p. 25.

26. E. Bellamy, « How I Wrote *Looking Backward* », *Ladies Home Journal*, avril 1894. Cité dans : *Edward Bellamy Speaks Again* (1937), p. 217.

27. Mark Twain et Charles Dudley Warner, *The Gilded Age. A Tale of Today*, New York, Harper and Brothers, 1873.

28. Pour mesurer l'ampleur de ces pertes humaines, rappelons-nous que la popula-

tion des États-Unis était alors de 30 millions d'habitants : si on accepte le chiffre de 300 millions d'habitants comme une bonne approximation de la population actuelle des États-Unis, la guerre civile américaine aurait fait aujourd'hui 6 millions de morts !

29. H. Zinn, *Une histoire populaire des États-Unis : de 1492 à nos jours*, Montréal/ Marseille, Lux/Agone, 2006 (2002), p. 293.

30. L'expression deviendra célèbre et courante à la suite de l'ouvrage de Matthew Josephson, paru en 1934 : *The Robber Barons : The Great American Capitalists, 1861-1901*. (Réédition : Harvest Book, New York, Harcourt, Brace & World, 1962).

31. Zinn écrit : « [...] le gouvernement américain suivait presque à la lettre le comportement de l'État capitaliste décrit par Marx : prétendument neutre dans le maintien de l'ordre, il servait, de fait, les intérêts des plus riches. Lesquels n'étaient pourtant pas toujours d'accord entre eux et s'opposaient vigoureusement en matière de politique. Le rôle de l'État consistait alors à régler pacifiquement les conflits qui agitaient la classe la plus aisée, à réprimer l'esprit de révolte chez les plus défavorisés et à adopter des politiques susceptibles de garantir la plus grande stabilité possible du système. » (*Op. cit.*, p. 299)

32. H. Zinn, *op. cit.*, p. 281.

33. Allan Seager, *They Worked for a Better World*, New York, MacMillan, 1939, p. 108.

34. La fondation officielle du parti populiste aura lieu en 1890 : trente-huit membres de l'Alliance des agriculteurs seront élus au Congrès ; ils font également élire un gouverneur – en Géorgie.

35. Ces informations proviennent de : H. L. Hurwitz, *An Encyclopedic Dictionary of American History*, New York, Washington Square Press, 1970, p. 378.

36. H. Zinn, *op. cit.*, chapitres IX à XIII.

37. Morris Hillquit, *History of Socialism in the United States*, New York, Funk & Wagnalls Company, 1910, p. 17.

38. J. Schiffman, « Introduction », dans : E. Bellamy, *Selected Writings on Religion and Society*, New York, The Liberal Art Press, 1955, p. xiii.

39. Soulignons que cette interprétation de la genèse des idées de Bellamy, largement acceptée comme très probable par la plupart des exégètes, a récemment été contestée par un chercheur contemporain. On lira à ce sujet : John Mullin Robert, « Bellamy's Chicopee. A Laboratory for Utopia ? », *Journal of Urban History*, vol. 29, n° 2, janvier 2003, p. 133-150.

40. E. Bellamy, « How I wrote *Looking Backward* » dans : *Edward Bellamy Speaks Again*, Kansas City, Peerage, 1937, p. 217.

41. Cité par Cecelia Tichi dans : *Looking Backward, 2000-1887*, New York, Penguin Classics, Penguin Books, 1982, p. 11.

42. Edward Bellamy, « Overworked Children in our Mills », *Springfield Daily Union*, 5 juin 1873, p. 2. Cité par J. Schiffman, « Introduction », p. xiv.

43. *Six to One : A Nantucket Idyl* est paru à New York en 1878 ; *Dr. Heidenhoff's*

Process a suivi en 1880 ; *Miss Ludington's Sister : A Romance of Immortality* paraît en 1884.

44. Catherine Durieux, « Les femmes dans l'œuvre utopique d'Edward Bellamy », *Revue d'histoire du XIXe siècle*, n° 2002-24. Disponible sur Internet à : www. pensamientocritico.org/catduro104.htm Consulté le 26 février 2006

45. *Ibid.*

Préface de l'auteur

Section Historique
du Collège Shawmut

Boston, 26 décembre 2000

Vivant comme nous le faisons, dans la dernière année du XXe siècle, jouissant de toutes les bénédictions d'un ordre social à la fois si simple et si logique qu'il semble être tout simplement le triomphe du bon sens, il est certainement difficile, pour ceux qui n'ont étudié l'histoire que superficiellement, de croire que l'organisation actuelle de la société ne date que d'un siècle. Pourtant, aucun fait historique n'est mieux établi que celui-ci : jusqu'à la fin du XIXe siècle, il était universellement admis que le système industriel, en dépit de toutes ses conséquences sociales, si choquantes fussent-elles, était destiné à durer éternellement. Combien n'est-il pas étrange, combien ne semble-t-il pas incroyable qu'une transformation, matérielle et morale, si prodigieusement grande, ait pu s'accomplir dans un intervalle si bref ! La facilité avec laquelle les hommes acceptent, comme un fait accompli, des améliorations à un état qu'ils considéraient, peu auparavant, comme ne laissant rien à désirer, cette facilité ne saurait être mieux établie. Y a-t-il une réflexion plus propre à modérer l'enthousiasme des réformateurs qui attendent leur récompense de la gratitude des siècles futurs ?

Le but de ce volume est d'aider les personnes qui, tout en désirant se rendre compte des différences sociales entre le XIXe et le XXe siècle, sont effrayées par l'aspect solennel des histoires qui traitent ce sujet. L'auteur, averti par son expérience de professeur de la répulsion qu'éprouve l'homme pour l'enseignement, a cherché à rendre légères les qualités instructives de son livre en lui donnant la forme d'un récit, qu'il voudrait croire capable d'offrir par lui-même quelque intérêt.

Le lecteur, pour qui les institutions sociales actuelles et les principes sur lesquels elles se basent paraissent des choses toutes naturelles, trouvera un peu surabondantes les explications du docteur Leete. Mais il doit se souvenir que l'invité du docteur était loin de juger ainsi et que ce livre est écrit précisément pour amener le lecteur à oublier combien ces choses lui paraissent simples et inévitables.

Un mot encore. Le thème, presque universel, de tous les écrivains et orateurs qui ont célébré le second millenium a été plutôt l'avenir que le passé. Ils ont envisagé moins ce qui a été fait que ce qui reste à faire jusqu'à ce que l'humanité ait accompli sa destinée. C'est bien, absolument bien, mais il me semble que nul terrain ne peut mieux recevoir les fondements de l'édifice social que les dix siècles futurs verront s'élever que celui qu'on aura préparé en faisant face au passé.

Que ce volume soit assez heureux pour trouver des lecteurs que le sujet séduira suffisamment pour qu'ils oublient la manière incomplète dont il y est traité, tel est l'espoir dans lequel l'auteur laisse la parole à M. Julien West lui-même.

I

Boston, 28 décembre 2000

J'AI VU LE JOUR dans la ville de Boston, en l'année 1857. « 1857, dites-vous ? C'est une erreur ; il veut sans doute dire 1957. »

Je vous demande pardon, mais il n'y a pas d'erreur. Il pouvait être environ quatre heures de l'après-midi, le 26 décembre, le lendemain de Noël, en 1857 et non en 1957, quand je respirai pour la première fois le vent d'est de Boston, et je puis vous assurer qu'à cette époque reculée, il possédait les mêmes qualités piquantes et pénétrantes qui le caractérisent en l'an de grâce actuel 2000. Maintenant, si j'ajoute que je suis un jeune homme d'environ 30 ans, je ne peux en vouloir à personne de crier à la mystification. Je demanderai cependant au lecteur de lire les premières pages de mon livre, pour se convaincre du contraire.

Tout le monde sait que, vers la fin du XIXe siècle, la civilisation, telle que nous la connaissons aujourd'hui, n'existait pas encore, bien qu'on sentît déjà fermenter les éléments qui devaient la produire. Aucun événement n'avait encore modifié les anciennes divisions de la société. Le riche, le pauvre, l'ignorant, le lettré étaient aussi étrangers l'un à l'autre, que le sont aujourd'hui autant de nations différentes. Moi, personnellement, je jouissais de ce qui représentait le bonheur pour les hommes de cette époque : la fortune et l'éducation. Je vivais dans le luxe ; je ne me souciais nullement de me rendre utile à la société ; je trouvais tout naturel de traverser la vie en oisif pendant que les autres travaillaient pour moi. C'est ainsi qu'avaient vécu mes parents et mes grands-parents ; je m'imaginais donc que mes descendants, à leur tour, n'auraient qu'à faire comme moi pour jouir d'une existence facile et agréable.

Vous me demanderez, avec justesse, pourquoi la société tolérait la paresse et l'inaction chez un homme capable de lui rendre service ; à quoi je vous répondrai que mon grand-père avait accumulé une fortune qui servit d'apanage à tous ses héritiers. La somme, direz-vous, devait être bien grande, pour ne pas être épuisée par trois générations successives ? Erreur ! Dans le principe, la somme n'était pas forte. Elle a même beaucoup augmenté, depuis que trois générations en ont vécu. Ce mystère, qui consiste à user sans épuiser, à donner de la chaleur sans consumer de combustible, semble tenir de la magie ; mais, quelque invraisemblable que cela paraisse, cela résulte tout naturellement du procédé d'alors, qui consistait à reporter sur le voisin la charge de votre entretien. Ne croyez pas que vos ancêtres n'aient pas critiqué une loi que nous trouverions, aujourd'hui, inadmissible et injuste. Une discussion, sur ce point, nous mènerait trop loin. Je dirai seulement que l'intérêt sur les placements de fonds était une espèce de taxe à perpétuité, prélevée, par les capitalistes, sur le produit de l'argent engagé dans l'industrie. De tout temps, les législateurs ont essayé de limiter, sinon d'abolir, le taux de l'intérêt. À l'époque dont je parle, fin du XIXe siècle, les gouvernements, en présence d'une organisation sociale arriérée, avaient renoncé à la réalisation de ce projet, qu'ils considéraient comme une utopie.

Pour exprimer ma pensée plus nettement, je comparerai la société à une grande diligence à laquelle était attelée l'humanité, qui traînait son fardeau péniblement sur les routes montagneuses et ardues. Malgré la difficulté de faire avancer la diligence sur une route aussi abrupte, et bien qu'on fût obligé d'aller au pas, le conducteur, qui n'était autre que la faim, n'admettait point qu'on fît de halte. Le haut du coche était couvert de voyageurs qui ne descendaient jamais, même aux montées les plus raides. Ces places élevées étaient confortables, et ceux qui les occupaient discutaient, tout en jouissant de l'air et de la vue, sur le mérite de l'attelage essoufflé. Il va sans dire que ces places étaient très recherchées, chacun s'appliquant dans la vie à s'en procurer une et à la léguer à son héritier. D'après le règlement, on pouvait disposer librement de sa place en faveur de n'importe qui ; d'un autre côté, les accidents étaient fréquents et pouvaient déloger l'heureux possesseur. À chaque secousse violente, bon nombre de voyageurs tombaient à terre ; il leur fallait alors s'établir eux-mêmes au timon de la diligence sur laquelle ils s'étaient prélassés jusqu'alors. Quand on faisait un mauvais pas, quand l'attelage succombait sous le poids du fardeau, quand on entendait les cris désespérés de ceux que rongeait la faim, que les uns, épuisés de fatigue, se laissaient choir dans la boue, que les autres gémissaient, meurtris par la peine, les voyageurs d'en haut exhortaient ceux qui souffraient à la patience, en leur faisant entrevoir un meilleur sort dans l'avenir. Ils achetaient de la charpie et des médicaments pour les blessés, s'apitoyaient sur eux ; puis, la difficulté surmontée, un cri de soulagement s'échappait de toutes les poitrines. Eh bien, ce cri n'était qu'un cri d'égoïsme ! Quand les chemins étaient mauvais, le vacillement de ce grand coche déséquilibrait quelquefois, pour un instant, les voyageurs des hauts sièges, mais quand ils réussissaient à reprendre leur assiette, ils appréciaient doublement leurs bonnes places, ils s'y cramponnaient, et c'était là tout l'effet produit par le spectacle de la misère la plus poignante. Je répète que si ces mêmes voyageurs avaient pu s'assurer que ni eux ni leurs amis ne couraient aucun risque, le sort de l'attelage ne les eût guère inquiétés.

Je sais que ces principes paraîtront cruels et inhumains aux hommes du XXe siècle ; mais voici les deux raisons qui les expliquent : d'abord, on croyait le mal irrémédiable, on se déclarait incapable d'améliorer la route, de modifier les harnais, la voiture même, la distribution du travail ou de l'attelage. On se lamentait généreusement sur l'inégalité des classes, mais on concluait que le problème était insoluble. Le second empêchement à tout progrès était cette hallucination commune à tous les voyageurs d'en haut, qui consistait à voir, dans ceux qui traînaient la voiture, des gens pétris d'une autre pâte qu'eux. Cette maladie a existé, il n'y a aucun doute, car j'ai moi-même été atteint du délire commun. Ce qu'il y a de plus curieux, c'est que les piétons qui venaient de se hisser sur la voiture et dont les mains calleuses portaient encore les traces des cordes qu'ils tiraient tout à l'heure, étaient les premières victimes de cette hallucination. Quant à ceux qui avaient eu le bonheur d'hériter de leurs ancêtres un de ces sièges rembourrés, leur infatuation, leur conviction d'être substantiellement distincts du commun des mortels, n'avaient plus de limites.

En 1887, j'atteignis ma trentième année et j'étais fiancé à miss Édith Bartlett. Elle voyageait, comme moi, sur le haut du coche, c'est-à-dire, pour parler désormais sans métaphore, que sa famille était riche. À cette époque où l'argent était tout-puissant, cette qualité eût suffi pour attirer autour d'une jeune fille un essaim d'admirateurs ; mais Édith Bartlett joignait aux avantages de la fortune la grâce et la beauté.

J'entends d'ici mes lectrices protester :

« Jolie, peut-être, mais gracieuse jamais, avec les modes d'alors ! Quand la coiffure formait un échafaudage d'un pied de haut ; quand l'extension de la jupe, vers le bas de la taille, au moyen d'artifices mécaniques, défigurait les formes plus qu'aucun stratagème de couturière, comment faire pour être gracieuse là-dedans ? »

Mes lectrices ont raison ; je puis seulement répondre que si les femmes du XXe siècle sont d'aimables et vivantes démonstrations de l'heureux effet produit par des draperies bien appropriées aux formes féminines, mon souvenir de leurs aïeules me permet de maintenir qu'aucune difformité de costume ne pouvait parvenir à les déguiser entièrement et à rendre franchement laides les jolies !

Nous attendions, pour nous marier, l'achèvement de la maison que je faisais construire dans un des plus beaux quartiers de Boston ; car il faut savoir que la vogue comparative des différents quartiers de la ville dépendait, non de leurs avantages naturels, mais du rang social des habitants. Un homme riche, bien élevé, demeurant parmi ceux qui n'étaient pas de son bord, ressemblait à un étranger isolé au milieu d'une race jalouse. D'après le calcul des architectes, on devait être prêt pour l'hiver 1886. Cependant, le printemps arriva, la maison n'était pas achevée, et mon mariage fut ajourné à une époque indéterminée. Ce retard, fait pour exaspérer particulièrement un fiancé très épris, était dû à une série de grèves, c'est-à-dire à une cessation de travail concertée de la part des briquetiers, des maçons, des charpentiers, des peintres et autres corps de métiers employés à la construction de la maison. Quant aux causes spécifiques de ces grèves, je ne me les rappelle pas. Elles étaient si habituelles qu'on ne se donnait plus la peine d'en scruter les raisons particulières. Dans quelques départements industriels, la grève était devenue, pour ainsi dire, l'état normal depuis la grande crise de 1873. En vérité, c'était chose exceptionnelle de voir une classe quelconque d'ouvriers travailler de son métier pendant plus de quelques mois sans interruption.

Le lecteur, qui suit les dates auxquelles je fais allusion, reconnaîtra, dans ces perturbations de l'industrie, la première et intéressante phase de l'immense mouvement qui devait aboutir à l'établissement du système social industriel moderne, avec toutes ses conséquences. Aujourd'hui, cela paraît très clair, même à un enfant, mais à cette époque, nous voguions dans les ténèbres et nous étions loin de nous faire une idée nette de ce qui se passait autour de nous. Une seule chose était évidente : c'est qu'au point de vue industriel, le pays faisait fausse route. Les relations entre l'ouvrier et le patron, entre le travail et le capital, étaient disloquées. Les classes ouvrières paraissaient subitement comme infectées d'un profond mécontentement et d'un ardent désir de voir leur sort s'améliorer. L'ouvrier demandait un salaire plus élevé, la réduction des heures de travail, un meilleur logement, une éducation plus complète, une part dans les raffinements et le luxe de la vie, requêtes qu'il était impossible d'accorder, à moins que le monde ne devint beaucoup plus riche qu'il ne l'était de ce temps-là. Les ouvriers avaient une idée de ce qu'ils voulaient, mais ils étaient tout à fait incapables de savoir comment y parvenir. L'enthousiasme avec lequel ils se groupaient autour de quiconque semblait pouvoir éclairer leur chemin faisait une réputation inattendue à beaucoup de soi-disant guides, dont très peu possédaient la moindre notion de la route. Mais, quelque chimériques qu'aient pu paraître les aspirations des classes laborieuses, le dévouement que les travailleurs montrèrent à s'entraider dans les grèves qui étaient leur arme principale, les sacrifices qu'ils surent s'imposer pour les faire aboutir, ne laissaient aucun doute sur le sérieux terrible de leurs revendications.

Quant au résultat final de l'agitation ouvrière (c'est l'expression dont on se servait pour caractériser le mouvement auquel je viens de faire allusion), l'opinion des gens de ma classe différait selon le tempérament de chacun. Les gens ardents prétendaient, avec beaucoup d'apparence de raison, qu'il était impossible que les nouvelles espérances des classes laborieuses fussent réalisées, tout simplement parce que le monde n'avait pas de quoi les satisfaire. C'était seulement parce que les masses travaillaient très durement et vivaient de privations, que la race humaine ne mourait pas de faim ; aucune amélioration considérable de leur condition n'était possible tant que le monde, pris dans son ensemble, demeurerait si pauvre. Le conflit, disait-on, n'était pas entre les capitalistes et les travailleurs, car les premiers ne faisaient que maintenir la barrière de fer qui encerclait l'humanité. Tôt ou tard, les ouvriers comprendraient (ce n'était qu'une question de cerveaux plus ou moins durs), et se résigneraient à endurer ce qu'ils ne pouvaient guérir.

Les moins ardents admettaient tout cela. Certainement, les aspirations des travailleurs étaient impossibles à satisfaire, pour des raisons naturelles ; mais il y avait lieu de craindre qu'ils ne se rendraient pas compte de cette vérité avant d'avoir mis la société en pièces. Ils avaient pour eux les suffrages et la force, et leurs chefs les encourageaient à s'en servir. Quelques-uns de ces observateurs pessimistes allèrent si loin qu'ils prédirent un cataclysme social à brève échéance. L'humanité, disaient-ils, ayant atteint le dernier niveau de l'échelle de la civilisation, était sur le point de faire un plongeon dans le chaos, après quoi, elle se relèverait, sans doute, ferait le tour et recommencerait à grimper. Des expériences répétées de ce genre, dans les temps historiques et préhistoriques, expliquaient, peut-être, les proéminences et les gibbosités énigmatiques du crâne humain. L'histoire de l'humanité, comme tous les grands mouvements, devait être circulaire et retourner à son point de départ. L'idée du progrès indéfini, en ligne droite, était une chimère de l'imagination sans analogie dans la nature. La parabole de la comète était peut-être encore une meilleure image de la marche de l'humanité. Partie de l'aphélie de la barbarie, la race humaine n'avait atteint le périhélie de la civilisation que pour se plonger, une fois de plus, au bas de sa course, dans les ténèbres du néant. C'était là, sans doute, une opinion extrême, mais je me souviens que des hommes sérieux, dans mon entourage, en devisant des signes du temps, s'exprimaient dans des termes très semblables. Dans l'opinion commune des penseurs, la société s'approchait d'une période critique, d'où pouvaient résulter de grands changements. Les crises ouvrières, leurs causes, leur étendue, leurs remèdes, dominaient tous les autres sujets dans les conversations sérieuses comme dans les feuilles publiques.

Rien ne démontrait mieux la tension nerveuse des esprits que l'alarme produite par les clameurs d'une poignée d'hommes qui se nommaient les anarchistes et se proposaient de terrifier le peuple américain, de lui imposer leurs idées par des menaces de violence, comme si une nation puissante, qui venait de réprimer la rébellion de la moitié de sa population pour maintenir son système politique, allait se laisser imposer, par la terreur, un nouveau système social.

En ma qualité d'homme riche, ayant un grand intérêt dans l'ordre des choses existant, je partageais naturellement les craintes de ma classe. Les griefs particuliers que j'avais, à cette époque, contre la classe ouvrière, dont les grèves retardaient mon bonheur conjugal, aiguisaient encore la vivacité de mon antipathie.

II

LE 30 MAI 1887 tombait un lundi. C'était un des jours de fête annuels de la nation, on l'appelait *jour de Décoration* et l'objet de la fête était d'honorer la mémoire des soldats du Nord qui avaient pris part à la glorieuse guerre pour la préservation de l'unité nationale. Les survivants de la guerre, escortés par des processions militaires et civiles, musique en tête, avaient l'habitude, à cette occasion, de visiter les cimetières et de déposer des couronnes de fleurs sur les tombes de leurs camarades. La cérémonie était très solennelle et très touchante.

Le frère aîné d'Édith Bartlett était tombé pendant la guerre et au jour de Décoration, la famille avait coutume de faire un pèlerinage au mont Auburn où il reposait.

J'avais demandé la permission d'être de la promenade et, au retour en ville, à la tombée de la nuit, je restai à dîner chez les parents de ma fiancée. Dans le salon, après dîner, je ramassai une feuille du soir, et j'appris qu'une nouvelle grève dans le bâtiment allait probablement retarder encore davantage l'achèvement de ma malheureuse maison. Je me souviens encore très bien de mon exaspération ainsi que des imprécations, aussi énergiques que le permettait la présence des dames, que je proférai contre les ouvriers en général et les grévistes en particulier. Je rencontrai, naturellement, beaucoup de sympathie de la part des personnes qui m'entouraient, et les remarques qui furent échangées au cours de la conversation à bâtons rompus qui s'ensuivit, sur la conduite immorale des agitateurs ouvriers, durent faire tinter les oreilles de ces messieurs. On tombait d'accord que les affaires allaient de mal en pis, qu'on glissait sur une pente rapide et qu'on ne pouvait pas prévoir ce qui nous attendait à court terme.

« Ce qu'il y a de plus triste, dit, je me le rappelle, Mme Bartlett, c'est que les classes laborieuses du monde entier semblent perdre la tête en même temps. En Europe, c'est encore pire qu'ici, il est bien certain que je ne voudrais pas y vivre! L'autre jour, je demandai à M. Bartlett où nous pourrions bien émigrer si les choses terribles dont les socialistes nous menacent venaient à se réaliser. Il me répondit qu'il ne connaissait aucun endroit du monde où la société pût être considérée comme stable, excepté le Groënland, la Patagonie et l'empire chinois.

— Ces diables de Chinois, lança quelqu'un, savaient bien ce qu'ils voulaient lorsqu'ils refusèrent de laisser pénétrer chez eux notre civilisation occidentale. Ils savaient, mieux que nous, où elle les mènerait. Ils voyaient bien que ce n'était que de la dynamite déguisée. »

Après cette observation, je me souviens d'avoir pris ma fiancée à part et d'avoir essayé de la persuader de nous marier tout de suite et de voyager en attendant que la maison fût enfin prête à nous recevoir. Édith était ravissante, ce soir-là ; la robe de deuil, dont elle était revêtue à l'occasion de l'anniversaire de la mort de son frère, faisait ressortir la pureté de son teint. Je la vois encore, telle qu'elle m'apparut alors. Quand je pris congé, elle me reconduisit jusque dans l'antichambre et je lui donnai, comme d'habitude, un baiser d'adieu. Aucun incident particulier, aucun pressentiment ni chez moi, ni chez elle, ne distinguèrent cette séparation de tant d'autres qui l'avaient précédée.

Il était de bonne heure, pour des fiancés, quand nous nous quittâmes, mais ce n'était pas de ma part un manque d'attention. Je souffrais beaucoup d'insomnies, quoique ma santé fût bonne d'ailleurs, et je me sentais absolument épuisé ce soir-là pour avoir passé, la veille et l'avant-veille, deux nuits blanches. Édith le savait, c'est elle qui insista pour me renvoyer vers neuf heures, et me supplia de me coucher aussitôt.

La maison que j'habitais avait abrité trois générations de la famille dont j'étais l'unique représentant direct. C'était une grande et vieille construction tout en bois, très élégante à l'intérieur, mais vieux jeu et située dans un quartier tout à fait délaissé par le beau monde depuis qu'il avait été envahi par les maisons de rapport et les usines. Ce n'était certainement pas une demeure où je pusse songer à conduire une jeune femme, surtout une jeune femme d'éducation aussi raffinée qu'Édith. J'avais mis l'écriteau sur la maison, je n'y passais plus que la nuit et je prenais tous mes repas au cercle. Un seul domestique, un brave nègre du nom de Sawyer, vivait avec moi et faisait mon service. Il n'y avait dans la maison qu'un seul local dont j'avais peine à me séparer : c'était une chambre à coucher que j'avais fait construire dans les fondations. Dans ce quartier central, plein d'un tintamarre incessant, si j'avais habité au premier étage, je n'aurais jamais pu fermer l'œil de la nuit. Cette chambre souterraine était absolument inaccessible aux bruits du monde extérieur. Quand j'y entrais et que je refermais la porte, je sentais autour de moi le silence de la tombe. Pour défier l'humidité, les murs épais de ce sous-sol ainsi que le plancher étaient enduits d'un ciment hydraulique et, afin que cette chambre pût servir en même temps de forteresse contre les voleurs et l'incendie, je l'avais fait recouvrir d'une voûte en pierre hermétiquement scellée, tandis que la porte extérieure, en fer, était revêtue d'une épaisse couche d'amiante. Un petit tube communiquant avec un ventilateur situé sur le toit assurait le renouvellement de l'air.

Il semble qu'avec des précautions aussi minutieuses, le locataire de cette chambre dût pouvoir commander le sommeil à volonté, cependant, il m'arrivait rarement, même dans ce tombeau, de dormir deux nuits de suite. J'étais si coutumier du fait qu'une nuit d'insomnie ne me gênait guère, mais quand j'en avais passé une seconde, dans mon fauteuil au lieu de mon lit, je n'en pouvais plus ; aussi, la troisième nuit, dans la crainte de quelque accident nerveux, j'avais recours à un moyen artificiel : je faisais appeler mon médecin, le docteur Pillsbury.

C'était plutôt un ami qu'un médecin, un de ceux qu'on appelait à cette époque un « irrégulier » ou un empirique. Il se disait « professeur de magnétisme animal ». Je l'avais rencontré au cours de quelques investigations d'amateur relatives au magnétisme. Je crois qu'il n'entendait pas grand-chose à la médecine, mais il était certainement très fort en mesmérisme[1]. Si agité que je fusse, au physique et au moral, le docteur Pillsbury, après quelques passes magnétiques, réussissait infailliblement à m'endormir du sommeil le plus profond, qui durait

1. Du nom du médecin autrichien Franz Mesmer (1734-1815). Consulter à son sujet la note 2 de l'introduction, page 30.

jusqu'à ce qu'on me réveillât par un procédé mesmérien appliqué en sens inverse. Les procédés pour réveiller étant beaucoup plus simples que ceux pour endormir, le docteur avait consenti, sur ma demande, à les enseigner à mon domestique.

Mon fidèle Sawyer était le seul homme au monde qui sût que le docteur Pillsbury venait me voir et pourquoi. Il va sans dire qu'Édith devenue ma femme, je lui aurais, un jour ou l'autre, révélé mon secret. J'avais hésité jusque-là ; car, dans ce sommeil artificiel, il y avait incontestablement un soupçon de danger, et je savais qu'elle y ferait des objections. Le sommeil pouvait devenir trop intense, se changer en léthargie rebelle aux procédés magnétiques et se terminer par la mort. Toutefois, des expériences répétées m'avaient démontré qu'en prenant les précautions nécessaires, le risque était à peu près nul, et j'espérais, un jour, en convaincre Édith.

Ce soir-là, donc, après avoir quitté ma fiancée, je rentrai directement chez moi et fis aussitôt appeler le docteur. En l'attendant, j'entrai dans ma chambre souterraine, j'enfilai une robe de chambre confortable et je me mis à lire le courrier du soir que Sawyer avait déposé sur mon bureau.

Une des lettres était de mon architecte et confirmait ce que j'avais déjà lu dans les journaux. De nouvelles grèves, disait-il, allaient retarder indéfiniment la construction de ma maison. Ni les patrons, ni les ouvriers ne consentaient à céder d'une semelle, avant une lutte prolongée. L'empereur Caligula souhaitait que le peuple romain n'eût qu'une tête afin de pouvoir la trancher d'un coup ; je fis à l'adresse des ouvriers américains des souhaits à la Caligula. Le retour de mon nègre accompagné du médecin interrompit mes sombres méditations.

Il paraît que Sawyer avait eu du mal à m'amener le docteur, qui faisait ses préparatifs pour quitter la ville cette nuit même. Depuis sa dernière visite, il avait entendu parler d'une situation avantageuse qu'on lui offrait dans une ville assez éloignée, et il avait décidé de profiter aussitôt de ces ouvertures. Lorsqu'un peu inquiet de cette confidence, je lui demandai à qui je pourrais dorénavant m'adresser pour obtenir le sommeil, il m'indiqua le nom de plusieurs magnétiseurs de Boston, en m'assurant qu'ils étaient aussi forts que lui.

Quelque peu soulagé par cette réponse, je donnai ordre à Sawyer de me réveiller le lendemain matin à neuf heures. Je me couchai sur le lit, vêtu de ma robe de chambre, et je me soumis aux passes et aux manipulations du magnétiseur. Vu l'état particulièrement excité de mes nerfs, je mis un peu plus de temps qu'à l'ordinaire à perdre conscience mais, à la fin, je me sentis doucement envahi par une délicieuse somnolence.

III

« Il va ouvrir les yeux. Peut-être ne devrait-il voir qu'un de nous à la fois.

— Alors promets-moi de ne pas lui dire. »

La première voix était celle d'un homme, la seconde, celle d'une femme. Tous deux parlaient à voix basse.

« Si j'allais voir comment il va, reprit l'homme.

— Non, non, promets-moi d'abord, insista l'autre.

— Laisse-la faire à sa guise, chuchota une troisième voix, également féminine.

— Bien, bien, je te le promets, mais va-t'en vite, il va se réveiller. »

Il y eut comme un froufrou de robes et j'ouvris les yeux. Un homme de belle apparence, qui pouvait avoir 60 ans, était penché sur mon chevet ; ses traits portaient l'expression d'une extrême bienveillance mêlée d'une vive curiosité. Je ne le connaissais pas du tout. Je me soulevai sur mon coude et je regardai autour de moi. La chambre était vide. Je n'y étais certainement jamais venu. Je n'en avais jamais vue qui fût meublée de cette façon. Je dirigeai de nouveau mes yeux vers mon compagnon, il sourit.

« Comment vous sentez-vous ? fit-il.

— Où suis-je ? demandai-je à mon tour.

— Chez moi.

— Comment suis-je venu ici ?

— Nous parlerons de cela quand vous serez un peu plus solide. En attendant, je vous prie de ne pas vous inquiéter. Vous êtes chez des amis et entre de bonnes mains. Comment cela va-t-il ?

— Je me sens un peu chose, répondis-je ; mais je crois que je me porte bien. Voudriez-vous m'apprendre par quel hasard je suis devenu votre invité ? Que m'est-il arrivé ? Comment suis-je venu ici ? Je sais que je me suis endormi chez moi.

— Nous aurons tout le temps de nous expliquer là-dessus, répondit mon hôte inconnu, avec un sourire rassurant. Il vaut mieux éviter toute conversation troublante, tant que vous ne serez pas redevenu vous-même. Voulez-vous me faire le plaisir d'avaler quelques gouttes de cette potion ? Cela vous fera du bien. Je suis médecin. »

Je repoussai le verre et me redressai sur mon séant, mais ce ne fut pas sans effort, car j'avais la tête singulièrement lourde.

« J'insiste pour savoir tout de suite où je suis et ce que vous avez fait de moi, repris-je.

— Mon cher monsieur, répondit mon hôte, je vous conjure de ne pas vous agiter. J'aimerais mieux remettre ces explications à plus tard, cependant, si vous insistez, je vais tâcher de vous satisfaire, à condition que vous avaliez d'abord une gorgée de cette potion qui vous donnera des forces. »

Sur cette promesse, je m'exécutai. Il reprit :

« Ce n'est pas une chose aussi simple que vous avez l'air de le croire que de vous expliquer comment vous êtes venu ici. J'ai plus à apprendre de vous à ce sujet que vous de moi. On vient de vous réveiller d'un long sommeil ou plutôt d'une léthargie. C'est tout ce que je puis vous dire. Vous dites que vous vous êtes endormi dans votre propre maison ? Oserai-je vous demander quand cela s'est passé ?

— Quand ? Quand ? Mais hier soir, parbleu, vers dix heures. Qu'est devenu mon domestique ? Je lui avais commandé de venir me réveiller à neuf heures du matin.

— Je ne saurais vous renseigner là-dessus, répondit mon hôte avec une singulière expression, mais il en est certainement excusable. Et, maintenant, pouvez-vous me dire avec un peu plus de précision quand vous vous êtes endormi, je veux dire la date ?

— Mais, hier soir, ne vous l'ai-je pas déjà dit ? À moins que je n'aie dormi pendant une journée entière ? Grand Dieu ! Ce n'est pas possible, et cependant j'ai la sensation d'avoir fait un grand somme ! Je me suis endormi le jour de Décoration.

— Le jour de décoration ?

— Oui, lundi, le 30.

— Pardon, le 30 de quel mois ?

— Mais, de ce mois-ci, parbleu, car je ne suppose pas que j'aie dormi jusqu'au mois de juin.

— Nous sommes en septembre.

— Septembre ! Vous n'allez pas me dire que j'ai dormi depuis le mois de mai jusqu'en septembre !

— Nous allons voir, reprit mon compagnon. Vous dites que vous vous êtes endormi le 30 mai ?

— Oui

— Il vous reste à m'apprendre de quelle année ? »

Je le regardai, ahuri et incapable, pendant plusieurs instants, de prononcer un seul mot.

« De quelle année ? répétai-je à mi-voix.

— Oui, de quelle année, s'il vous plaît ? Après cela, je pourrai calculer combien de temps vous avez dormi.

— C'était en 1887, répondis-je. »

Mon hôte insista pour me faire prendre une autre gorgée de liquide, puis il me tâta le pouls.

« Mon cher monsieur, dit-il, votre apparence est celle d'un homme cultivé, ce qui n'était pas, de votre temps, aussi ordinaire que du nôtre. Vous aurez donc, sans doute, déjà remarqué vous-même qu'aucun événement en ce monde n'est, après tout, plus merveilleux qu'un autre. Les effets sont adéquats aux causes, et les lois naturelles opèrent toujours et partout suivant une logique infaillible. Je m'attends à ce que vous soyez un peu saisi par ce que je vais vous dire, mais j'ai la conviction que vous ne laisserez pas troubler mal à propos la sérénité de votre esprit. Vous avez l'apparence d'un homme de 30 ans à peine, et vous n'êtes pas dans des conditions corporelles différentes de celles où l'on se trouve en sortant d'un somme un peu trop prolongé, et cependant, nous sommes aujourd'hui le 10 septembre de l'an 2000, et vous avez dormi tout juste cent treize ans, trois mois et onze jours. »

À ces paroles, me sentant quelque peu ébloui, j'acceptai de mon hôte une tasse de tisane quelconque aussitôt après, je m'engourdis et retombai dans un sommeil profond.

Quand je me réveillai, il faisait grand jour dans la chambre que j'avais vue pour la première fois éclairée d'une lumière artificielle. Mon hôte mystérieux était à mon chevet ; il ne regardait pas de mon côté au moment où j'ouvris les yeux, j'en profitai pour étudier sa physionomie et pour réfléchir sur ma situation extraordinaire. Mon étourdissement avait disparu et mon esprit était parfaitement lucide. L'histoire de ce sommeil de cent treize ans, que j'avais acceptée d'abord, dans mon état de prostration, sans résistance, m'apparaissait maintenant comme une monstrueuse imposture dont il m'était absolument impossible de deviner le motif.

Il s'était certainement passé quelque chose d'extraordinaire pour que je me réveillasse ainsi dans cette maison étrangère avec un compagnon inconnu. Mais, quand il s'agissait de trouver la manière dont cela s'était fait, mon imagination ne faisait plus que battre la campagne. Étais-je la victime de quelque complot ? Tout en avait l'apparence et cependant, si jamais la physionomie a pu servir d'indice au caractère, comment admettre que cet homme vénérable, avec son expression si franche et si distinguée, fût capable de tremper dans un projet criminel ? Je me demandai ensuite si je n'étais pas, par hasard, dupe de quelque mauvaise plaisanterie de la part de mes amis, qui auraient découvert, je ne sais comment, le secret de ma chambre souterraine et recouru à cette mise en scène pour me faire comprendre, une bonne fois, les dangers du magnétisme. Cette hypothèse se heurtait à de grandes difficultés. Sawyer ne m'aurait jamais trahi ; je ne me connaissais pas d'ami capable d'une pareille fumisterie, et cependant, cette explication, si invraisemblable qu'elle fût, était encore la seule admissible. Dans le vague espoir de surprendre quelque visage familier et moqueur m'épiant derrière une chaise ou un rideau, je promenai mes yeux prudemment autour de moi ; quand ils s'arrêtèrent sur mon hôte, il me regardait aussi.

« Vous avez fait un bon petit somme de douze heures, dit-il gaiement. Je vois que cela vous a fait du bien. Vous avez bien meilleure mine. Votre teint est frais, vos yeux clairs. Comment vous sentez-vous ?

— Je ne me suis jamais mieux porté, répondis-je en me redressant.

— Vous n'avez pas oublié votre premier réveil, je suppose, et votre surprise quand je vous appris le temps que vous aviez dormi.

— Vous m'avez, je crois, parlé de cent treize ans ?

— C'est bien cela.

— Vous admettrez, dis-je avec un sourire ironique, que l'histoire est un peu invraisemblable.

— J'admets qu'elle est extraordinaire mais, étant donné les circonstances, elle n'est ni invraisemblable, ni en contradiction avec ce que nous savons aujourd'hui de l'état léthargique. Quand la léthargie est complète, comme dans votre cas, les fonctions vitales sont entièrement suspendues et les tissus ne se consument pas. On ne peut assigner aucune limite à la durée possible d'un sommeil léthargique quand les conditions externes protègent le corps contre les traumatismes physiques. Il est vrai que votre cas de léthargie est le plus long dont on ait gardé le souvenir mais, si le hasard n'avait pas fait découvrir la chambre où vous gisiez, et si elle était restée intacte, il n'y a aucune raison pour que vous ne fussiez pas demeuré indéfiniment dans cet état de vie suspendue jusqu'à ce que le refroidissement graduel du globe eût détruit vos tissus et rendu à l'âme sa liberté. »

Si vraiment j'étais victime d'une farce, il fallait reconnaître qu'on avait eu la main singulièrement heureuse dans le choix de l'acteur principal. Les façons de ce personnage étaient si dignes, son langage si mesuré et si éloquent, qu'on l'aurait volontiers cru sur parole s'il lui avait plu de soutenir que la lune était un fromage de Hollande. Le sourire dont je soulignai son hypothèse de léthargie, à mesure qu'il la développait, ne parut pas le troubler le moins du monde.

« Peut-être, dis-je, aurez-vous la bonté de me donner quelques détails sur les circonstances mystérieuses où vous fîtes la découverte de ma chambre et de son contenu. J'aime assez les bons contes.

— Aucun conte, dit-il gravement, n'est aussi étrange que cette vérité. Il faut que vous sachiez que, depuis des années, je caressais le projet de faire construire un laboratoire de chimie dans le grand jardin attenant à cette maison. Jeudi dernier, on commençait enfin les fouilles dans la cave ; elles furent terminées le soir même, et les maçons devaient venir le lendemain. Mais, dans la nuit de jeudi, il plut à torrents, de sorte que, vendredi matin, ma cave n'était plus qu'une mare où flottaient des débris de mur écroulés. Ma fille, qui était venue avec moi sur les lieux du sinistre, appela mon attention sur un pan de maçonnerie ancienne mis à découvert par la chute d'un des murs. J'enlevai un peu de terre et, reconnaissant que cet appareil faisait partie d'une grande construction, je résolus de continuer mes recherches.

« Les ouvriers chargés du déblayement découvrirent une voûte oblongue à environ huit pieds de profondeur et placée dans ce qui avait manifestement été les fondation d'une très ancienne maison. Une couche épaisse de cendres et de charbon indiquait que la maison avait été détruite par un incendie. La voûte elle-même était intacte, et la couverture de ciment, comme neuve. Il y avait une porte, mais elle ne voulait pas céder à nos efforts et, pour entrer, il fallut enlever une des dalles qui formaient le toit. L'air qui se dégagea par cette ouverture était stagnant, mais pur, sec et tempéré.

« Je descendis, une lanterne à la main, et je me trouvai tout à coup dans une chambre à coucher meublée dans le style du XIXᵉ siècle. Sur le lit gisait un jeune homme, mort, selon toute apparence, depuis plus de cent ans. Toutefois, l'état extraordinaire de préservation du corps me frappa, ainsi que les confrères que j'avais fait appeler. Nous n'aurions jamais cru que les procédés de l'embaumement fussent aussi maîtrisés à pareille époque. Mes collègues, pressés de curiosité, voulurent se livrer immédiatement à des expériences qui leur eussent livré le secret de ces procédés. Je les en empêchai, sans autre motif (du moins, vous n'avez pas besoin d'en connaître d'autre pour le moment) que le souvenir de ce que j'avais lu sur les progrès extraordinaires qu'avaient réalisés vos contemporains dans l'étude du magnétisme animal. L'idée que vous pouviez être tout simplement en catalepsie me traversa l'esprit et il me parut possible que l'intégrité physique si remarquable de votre corps fût l'effet non de l'art de l'embaumeur, mais de la force vitale elle-même.

« Cependant, cette idée me semblait, même à moi, si excentrique, que je ne voulus pas m'exposer à la risée de mes collègues ; je leur donnai donc une autre raison pour ajourner nos expériences. Eux sortis, j'organisai aussitôt une tentative systématique de résurrection dont vous connaissez l'heureux résultat. »

Quand même l'histoire eût été encore plus incroyable, le récit circonstancié, les manières dignes et persuasives, toute la personnalité du narrateur eussent ébranlé l'auditeur le plus sceptique. Je commençais à me sentir très troublé quand, le récit terminé, je m'aperçus par hasard dans une glace, qui me faisait face. Je me voyais tel et aussi jeune que le jour où j'avais soigneusement fait mon nœud de cravate pour aller voit Édith, le jour de Décoration 1887, c'est-à-dire, à en croire cet individu, cent treize ans auparavant. Dans cet instant, l'énormité de la farce qui se jouait à mes dépens me frappa plus vivement que jamais. Je bondis avec indignation, j'allais éclater. Mon hôte aperçut le mouvement.

« Vous êtes, sans doute, surpris, me dit-il, de voir qu'après avoir dormi un siècle ou plus vos traits n'ont pas vieilli d'une ligne, mais votre étonnement n'est pas justifié. C'est grâce à l'arrêt total des fonctions vitales que vous avez survécu tant d'années. Si votre corps avait pu subir la moindre altération pendant votre léthargie, il y a longtemps qu'il serait décomposé.

— Monsieur, lui dis-je en le regardant en face, je suis hors d'état de deviner pour quel motif vous venez me débiter d'un air sérieux des contes à dormir debout. Mais vous êtes vous-même trop intelligent pour supposer qu'à moins d'être un franc imbécile, on puisse ajouter foi à de pareilles histoires. Épargnez-moi la suite de cette stupide machination et, une fois pour toutes, dites-moi si, oui ou non, vous refusez de m'apprendre où je suis et comment j'y suis venu. Si vous persistez, il faudra que j'aille moi-même aux renseignements et nul ne m'en empêchera.

— Ainsi, vous ne croyez pas que nous sommes en l'an 2000 ?

— Belle demande !

— Eh bien, puisque je ne réussis pas à vous convaincre, vous vous convaincrez vous-même. Êtes-vous assez solide pour me suivre en haut de l'escalier ?

— Je me porte mieux que jamais, repris-je en colère, et je saurai le prouver si cette plaisanterie dure encore longtemps.

— Je vous prie, monsieur, répondit mon hôte, de ne pas trop vous enferrer dans cette idée que vous êtes l'objet d'une plaisanterie, sans quoi, une fois convaincu de la vérité de mes assertions, la réaction pourrait être trop violente. »

Le ton préoccupé mais affectueux dont il prononça ces paroles, le calme absolu avec lequel il reçut ma sortie violente, m'intimidèrent singulièrement et je le suivis, en proie à un mélange extraordinaire d'émotions. Il me fit monter deux escaliers, puis un troisième plus court qui aboutissait à une terrasse, située sur le toit de la maison.

« Regardez autour de vous, dit-il, quand nous fûmes sur la plateforme, et dites-moi si c'est bien la ville de Boston du XIXᵉ siècle. »

À mes pieds s'étendait une grande cité sur des milles et des milles. Dans toutes les directions, de larges avenues, plantées d'arbres et bordées de belles constructions qui, pour la plupart, ne formaient pas des blocs continus, mais étaient dispersées dans des jardins grands et petits. Chaque quartier avait de grands squares ombreux où des statues, des fontaines, brillaient au soleil couchant. De superbes édifices publics, d'une grandeur colossale et d'une architecture magnifique, inconnue de mon temps, dressaient de tous côtés leurs masses imposantes. Assurément, je n'avais jamais vu cette ville, ni rien qui pût lui être comparé. Levant enfin les yeux vers l'horizon, je regardai du côté de l'ouest : ce ruban bleu se glissant sinueusement vers le couchant, n'était-ce point la rivière Charles ? Je me retournai vers l'est ; c'était bien le port de Boston, encadré entre ses promontoires et ses îlots : pas un ne manquait à l'appel !

Alors je compris qu'on m'avait dit la vérité sur la prodigieuse aventure dont j'étais le héros.

IV

JE NE PERDIS pas connaissance, mais l'effort qu'il me fallut faire pour me représenter ma position me donna le vertige et je me souviens que mon compagnon dut me soutenir à bras-le-corps pour me faire descendre de la terrasse. Il m'amena dans un appartement spacieux, situé à l'étage supérieur de la maison ; là, il me fit boire un ou deux verres de vieux vin et partager avec lui un léger repas.

« Je pense que vous voilà mieux maintenant, dit-il gaiement ; je n'aurais pas songé à employer des moyens si brusques pour vous convaincre, si votre façon d'agir, quoique parfaitement excusable dans les circonstances présentes, ne m'y avait pas contraint. J'ai entendu dire que les Bostoniens de votre époque étaient de vigoureux boxeurs et n'y allaient pas de main morte, aussi ai-je craint un instant que vous n'alliez me faire faire ce que vous appeliez un plongeon au XIXe siècle, si je ne brusquais pas les choses ! Je suppose qu'à cette heure, vous ne m'accusez plus de vous avoir mystifié ?

— Si vous me disiez, répondis-je, profondément troublé, qu'au lieu d'un siècle, mille ans s'étaient écoulés depuis que j'ai aperçu cette ville pour la dernière fois, je vous croirais maintenant sur parole.

— Il n'y a que cent ans, répondit-il, mais plus d'un millénaire dans l'histoire du monde a passé sans avoir été témoin d'une transfiguration aussi extraordinaire. Et maintenant, ajouta-t-il, en me tendant la main avec une irrésistible cordialité, laissez-moi vous souhaiter la bienvenue dans le Boston du XXe siècle et dans la maison du docteur Leete, car tel est mon nom. »

Je lui serrai la main et déclinai mon nom : Julien West.

« Charmé de faire votre connaissance, monsieur West ! Sachant que cette maison est construite sur l'emplacement de la vôtre, j'espère que vous n'aurez pas de peine à vous considérer chez vous. »

Après ma collation, le docteur me fit préparer un bain et des vêtements de rechange, dont je profitai avec plaisir. Les grandes révolutions qui, selon le dire de mon hôte, s'étaient produites depuis un siècle, n'avaient guère affecté la mode, car, à part quelques détails, mon nouveau costume n'offrait rien d'extraordinaire pour moi.

Physiquement, j'étais redevenu moi-même, mais le lecteur se demandera, sans doute, où j'en étais mentalement, quelles étaient mes sensations intellectuelles, en me voyant ainsi brusquement tombé dans un nouveau monde. En réponse, je lui demanderai de se supposer transporté, en un clin d'œil, de la terre au paradis ou à l'enfer. Qu'éprouverait-il alors ? Ses pensées retourneraient-elles aussitôt vers la terre, ou bien, la première émotion passée, oublierait-il, au milieu des étonnements d'une existence nouvelle, sa vie d'autrefois, quitte à s'en souvenir plus tard ? C'est ce dernier effet qui se produisit chez moi. Tout d'abord, les impressions de stupéfaction et de curiosité produites par les nouveaux spectacles qui m'entouraient occupèrent mon esprit, à l'exclusion de toute autre pensée. Le souvenir de ma vie d'autrefois semblait entièrement effacé.

Dès que je me sentis remis sur pied par les bons soins de mon hôte, l'envie me prit de retourner sur la terrasse de la maison, et nous voilà bientôt confortablement installés dans de bons fauteuils, avec la ville au-dessous et autour de nous. Après que le docteur Leete eut répondu aux nombreuses questions que je lui adressai au sujet de bien des points de repère du paysage que je ne trouvais plus, et des nouveaux édifices qui les avaient remplacés, il me demanda quelle différence essentielle entre le nouveau et l'ancien Boston me frappait le plus fortement.

« Pour parler des petites choses avant les grandes, répondis-je, je crois vraiment que ce qui m'a frappé le plus au premier regard, c'est l'absence complète des cheminées et de leur fumée.

— Ah ! s'écria mon compagnon, d'un air de vif intérêt, j'avais oublié les cheminées ; il y a si longtemps qu'on ne s'en sert plus chez nous ! Voici plus d'un siècle que les procédés rudimentaires dont vous dépendiez pour produire la chaleur sont hors d'usage.

— En général, repris-je, ce qui me surprend encore dans votre ville, c'est la prospérité matérielle qu'implique sa magnificence.

— Je donnerais beaucoup, dit le docteur Leete, pour pouvoir jeter un seul regard sur le Boston de votre époque. Sans doute, les villes d'alors étaient d'assez vilaines machines. Quand même vous auriez eu le goût ou l'envie de les faire belles (et je n'ai pas l'impolitesse d'en douter), la pauvreté générale résultant de votre système industriel défectueux ne vous en aurait pas laissé les moyens. Bien plus, l'individualisme excessif qui régnait à cette époque était incompatible avec un véritable développement de l'esprit public. Le peu de richesses dont vous disposiez servaient exclusivement au luxe privé. Aujourd'hui, au contraire, l'emploi le plus populaire de l'excédent de la richesse publique, c'est l'embellissement de la ville, dont tous jouissent au même degré. »

Quand nous étions remontés sur la terrasse, le soleil se couchait ; pendant que nous discutions, la nuit étendait ses voiles sur la ville.

« La nuit tombe, dit le docteur Leete, redescendons ; je veux vous présenter ma femme et ma fille. »

Ces paroles me firent souvenir des voix féminines que j'avais entendues chuchoter autour de moi à mon premier réveil, et très curieux d'apprendre ce que pouvaient bien être les dames de l'an 2000, j'acceptai la proposition du docteur avec empressement.

L'appartement où nous trouvâmes ces dames, de même que tout l'intérieur de la maison, était éclairé d'une lumière douce et enveloppante que je devinai être artificielle, bien que je ne pusse pas en découvrir la source. Mme Leete était une femme remarquablement belle et bien conservée, à peu près de l'âge de son mari, tandis que sa fille, alors dans le premier épanouissement de la jeunesse, était la plus ravissante personne que j'eusse jamais rencontrée. Des yeux bleus et profonds, un teint délicatement coloré, des traits irréprochables faisaient de son visage l'ensemble le plus ensorcelant, et quand même le visage eût manqué de charme, la perfection de sa taille lui eût mérité un prix d'honneur parmi les beautés du xixe siècle. La douceur et la délicatesse féminines se combinaient dans cette adorable créature avec une apparence de santé et de vitalité trop souvent absentes chez les jeunes filles de mon temps, les seules avec qui je pusse la comparer. Par une coïncidence insignifiante dans l'ensemble d'une situation aussi anormale, mais néanmoins troublante, son nom était Édith, comme celui de mon ex-fiancée.

La soirée qui suivit fut certainement unique dans les fastes des relations humaines, mais on aurait tort de supposer que notre conversation fut le moins du monde pénible et contrainte. C'est dans les circonstances les moins naturelles que les hommes se conduisent le plus naturellement, par la simple raison que de pareilles situations excluent tout artifice et toute convention. En tout cas, ma conversation de ce soir-là, avec ces représentants d'un autre âge et d'un nouveau monde, fut marquée au coin d'une sincérité et d'une cordialité telles qu'en produit rarement une longue accointance. Sans doute, le tact exquis de mes hôtes y fut pour beaucoup. Bien entendu, il ne fut pas question d'autre chose que de la merveilleuse aventure qui m'avait amené là, mais ces dames en parlaient avec un intérêt si naïf et une sympathie si expressive qu'elles bannirent de l'entretien la sensation d'embarras et de malaise qui aurait pu m'accabler. On aurait pu croire qu'elles avaient l'habitude de causer avec des revenants d'un autre âge, tant elles y mettaient d'aisance et de légèreté de main.

Édith Leete prenait peu part à la conversation ; mais quand, à plusieurs reprises, l'attrait magique de sa beauté dirigea mon regard sur ses traits, je trouvai toujours ses yeux fixés sur moi avec une intensité voisine de la fascination qui ne laissa pas de m'émouvoir.

Le docteur Leete ainsi que ces dames parurent vivement intéressés du récit des circonstances où je m'étais endormi, pendant cette soirée mémorable, dans ma chambre souterraine. Chacun avait son système pour expliquer comment j'avais été oublié là : l'hypothèse suivante, sur laquelle nous finîmes par tomber d'accord, est au moins plausible, bien que le détail précis de la vérité doive nous rester éternellement caché. La couche de cendres trouvée au-dessus de ma chambre indiquait que la maison avait été incendiée. En admettant que le feu ait pris le soir même où je m'endormis, il ne reste plus qu'à supposer que mon nègre périt dans l'incendie ou dans un des accidents qui en furent la conséquence ; le reste se devine.

Le docteur Pillsbury et Sawyer étaient les seules personnes au monde qui connussent le secret de ma retraite ; or le docteur était parti cette même nuit pour la Nouvelle-Orléans et n'entendit peut-être jamais parler du sinistre. Mes amis et le public durent nécessairement arriver à la conclusion que j'avais également péri dans les flammes. Il aurait fallu procéder à des fouilles très profondes pour découvrir dans les fondations le recoin communiquant avec ma demeure. À coup sûr, si l'on avait reconstruit immédiatement sur le même emplacement, on aurait procédé à des fouilles de ce genre : mais par ces temps de crise et dans cette partie de la ville délaissée par la vogue, on comprend pourquoi il n'en fut rien. Le docteur Leete me dit qu'à en juger par la taille des arbres qui occupaient actuellement son jardin, le terrain avait dû rester abandonné pendant au moins un demi-siècle.

V

Quand, dans le courant de la soirée, les dames se retirèrent, nous laissant seuls, le docteur et moi, celui-ci me demanda si j'étais disposé à dormir, ajoutant que s'il en était ainsi ma chambre était prête.

« Mais, ajouta-t-il, si vous avez envie de rester debout, rien ne me plairait davantage que de vous tenir compagnie.

— Je suis un oiseau de nuit, et, sans flatterie, je puis vous dire qu'on ne peut guère imaginer un compagnon plus intéressant que vous.

— Ce n'est pas tous les jours qu'on a l'occasion de s'entretenir avec un homme du xixe siècle ! »

Pendant la soirée, j'avais attendu, non sans appréhension, le moment où je serais laissé seul. Entouré de ces étrangers bienveillants, stimulé et soutenu par leur sympathie, j'étais parvenu à conserver mon équilibre mental, et cependant, dans les temps d'arrêt de la conversation, j'avais éprouvé des avant-goûts, des pressentiments, vifs comme l'éclair, de l'horrible sensation d'isolement qui m'attendait une fois que je n'aurais plus rien pour distraire ma pensée. Je sentais bien que je ne fermerais pas les yeux cette nuit-là, et j'espère qu'on ne m'accusera pas de lâcheté si j'avoue que la pensée de cette nuit blanche, passée à réfléchir, m'épouvantait. Quand je fis part de ces impressions à mon hôte, il ne s'en étonna nullement, mais il me pria de ne pas me préoccuper de la question du sommeil, il se chargeait de m'administrer un narcotique infaillible qui m'assurerait une nuit excellente. Le lendemain, je me réveillerais avec les sentiments d'un vieux bourgeois du xxe siècle.

« Pour cela, dis-je, il me faudrait apprendre un peu plus de ce nouveau Boston où me voilà revenu. Vous m'avez dit tantôt que, bien que je n'eusse dormi qu'un siècle, il s'était produit dans cet intervalle plus de changements dans les conditions de l'humanité qu'il ne s'en produit d'ordinaire pendant des milliers d'années. Avec le spectacle de cette ville à mes pieds, j'étais bien disposé à vous croire, mais je serais curieux de savoir en quoi consistent ces changements, ou du moins les plus importants. Pour commencer, car ce sujet est inépuisable, quelle solution, si solution il y a, avez-vous trouvée pour la question ouvrière? C'était notre énigme du Sphinx[1] au xixe siècle, et quand je m'endormis, ce sphinx menaçait de dévorer la société parce que la réponse se faisait attendre. Je ne regretterai pas d'avoir dormi cent ans pour apprendre de vous la solution de ce problème, si toutefois vous l'avez trouvée.

— Comme une pareille question n'existe plus, répondit le docteur, et qu'il n'y aurait même pas moyen qu'elle surgisse de nouveau, je crois que nous pouvons nous flatter de l'avoir résolue. Certes, la société aurait bien mérité d'être dévorée si elle n'était venue à bout d'un problème aussi simple. En somme, on peut dire qu'elle n'a même pas eu besoin de le résoudre, il s'est résolu tout seul ! La solution fut le résultat d'un processus d'évolution industrielle qui ne pouvait pas se terminer autrement. Le rôle de la société consistait simplement à coopérer avec cette évolution dès que la tendance en eut été déterminée avec certitude. »

1. Monstre ou divinité infernale de la mythologie grecque, le Sphinx a le visage et la poitrine d'une jeune fille, une queue de dragon, un corps de lion et des ailes. Il est envoyé en Béotie, aux abords de Thèbes, pour, selon une première version du mythe, punir cette cité des amours contre nature de son roi (Laios), ou, selon une autre version, punir ses habitants de leur impiété. Commandant un passage menant à la cité, le Sphinx posait une énigme aux voyageurs qui passaient : ceux qui ne pouvaient la résoudre étaient immédiatement dévorés. Œdipe, fils de Laios, affronta le Sphinx, qui lui posa l'énigme suivante : « Quel animal possède quatre pieds le matin, deux à midi et trois le soir ? » « L'homme, répondit Œdipe ; dans son enfance il se traîne sur ses pieds et ses mains, à l'âge adulte il se tient debout, et dans sa vieillesse il s'aide d'un baton. » Le Sphinx, vaincu, se précipita du haut d'un rocher et mourut.

Je répondis qu'à l'époque où je m'endormis, aucune évolution de la sorte n'avait été reconnue.

« N'est-ce pas en mai 1887 que vous vous êtes endormi ?

— Oui, le 30 mai 1887. »

Mon compagnon me toisa pendant quelques instants en silence, puis il reprit :

« Ainsi, selon vous, même à cette époque avancée du XIXe siècle, on ne se doutait pas, en général, du caractère de la crise qui menaçait la société ? Je ne mets pas en doute votre témoignage. L'aveuglement de vos contemporains, par rapport aux signes du temps, est un phénomène commenté par plusieurs de nos historiens, et pourtant il y a peu de faits historiques aussi difficiles à comprendre, tant étaient visibles et frappants les symptômes d'une transformation prochaine. On ne peut s'imaginer qu'ils aient passé inaperçus sous vos yeux ; vous avez bien dû soupçonner que ces désordres indistincts, ce mécontentement si généralement répandu, la misère de l'humanité, étaient des présages significatifs d'un grand changement !

— Nous sentions fort bien que la société traînait l'ancre et qu'elle était en passe de s'échouer. Où allait-elle aborder, on l'ignorait, mais tout le monde craignait les écueils.

— Cependant le sens du courant était bien perceptible, si vous vous étiez donné la peine de l'observer ; il n'entraînait pas la société vers les écueils, mais, au contraire, vers un chenal plus profond.

— Nous avions un proverbe, répliquai-je : "Un regard en arrière vaut mieux qu'un regard en avant", ce dont j'apprécie aujourd'hui la force plus que jamais. Tout ce que je puis dire, c'est qu'à l'époque où je m'endormis, les perspectives de la société étaient de telle nature que je n'aurais pas été surpris si, en regardant du haut de votre terrasse, j'avais vu un monceau de décombres au lieu de cette florissante cité. »

Le docteur Leete m'avait écouté avec beaucoup d'attention. Quand j'eus fini, il secoua la tête d'un air pensif.

« Ce que vous m'apprenez, dit-il, sera une justification éclatante pour notre historien Storiot, qu'on accusait d'avoir poussé au noir en peignant, dans son histoire de votre époque, la tristesse et la confusion des esprits. Sans doute, il était naturel qu'une période de transition comme la vôtre fût remplie de trouble et d'agitation ; mais, en voyant combien était claire la direction des forces mises en action, on s'étonne qu'au lieu de l'espoir, ce soit la crainte qui ait prévalu dans les esprits. »

Je repris :

« Vous ne m'avez pas encore dit quelle a été votre réponse à l'énigme sociale. Je suis impatient de savoir par quel paradoxe la paix et la prospérité, dont vous jouissez aujourd'hui, ont pu naître d'un siècle comme le mien.

— Pardon, fit mon hôte, fumez-vous ? »

Il attendit que nos cigares fussent allumés, puis il reprit :

« Puisque vous me paraissez avoir plutôt envie de causer que de dormir, j'en profiterai pour vous donner un léger aperçu de notre système industriel actuel, juste ce qu'il faut pour bien vous convaincre qu'il n'y a aucun mystère dans le cours de son évolution. Les Bostoniens du xixᵉ siècle passaient pour de grands questionneurs. Permettez-moi de vous prouver que je suis leur digne petit-fils. Dites-moi quel était pour vous le symptôme caractéristique du mécontentement des travailleurs à votre époque.

— Les grèves, répondis-je.

— Parfaitement : mais qu'est-ce donc qui rendait les grèves si formidables ?

— Les grandes organisations du travail.

— Et le motif de ces grandes organisations ?

— Les ouvriers prétendaient être obligés de se coaliser pour obtenir justice des puissantes corporations capitalistes.

— C'est bien cela ; l'organisation du travail et des grèves était simplement l'effet de la concentration toujours croissante du capital. Avant cette concentration, quand le commerce et l'industrie étaient dirigés par un nombre considérable de petits établissements, avec des capitaux modestes, l'ouvrier isolé avait son importance personnelle, et il était relativement indépendant dans ses rapports avec le patron. En outre, quand un petit capital ou une idée nouvelle suffisait à lancer un commerce, l'ouvrier s'élevait souvent au grade de patron et il n'y avait pas entre ces deux classes une barrière inflexible. Les associations ouvrières n'auraient pas eu de raison d'être et les grèves générales n'existaient pas. Mais quand, à l'ère des petits capitaux et des petites entreprises succéda le siècle des grandes agglomérations de capital, tout changea. L'ouvrier isolé, qui était un personnage vis-à-vis du petit patron, fut annihilé en présence de ces associations puissantes ; en même temps, l'accès au patronat lui demeurait à jamais fermé. C'est l'intérêt de la légitime défense qui le poussa à se coaliser avec ses camarades.

« Les annales de votre époque nous ont appris quel cri d'indignation s'éleva de toutes parts contre cette concentration des capitaux. On s'imaginait qu'elle menaçait la société d'une vraie tyrannie, d'un joug humiliant qui allait réduire les hommes au rôle de machines sans âmes, incapables de tout autre sentiment que celui d'une rapacité insatiable. Si nous jetons un regard en arrière, nous ne pouvons pas nous étonner de ce cri de désespoir, car l'humanité n'aurait jamais connu de sort plus hideux que celui que semblait lui préparer l'ère du despotisme des corporations.

« Cependant, malgré toutes ces clameurs, l'absorption croissante des petites industries par les grands monopoles allait bon train. Aux États-Unis, où cette tendance fut plus longue à se développer qu'en Europe, il n'y avait plus, vers la fin du XIXᵉ siècle, aucun espoir, aucune perspective de succès pour les entreprises privées, dans n'importe quelle branche considérable de l'industrie, à moins d'être soutenues par de gros capitaux. Les rares industries de ce genre qui subsistaient encore paraissaient être des survivantes d'un autre âge, ou les simples parasites des grandes corporations. Les petits industriels se voyaient réduits à vivre comme les rats et les souris, blottis dans des trous, comptant, pour exister, sur leur obscurité qui les préservait de l'attention. À force de fusionner les lignes de chemin de fer, quelques grandes compagnies monopolisaient toutes les voies ferrées du pays. Dans l'industrie manufacturière, chaque spécialité était accaparée par un syndicat. Ces syndicats réglaient les prix et écrasaient toute concurrence, excepté s'il surgissait une autre grande coalition de taille à lutter avec eux. De là une lutte qui se terminait, d'ordinaire, par une concentration plus grande encore. Le grand "bazar" de la capitale ruinait ses rivaux de la province par ses succursales, et absorbait, dans la ville même, tous ses concurrents jusqu'à ce que toutes les affaires d'un quartier fussent centralisées dans une même maison, avec une centaine d'anciens patrons réduits au rôle de simples commis. N'ayant plus de maison à lui où il pût placer son argent, le petit capitaliste ne trouvait plus d'autre placement à ses économies que dans les actions et obligations du syndicat, et tombait ainsi doublement sous la dépendance de celui-ci. Le seul fait que l'opposition désespérée des classes populaires à la consolidation des affaires dans quelques mains puissantes ne réussit pas à l'arrêter un instant, prouve que ce phénomène avait des raisons économiques irrésistibles. Les innombrables petits capitalistes, avec leur chiffre d'affaires mesquins avaient dû céder la place aux grandes agglomérations de capitaux, parce qu'ils appartenaient à une époque de petites choses, de petites affaires, et n'étaient plus à la hauteur des exigences d'un siècle de vapeur, de télégraphe et d'entreprises gigantesques ; restaurer l'ancien ordre des choses, quand bien même cela eût été possible, c'était revenir à l'âge des diligences et du coche à eau. Si oppressif, si intolérable que fût le nouveau régime, ses victimes mêmes ne pouvaient nier qu'il avait donné un puissant élan à l'industrie nationale, qu'il avait réussi à réaliser des économies considérables dans les frais généraux et à augmenter la fortune publique dans des proportions inouïes. À coup sûr, ce grand développement avait eu surtout pour résultat d'enrichir les riches et de creuser l'abîme entre eux et les pauvres. Mais le fait était posé néanmoins : il était reconnu, désormais, qu'en ce qui concerne la production des richesses, le capital était efficace en raison directe de sa concentration. Un retour au système d'autrefois, avec la subdivision infinitésimale du capital, ramènerait plus d'égalité, plus de dignité et de liberté individuelle, mais au prix de l'appauvrissement général et de l'arrêt du progrès matériel.

« N'y avait-il donc pas moyen d'appliquer le principe puissant et nécessaire de la consolidation du capital, sans avoir à se courber sous une ploutocratie comparable à celle de Carthage ? Dès que les hommes eurent commencé à se le demander, ils trouvèrent la réponse toute prête. Le procédé des grandes agglomérations du capital, le système des monopoles, auxquels on avait fait une résistance si désespérée et si vaine, furent enfin reconnus dans leur véritable nature.

« Il suffisait de compléter l'évolution logique pour ouvrir un âge d'or à l'humanité.

« Dans les premières années du XXᵉ siècle, l'évolution reçut son couronnement par la consolidation définitive du capital de la nation tout entière. L'industrie et le commerce du pays, arrachés aux mains des syndicats privés, irresponsables, qui les conduisaient au gré de leurs caprices et de leurs intérêts, furent désormais confiés à un syndicat unique, travaillant dans l'intérêt commun. La nation forma une grande et unique corporation, dans laquelle durent s'absorber toutes les autres ; elle devint le seul capitaliste, le seul patron, le monopole final qui engloba tous les anciens monopoles, grands et petits, monopoles de profits et d'économies, dont tous les citoyens eurent leur part. En un mot, le peuple des États-Unis prit la direction de ses propres affaires, comme cent ans auparavant il avait pris celle de son propre gouvernement ; il s'organisa pour l'industrie, sur le même terrain où il s'était jadis organisé pour la politique. C'est ainsi que, bien tardivement, dans l'histoire du monde, on reconnut cette éclatante vérité que rien n'est plus essentiellement l'affaire du peuple que le commerce et l'industrie, puisque sa vie en dépend. Les confier à des particuliers, qui en profitent, est une folie du même genre, mais bien plus fatale, que celle qui consiste à remettre les rênes de l'État à des rois, à des nobles, qui s'en servent pour leur gloire personnelle.

— Un changement aussi extraordinaire que celui que vous décrivez n'a pu s'effectuer sans une grande effusion de sang, sans des convulsions terribles ? dis-je.

— Au contraire, répondit le docteur Leete, il n'y eut de violences d'aucune espèce. Le changement avait été prévu, escompté longtemps à l'avance. L'opinion publique était mûre, le gros du peuple conquis à l'idée. Il n'était plus possible de s'y opposer, ni par la force, ni par les arguments. D'un autre côté, le sentiment public envers les grandes compagnies et leurs suppôts avait perdu toute amertume, depuis qu'on avait compris leur nécessité comme un chaînon, une phase de transition dans l'évolution du vrai système industriel. Les adversaires les plus acharnés des grands monopoles étaient désormais forcés de reconnaître quels services précieux et indispensables ceux-ci avaient rendus dans l'éducation économique du peuple, jusqu'au moment où il pourrait assumer le contrôle de ses propres affaires. Cinquante ans auparavant, la consolidation générale de l'industrie du pays sous un contrôle national eût paru une expérience téméraire aux plus hardis. Mais, par une série de leçons de choses, vues et étudiées par tous, les corporations avaient ouvert au peuple, à ce sujet, des horizons entièrement nouveaux. Pendant des années, on avait vu des syndicats manier des ressources plus grandes que celles de certains États, diriger le travail de centaines de mille d'ouvriers, avec une force productive et une économie impraticables par des opérations plus restreintes. On avait fini par reconnaître comme un axiome que, plus une affaire est grande, plus les principes qui doivent la régler sont simples ; la machine est plus précise que la main, et une organisation savante remplace avec avantage l'œil du maître. Ainsi il arriva que, grâce aux corporations elles-mêmes, le jour où l'on proposa que la nation assumât leurs fonctions, cette proposition ne parut nullement impraticable, même aux plus timides. Assurément, c'était un pas qui menait au delà de tout ce qui s'était vu jusqu'à ce jour, une généralisation plus large. Mais, le seul fait que la nation resterait seule debout de toutes les corporations préexistantes levait bien des difficultés, contre lesquelles avaient dû lutter les monopoles particuliers. »

VI

L E DOCTEUR LEETE avait cessé de parler, et moi je me taisais, essayant de me faire une idée générale des changements survenus dans la société par suite de la prodigieuse révolution qu'il venait de me dépeindre. Finalement, je m'écriai :

« Quelle extension formidable ont dû prendre les fonctions du gouvernement !

— Extension ! Où voyez-vous donc une extension ?

— Dame ! de mon temps, on estimait que les fonctions du gouvernement se bornaient strictement à maintenir la paix au dedans et à protéger les citoyens contre l'ennemi public.

— Hé ! pour l'amour de Dieu ! s'écria le docteur, qui donc est l'ennemi public ? Est-ce la France, l'Angleterre, l'Allemagne, ou bien la faim, le froid et le dénuement ? De votre temps, les gouvernements n'hésitaient pas, pour le moindre malentendu international, à mettre la main sur des centaines de milliers de citoyens, à les livrer à la mort et à la mutilation, gaspillant leurs trésors comme de l'eau claire, et cela, le plus souvent sans aucun bénéfice imaginable pour les victimes. Maintenant, nous n'avons plus de guerres et nos gouvernements n'ont plus d'armées ; mais, pour protéger chaque citoyen contre la misère, le dénuement, et pourvoir à ses besoins physiques et intellectuels, l'État se charge de diriger son travail pendant un nombre d'années déterminé. Non, monsieur West, je suis certain qu'après avoir réfléchi, vous comprendrez que c'était de votre temps, et non du nôtre,

73

que les fonctions gouvernementales avaient pris une extension exor-
bitante. Aujourd'hui, les hommes n'accorderaient pas à leur gouvernement autant de pouvoir pour les plus nobles entreprises, qu'ils lui
en donnaient alors pour les plus désastreuses.

— Trêve de comparaisons, dis-je. La démagogie et la corruption de nos hommes publics eussent été considérées, de mon temps,
comme des obstacles insurmontables à tout projet leur attribuant la
direction des industries. Aucun système ne nous aurait semblé plus
funeste que de charger des politiciens du contrôle de la production
des richesses nationales. Les intérêts matériels du pays n'étaient déjà
que trop le jouet des partis qui se renvoyaient la balle !

— Sans doute vous aviez raison, dit le docteur, mais tout cela est
changé. Nous n'avons ni partis, ni politiciens, et, quant à la démagogie et à la corruption, ces mots n'ont plus qu'une signification
historique.

— La nature humaine a donc beaucoup changé ?

— Nullement, mais les conditions de la vie humaine ont changé,
et avec elles les motivations des actions humaines. L'organisation de
la société n'offre plus une prime à la bassesse. Mais ce sont de ces
choses que vous ne comprendrez que peu à peu, lorsque vous nous
connaîtrez mieux.

— Mais vous ne m'avez toujours pas dit comment vous avez
résolu la question du travail ? Jusqu'ici, nous n'avons discuté que la
question du capital. Quand la nation se fut attribué la direction des
usines, des manufactures, des chemins de fer, des fermes, des mines
et, en général, des capitaux du pays, la question du travail était encore
en suspens. En assumant les responsabilités du capital, la nation avait
également assumé les difficultés de la position d'un capitaliste.

— Erreur, dit le docteur ; dès que la nation prit les responsabilités, les difficultés s'évanouirent. L'organisation nationale du travail,
sous une direction unique, était la solution complète du problème qui
dans votre temps et sous votre système paraissait, à juste titre, inextricable. Quand la nation fut devenue le seul patron, tous les citoyens
devinrent des employés entre lesquels on répartissait le travail selon
les besoins de l'industrie.

— En somme, vous avez appliqué le principe du service militaire
universel à l'organisation du travail ?

— Oui, dit le docteur Leete, c'est une conséquence naturelle de la
concentration des capitaux dans les mains de l'État. Le peuple étant

déjà façonné à l'idée que tout citoyen physiquement apte devait son service à la défense de son pays, trouva tout naturel de consacrer ce service, devenu industriel ou intellectuel, au bien-être de la nation. Bien entendu, il a fallu, pour qu'une pareille obligation devînt possible et équitable, l'abolition des employeurs privés. Aucune organisation du travail n'était réalisable tant que la direction en restait confiée à quelques milliers d'individus ou de compagnies qui ne voulaient, ni ne pouvaient arriver à une entente quelconque. C'est ainsi que, trop souvent, des bras qui ne demandaient qu'à travailler restaient inactifs, tandis que les gens qui voulaient éluder leurs devoirs civiques n'y réussissaient que trop facilement.

— Ainsi, le service industriel est obligatoire et universel ?

— C'est plutôt une nécessité qu'une obligation. La chose paraît si naturelle et si raisonnable qu'on a cessé de s'apercevoir qu'elle est obligatoire. Celui qui aurait besoin de contrainte pour s'y soumettre tomberait sous le mépris universel. L'ordre social tout entier repose tellement sur cette obligation qu'en admettant même qu'un citoyen pût réussir à s'y soustraire, il se trouverait sans aucun moyen imaginable d'existence, retranché du monde, bref dans la situation d'un suicidé.

— Et, dans cette armée industrielle, le service dure-t-il toute la vie ?

— Non. La période de travail commence plus tard et se termine plus tôt qu'autrefois. Vos ateliers étaient remplis d'enfants et de vieillards, tandis que nous tenons à ce que la jeunesse soit consacrée à l'éducation, et l'âge de maturité, ainsi que l'âge où les forces physiques commencent à faiblir, à d'intelligents et agréables loisirs. La durée du service industriel est de vingt-quatre ans ; elle commence, pour chacun, à l'âge de 21 ans et se termine à 45. À partir de cet âge, pendant dix ans encore, on peut être rappelé sous les drapeaux dans des circonstances exceptionnelles, pour faire face à des besoins de travail impérieux. Mais de pareils appels ont lieu rarement, on peut dire jamais. Tous les ans, le 15 octobre, revient ce que nous appelons le jour d'appel. Ce jour-là, ceux qui ont atteint l'âge de 21 ans sont enrôlés dans l'armée industrielle, et, en même temps, ceux qui ont fini leurs vingt-quatre ans de service entrent dans une retraite honorable. C'est le grand événement chez nous, celui qui sert à compter tous les autres ; notre olympiade, sauf qu'elle est annuelle. »

VII

« MAIS UNE FOIS votre armée enrôlée sous les drapeaux, dis-je, c'est alors, je suppose, que commence la grande difficulté ; car, ici, l'analogie avec l'armée militaire s'arrête. Les soldats font tous la même chose, et une chose très simple à apprendre : l'exercice, marcher, monter la garde ; tandis que l'armée industrielle doit apprendre à pratiquer deux ou trois cents métiers différents. Où trouvez-vous un génie administratif assez infaillible pour assigner sagement à chaque citoyen son commerce ou son industrie ?

— Mais, mon cher monsieur, l'administration n'a rien à voir là-dedans.

— Et qui donc, alors ? demandai-je.

— Chacun pour soi, selon ses aptitudes ; le tout est de ne rien négliger pour que chaque citoyen se rende compte de ses aptitudes réelles. Le principe sur lequel repose notre organisation industrielle est que les aptitudes naturelles de l'homme, soit intellectuelles, soit physiques, déterminent le genre de travail auquel il peut se livrer, au plus grand profit de la nation et à sa plus grande satisfaction personnelle. L'obligation du service, sous une forme ou l'autre, est générale, mais on compte sur le choix volontaire (soumis seulement à quelques règles nécessaires) pour préciser le genre de service particulier que chaque homme est appelé à rendre à la société. Pour aider à ce résultat, les parents et les maîtres observent, dès l'âge le plus tendre, les indices de telle ou telle vocation chez leurs enfants. L'apprentissage professionnel est exclu de notre système d'éducation, qui ne vise que la culture générale et les humanités, mais on initie nos jeunes gens à la connaissance théorique des métiers, on leur fait visiter les ateliers, on leur procure l'occasion, par de longues excursions, de se familiariser avec les procédés industriels. D'habitude, longtemps avant d'entrer dans les rangs de l'armée, le conscrit a déjà fait le choix de sa carrière et s'y est préparé par des études spéciales. Cependant, s'il n'a pas de goûts arrêtés, s'il ne se décide pas à choisir lui-même, on lui assigne d'office un emploi parmi les industries n'exigeant pas de connaissances spéciales et auxquelles il manque des bras.

— Mais, dis-je, il n'est pas possible que le nombre des volontaires, pour chaque métier, s'accorde exactement avec celui des bras requis ? Il doit y avoir excès ou pénurie ?

— La tâche de l'administration, répondit le docteur, est de veiller à l'équilibre entre la demande et l'offre. On observe de très près l'offre du volontariat pour chaque industrie. S'il y a un excédent sensible de volontaires sur les besoins, on en conclut que cette occupation offre un plus grand attrait que les autres. Si, au contraire, le nombre de volontaires tend à descendre au-dessous de la demande, on en tire la conclusion opposée.

« L'administration doit chercher, en réglant les conditions de travail, à égaliser les différentes branches de l'industrie, de sorte que tous les métiers présentent le même attrait à ceux qui ont la vocation. On obtient ce résultat en modifiant la durée des heures de travail dans les différentes professions, selon qu'elles sont plus ou moins faciles, plus ou moins attrayantes. On exige les journées de travail les plus longues des métiers faciles, tandis que l'ouvrier qui fait une besogne pénible, comme celle des mines par exemple, voit ses heures de peine réduites au minimum. Il n'y a pas de théorie *a priori* pour déterminer le degré d'attrait des différentes industries. En allégeant tel métier pour charger davantage tel autre, l'administration suit simplement les fluctuations d'opinion parmi les ouvriers eux-mêmes, manifestées par le nombre plus ou moins grand des volontaires. On part du principe qu'aucun travail ne doit paraître plus dur à un ouvrier que le travail du voisin. Il n'y a point de limite à l'application de cette règle. S'il le fallait absolument, pour attirer des volontaires dans telle catégorie d'ouvrages particulièrement pénibles, on y réduirait la journée de travail à dix minutes ; si, même alors, il ne se présente aucun amateur, le métier chômera et voilà tout. Mais, en pratique, une sage réduction des heures de travail et l'octroi de quelques petits privilèges suffisent pour alimenter toutes les industries nécessaires au maintien de la société. Une industrie vraiment nécessaire offre-t-elle des désagréments ou des dangers tels qu'aucune compensation ne peut vaincre la répugnance du travailleur? L'administration n'a qu'à la proposer comme poste d'honneur, à déclarer ceux qui offriront leur service dignes de la gratitude nationale. Cela suffira pour que l'administration soit inondée par les demandes, car notre jeunesse est très avide de gloire et ne laisse pas échapper de pareilles occasions de se distinguer. Bien entendu, la règle du choix absolu de la carrière implique la suppression de toutes les conditions périlleuses pour la santé ou la vie des personnes. La nation ne sacrifie pas ses travailleurs par milliers, comme le faisaient de votre temps les corporations et les capitalistes privés.

— Et comment fait-on quand, pour une branche spéciale de l'industrie, il y a pléthore de candidats?

— On donne la préférence à ceux qui se sont distingués, par de bonnes notes, pendant les trois années d'apprentissage général ou les années d'études. Cependant, il n'arrive jamais qu'un homme vraiment désireux de suivre une carrière et qui s'obstine dans son désir en soit exclu à la longue. J'ajouterai que, s'il survient un besoin subit de nouveaux bras dans une branche d'industrie où l'offre fait défaut, la nation se réserve le droit d'appeler les volontaires ou de faire des mutations d'emploi; en général, nous trouvons tout ce qu'il nous faut pour subvenir à des nécessités de ce genre, en puisant au fur et à mesure dans la classe des ouvriers "communs" ou sans spécialité.

— Comment cette classe se recrute-t-elle? demandai-je; il me semble que personne ne doit y entrer de plein gré.

— C'est la classe à laquelle appartiennent toutes les nouvelles recrues pendant les trois premières années de leur service. Ce n'est qu'après cette période, au cours de laquelle le conscrit peut être employé à n'importe quel travail, à la discrétion de ses supérieurs, que le jeune homme a le droit d'opter pour une carrière spéciale. Personne ne peut se soustraire à ces trois années de discipline.

— Comme système industriel, dis-je, ce système peut être très efficace, mais je ne vois pas comment il pourvoit au recrutement des carrières libérales, des hommes qui servent la nation avec leurs cerveaux et non avec leurs bras. Vous ne pouvez cependant pas vous passer de travailleurs de la pensée ? Comment donc sont-ils choisis parmi les laboureurs et les artisans ? Ceci implique un travail de sélection bien délicat, cela me semble.

— En effet, dit le docteur, la question est si délicate que nous nous en rapportons à l'individu lui-même pour savoir s'il servira avec le cerveau ou avec les bras. Au bout de ses trois ans de service "commun", à lui de décider s'il se sent plus de dispositions pour les choses de l'esprit ou pour les travaux manuels. Quel que soit son choix, nous lui fournissons les moyens de s'y conformer. Les écoles de médecine, des beaux-arts, des industries techniques, les hautes écoles et les facultés sont ouvertes aux aspirants, sans conditions.

— Mais vos écoles doivent être encombrées de jeunes gens qui n'ont d'autre but que de se soustraire au travail ? »

Le docteur sourit d'un air narquois.

« Personne, je vous l'assure, n'aura la tentation de se présenter dans nos écoles supérieures avec l'arrière-pensée de se soustraire au travail. L'enseignement qu'on y donne suppose des aptitudes réelles chez les étudiants ; en l'absence de ces aptitudes, il leur serait plus facile de faire double besogne manuelle que de se maintenir à la hauteur des cours. Ce qui arrive, c'est que des jeunes se trompent sur leur vocation ; mais ils ne tardent pas à reconnaître leur erreur et à retourner tout simplement dans les rangs de l'armée industrielle. Aucun discrédit ne frappe ces déserteurs. Notre système encourage chacun à développer ses talents cachés ; mais c'est à l'épreuve seule que la réalité de ces talents se manifeste. Les écoles professionnelles et scientifiques de votre temps dépendaient de la rétribution scolaire de leurs élèves ; il paraît que souvent on y délivrait des diplômes mal à propos à des sujets peu aptes et qui, néanmoins, arrivaient, avec l'expérience, à se faire une position. Nos écoles sont des institutions nationales, et avoir passé leurs examens est une preuve indiscutable d'aptitudes spéciales.

« On laisse aux hommes le temps, jusqu'à l'âge de 35 ans, de se décider pour une carrière libérale ; passé cet âge, les étudiants ne sont plus reçus, car la durée de service qu'il leur resterait à parcourir serait trop courte.

« De votre temps, les jeunes gens, obligés de choisir leur carrière très tôt, se trompaient fréquemment sur le caractère de leurs aptitudes. On a reconnu, au xxe siècle, que les aptitudes sont plus lentes à se développer chez les uns que chez les autres ; c'est pour ce motif que le droit de choisir une profession reste ouvert de 24 à 35 ans. J'ajouterai que, jusqu'à l'âge de 35 ans, tout homme est également libre, sous certaines conditions, de quitter une profession pour une autre. »

Une question qui depuis longtemps brûlait mes lèvres, une question qui, de mon temps, était regardée comme l'obstacle capital à la solution finale du problème industriel, arrivait enfin sur le tapis.

« C'est extraordinaire, dis-je, que vous n'ayez pas encore dit un mot de votre manière de régler les salaires ! La nation étant désormais l'unique patron, c'est sans doute au gouvernement de régler le prix des salaires, depuis celui du médecin jusqu'à celui du terrassier. Tout ce que je puis vous dire, c'est que jamais ce système n'aurait pris chez nous, et, à moins que la nature humaine n'ait changé, je ne vois pas comment il a pu réussir chez vous. De mon temps, personne n'était satisfait de ses gages ou de ses salaires. Même quand l'ouvrier se sentait bien rétribué, il croyait que son voisin l'était davantage et cela l'exaspérait. Si le mécontentement, au lieu de se disperser en grèves et imprécations contre des milliers de patrons, avait pu se concentrer sur un seul objet, le plus fort régime du monde n'aurait pu subsisté au delà de deux jours de paye ! »

Le docteur Leete rit de bon cœur.

« Très vrai, très vrai, fit-il. Dès le premier jour de paye, vous auriez eu une grève générale, et une grève contre le gouvernement, c'est une révolution.

— Alors, comment faites-vous pour ne pas avoir de révolution chaque jour de paye ? demandai-je. S'est-il trouvé quelque philosophe prodigieux pour inventer un système de calcul donnant satisfaction à tous et évaluant tous les services manuels et intellectuels à leur juste valeur ? Ou bien la nature humaine aurait-elle changé au point que l'homme ne se soucie plus de ses propres intérêts, mais de ceux du prochain ?

— Ni l'un ni l'autre, répondit en riant le docteur Leete. Maintenant, monsieur West, n'oubliez pas que vous êtes non seulement mon invité, mais aussi mon patient, et permettez-moi de vous prescrire une petite dose de sommeil avant de reprendre notre conversation. Il est plus de trois heures du matin.

— Votre ordonnance est certainement bonne ; pourvu que je puisse l'exécuter.

— C'est mon affaire, dit-il, en m'administrant un verre d'un breuvage quelconque qui, dès que j'eus la tête sur l'oreiller, m'ensevelit dans un profond sommeil. »

VIII

QUAND JE M'ÉVEILLAI, je demeurai quelque temps plongé dans un agréable état de demi-somnolence. Je me sentais très réconforté. Les émotions de la veille, mon réveil en l'an 2000, la vue du Boston moderne, mon hôte et sa famille, toutes les choses extraordinaires que j'avais entendues semblaient effacées de ma mémoire. Je me croyais chez moi, dans ma vieille chambre à coucher, et les ombres de pensées et d'images qui flottaient devant mon esprit à demi endormi appartenaient toutes à ma vie d'autrefois. En rêvant ainsi, je repassais les incidents du jour de Décoration, mon excursion, en compagnie d'Édith et de ses parents, au mont Auburn, le dîner de famille à notre retour. Je me rappelais la bonne mine d'Édith, et de là je vins à penser à notre mariage. Mais à peine mon imagination avait-elle ébauché ce thème charmant que mon rêve éveillé fut brusquement interrompu par le souvenir de la lettre de mon architecte, annonçant les nouvelles grèves et le retard indéfini de mon installation. Je me souvins alors que j'avais un rendez-vous à onze heures avec mon architecte ; j'ouvris les yeux et voulus regarder l'heure sur la pendule qui se trouvait au pied du lit. Mais de pendule nulle part, et, chose plus grave, je m'aperçus aussitôt que je n'étais pas chez moi. D'un bond je me dressai sur mon lit et je promenai des yeux égarés autour de cet étrange appartement.

Je restai bien quelques minutes sur mon séant, incapable de retrouver mon propre moi. J'étais comme une âme dans les limbes, une âme ébauchée avant d'avoir reçu les incisions du ciseau créateur qui lui impriment son individualité. Rien ne saurait exprimer le supplice que j'endurai pendant que je tâtonnais ainsi dans le vide, à la recherche de ma personne. Puissé-je ne plus jamais ressentir cette douloureuse éclipse de mon être! Je ne saurais dire au juste depuis combien de temps se prolongeait cet état – cela parut une éternité – lorsque soudain le souvenir de tout me revint en un éclair. Je sus qui j'étais, où j'étais, comment j'étais arrivé là; je sus que les scènes de la vie d'hier qui venaient de repasser devant mon esprit se rapportaient en réalité à une génération réduite en poussière depuis longtemps. Je sautai du lit, serrant mes tempes entre mes deux mains pour les empêcher d'éclater. Puis je retombai comme une masse, cachant mon visage dans l'oreiller, et restai sans mouvement. C'était la réaction inévitable après l'excitation mentale et la fièvre intellectuelle, premier effet de ma terrible aventure. C'était la crise qui avait attendu, pour éclater, que j'eusse pleine conscience de ma position actuelle et de toutes ses conséquences. Les dents serrées, la poitrine haletante, m'accrochant aux barreaux du lit avec une énergie frénétique, je restai couché, luttant pour conserver ma raison. Dans ma tête, tout battait la campagne; habitudes de sentiment, associations de pensées, idées de personnes et de choses, tout était en dissolution, tout se confondait dans un chaos inextricable. Il n'y avait plus de centre de ralliement, rien de fixe ni de stable; seule la volonté restait. Mais quelle volonté humaine est assez forte pour dire à une mer en furie : « Calme-toi » ? Je n'osais pas penser; chaque effort de raisonnement semblait faire nager mon cerveau. L'idée qu'il y avait deux personnes en moi, que mon identité s'était dédoublée, me hantait. N'était-ce pas encore la plus simple solution de l'énigme qui me torturait ?

Je sentis que j'allais perdre mon équilibre intellectuel, que si je restais là, plongé dans mes réflexions, j'étais perdu. Il fallait me distraire à tout prix. Je m'habillai à la hâte et je descendis l'escalier. Il faisait à peine jour et je ne trouvai personne au rez-de-chaussée. Je pris un chapeau accroché dans l'antichambre, j'ouvris la porte de la maison, qui était fermée avec une insouciance prouvant que le vol avec effraction n'était plus de mode à Boston, et je me trouvai dans la rue. Pendant deux heures, je courus et je marchai à travers les différents quartiers de la ville. Seul un antiquaire au courant des différences qu'offre la ville actuelle de Boston comparée à celle d'autrefois pourrait mesurer par quelle série de nouveautés troublantes je dus passer pendant cette matinée. La veille, lorsque je contemplais la ville du haut de la terrasse de mon hôte, elle m'avait paru singulière, mais il ne s'agissait là que d'une première impression ; d'un aspect général ; ce ne fut qu'en flânant dans les rues que je m'aperçus combien le changement était complet. Les quelques points de repère que je reconnus ne faisaient que rendre l'impression plus profonde, car, sans eux, j'aurais pu me croire dans une ville étrangère. Un homme peut quitter sa ville natale dans son enfance et y retourner cinquante ans plus tard ; il la retrouve bien transformée, il est étonné, mais non pas démonté. Il a conscience du temps écoulé, des changements qui se sont produits partout, même en lui. Il n'a qu'une faible réminiscence de la ville telle qu'il l'a connue autrefois. Mais songez qu'il n'existait en moi aucune sensation du temps écoulé. À ne consulter que ma conscience, il y avait quelques heures à peine que je m'étais promené dans ces rues, dont presque chaque détail avait subi une métamorphose complète. L'image de la vieille ville, gravée dans mon esprit, luttait d'intensité avec l'image de la ville actuelle qui s'offrait à mes yeux ; tour à tour l'une, puis l'autre, me semblait irréelle, et le résultat était une sorte de photographie composite qui m'ahurissait.

Je ne sais comment je finis par me retrouver devant la maison d'où j'étais sorti : il faut que mes pieds m'aient conduit instinctivement vers ma vieille demeure, car je n'avais aucune idée nette de mon itinéraire. Je ne me reconnaissais pas plus dans mon quartier que dans n'importe quelle autre partie de cette ville ; les habitants ne m'étaient pas moins étrangers que tous les autres hommes et femmes que j'avais rencontrés. Si la porte avait été fermée, la résistance de la serrure m'aurait laissé le temps de réfléchir que je n'avais rien à faire dans cette maison, et je m'en serais retourné ; mais le bouton céda, je traversai l'antichambre d'un pas égaré et j'entrai dans une des pièces attenantes. Là, je me laissai choir dans un fauteuil, couvrant de mes mains mes yeux brûlants pour écarter la sensation d'horreur et d'étrangeté qui m'environnait. Mon émotion était si grande que j'en éprouvais comme une nausée. Comment décrire l'angoisse de ces moments pendant lesquels mon cerveau semblait se liquéfier ? Dans mon désespoir, je me mis à sangloter, sentant que si personne ne venait à mon secours, c'en était fait de ma raison.

À ce moment, le froufrou d'une robe se fit entendre ; je levai les yeux. Édith Leete était debout devant moi, son beau visage exprimait la plus vive sympathie.

« Qu'avez-vous, monsieur West ? me dit-elle. J'étais ici quand vous êtes entré, j'ai vu votre air désespéré, et quand j'ai entendu vos sanglots, je n'ai pu me retenir. D'où venez-vous ? Que vous est-il arrivé ? Que puis-je pour vous ? »

Tout en me parlant (je ne sais si le mouvement était involontaire), elle me tendait les mains dans un geste adorable de compassion. Je les saisis dans les miennes, je m'y attachai comme l'homme qui se noie se cramponne à la corde qu'on lui jette. En contemplant son visage rayonnant de pitié et ses yeux humides de larmes, mon esprit cessa de tourbillonner. La sympathie humaine qui vibrait dans la douce pression de ses doigts m'avait rendu le soutien dont j'avais besoin, m'apportait le calme et l'apaisement comme un élixir merveilleux.

« Dieu vous protège, dis-je après quelques instants. C'est lui qui doit vous avoir envoyée près de moi. Sans vous, j'allais perdre la tête. »

À ces mots, les larmes inondèrent son visage.

« Oh ! monsieur West, comme vous devez nous croire sans cœur ! Comment avons-nous pu vous laisser seul pendant si longtemps ! Mais c'est fini maintenant, n'est-ce pas ? Vous allez mieux, dites ?

— Oui, grâce à vous, et si vous restez encore un peu auprès de moi, je redeviendrai bientôt moi-même.

— Ah ! je ne vous quitterai plus, dit-elle avec un petit frémissement de ses traits qui exprimait plus de sympathie que des milliers de paroles. Il ne faut pas nous croire aussi méchants que nous en avons l'air. J'ai à peine dormi cette nuit, à force de me demander quel serait votre réveil ; mais mon père assurait que votre sommeil serait long, qu'il ne fallait pas vous témoigner trop de sympathie au commencement, mais tâcher de vous distraire et vous faire sentir que vous étiez parmi des amis.

— Et vous y avez réussi, répondis-je. Mais, voyez-vous, mademoiselle, c'est une fameuse secousse que de sauter d'un bond tout un siècle. Hier soir, j'étais moins troublé ; mais ce matin, j'éprouve les sensations les plus étranges. »

Pendant que je tenais ses mains et que mes yeux restaient fixés sur les siens, je me sentais presque la force de plaisanter sur ma situation.

« Qui pouvait se douter que vous iriez vous promener seul par la ville, de si bon matin ? dit-elle. Oh ! monsieur West, où donc êtes-vous allé ? »

Je lui fis alors le récit de toute ma matinée, depuis mon réveil jusqu'au moment de son apparition.

Pendant mon récit, elle semblait submergée de pitié, et, quoique j'eusse rendu la liberté à une de ses mains, elle m'abandonna l'autre, s'apercevant sans doute du bien qu'elle me faisait ainsi.

« Je peux m'imaginer quelles étaient vos sensations ; cela a dû être terrible ! Dire qu'on vous a laissé seul à batailler avec vous-même ! Pourrez-vous jamais nous pardonner ?

— Mais c'est fini, vous dis-je ; vous avez chassé tous ces fantômes.

— Vous êtes bien sûr qu'ils ne reviendront plus ? demanda-t-elle avec anxiété.

— Cela, je ne puis vous le promettre. Tout ce qui m'entoure me semble encore trop étrange.

— Mais vous me promettez de ne plus rester en tête à tête avec votre chagrin ? Promettez-moi de venir chez nous, nous essayerons de vous consoler, de vous aider. Peut-être ne pourrons-nous faire grand-chose, mais cela vaudra toujours mieux que la solitude peuplée de pareilles images.

— Je viendrai volontiers, si vous le permettez.

— Oh ! oui, oui, je vous en prie, dit-elle avec empressement. Je ferai tout, tout pour vous venir en aide.

— Vous n'avez qu'à vous montrer compatissante comme vous le faites maintenant.

— C'est entendu, alors, dit-elle en souriant de ses yeux encore humides. La prochaine fois, vous me préviendrez et vous n'irez pas courir les rues de Boston tout seul, au milieu d'étrangers. »

Pendant ces quelques minutes, mon émotion et ses larmes nous avaient tellement rapprochés que l'idée que nous n'étions plus des étrangers l'un à l'autre me parut toute naturelle.

« Je vous promets, dit-elle avec une expression de malice charmante qu'elle échangea bientôt pour un regard inspiré, je vous promets, lorsque vous viendrez me trouver, d'avoir l'air aussi désolé pour vous que vous le désirez, mais ne supposez pas un seul instant que je vous crois vraiment digne de compassion, ni que vous deviez être longtemps triste. Je sais de science certaine que le monde d'aujourd'hui est un paradis, comparé au monde où vous avez vécu ; je sais que dans peu de temps, vous n'aurez plus qu'un sentiment : celui de la gratitude envers Dieu, qui a si brusquement tranché votre vie d'alors pour la transplanter dans un terrain plus béni. »

IX

L E DOCTEUR LEETE et sa femme, qui survinrent à ce moment, ne furent pas moins surpris d'apprendre que j'avais parcouru la ville tout seul pendant la matinée, et ils furent tout heureux de me voir si calme après une pareille équipée.

« Votre excursion a dû être singulièrement intéressante, fit Mme Leete lorsqu'on se mit à table. Vous avez dû voir une quantité de choses nouvelles.

— Dites plutôt que tout ce que j'ai vu m'a paru nouveau, madame. Mais ce qui m'a frappé le plus, peut-être, a été de ne plus trouver de magasins dans la grande rue, ni de banques sur la place. Qu'avez-vous donc fait des boutiquiers et des banquiers ? Les avez-vous pendus, selon le système que préconisaient les anarchistes de notre temps ?

— Nous n'en sommes pas arrivés là, dit le docteur Leete, nous nous passons tout simplement de leurs services. Ce sont des fonctions surannées dans notre société moderne.

— Mais, alors, quand vous avez besoin de quelque chose, où vous adressez-vous ?

— De nos jours, il n'y a ni achats, ni ventes. La répartition de marchandises se fait d'une autre façon. Quant aux banquiers, n'ayant plus d'argent, nous n'avons plus besoin de cette espèce.

— Mademoiselle, dis-je en me tournant vers Édith, je crains que monsieur votre père ne se moque de moi. Je ne lui en veux pas, car ma candeur doit inspirer aux amateurs de plaisanteries de magnifiques tentations. Mais, vraiment, il y a des limites à ma crédulité en ce qui concerne les changements qui se sont opérés dans le système social.

— Mais mon père ne songe pas à plaisanter », dit Édith avec un air rassurant.

La conversation pris alors une autre tournure, Mme Leete ayant soulevé la question des modes féminines au XIXe siècle.

Après déjeuner, le docteur vint me prendre pour faire un tour sur la terrasse (sa promenade de prédilection, semblait-il) ; il reprit le sujet que nous avions entamé.

« Vous paraissez étonné, dit-il, que nous vivions sans argent et sans commerce, mais en réfléchissant un peu, vous verrez que chez vous le commerce et l'argent n'étaient nécessaires que parce que la production était abandonnée à l'initiative privée. Par conséquent, chez nous, l'un et l'autre sont devenus superflus.

— Je ne comprends pas très bien cette déduction.

— C'est cependant bien simple, dit le docteur. À l'époque où un nombre infini de personnes, sans relations entre elles, produisaient les mille objets nécessaires à la vie et au bien-être, il fallait des échanges perpétuels entre les individus pour subvenir à leurs besoins respectifs. Ces échanges constituaient le commerce, et l'argent en était l'intermédiaire indispensable. Mais, dès que l'État fut devenu le seul producteur de toutes les commodités de la vie, l'échange entre les individus n'eut plus de raison d'être. On pouvait se procurer tout à la même source, et rien ne pouvait être obtenu ailleurs. Le système de la distribution directe, dans les magasins nationaux, remplaça le commerce et, pour cela, l'argent était inutile.

— Comment cette distribution est-elle organisée ?

— Oh ! de la façon la plus simple, dit le docteur. Un crédit, correspondant à sa part du produit annuel de la nation, est ouvert à chaque citoyen, au commencement de l'année, et inscrit dans les livres de l'État. On lui délivre une carte de crédit, au moyen de laquelle il se procure, quand il veut, dans les magasins nationaux établis dans toutes les communes, tout ce qu'il peut désirer. Vous voyez que ce système supprime toute transaction commerciale entre producteurs et consommateurs. Peut-être aimeriez-vous savoir quel aspect ont nos cartes de crédit ? Remarquez, dit-il, pendant que je regardais curieusement le morceau de carton qu'il me tendit, remarquez que nos cartes de crédit représentent un certain nombre de dollars. Nous avons gardé le mot en supprimant la chose, et ce nom n'est plus qu'une espèce de symbole algébrique servant à exprimer la valeur relative des objets. À cet effet, les prix des marchandises sont toujours marqués en dollars et en cents, comme de votre temps. Le prix coûtant de chaque acquisition est marqué sur votre carte de crédit par l'employé, qui détache en même temps un ou plusieurs carrés pointillés correspondant à la valeur de votre achat.

— Mais si vous voulez acheter quelque chose à un voisin, auriez-vous le droit de lui transférer en échange une partie de votre crédit ?

— D'abord, répondit le docteur, nos voisins n'ont rien à nous vendre et, ensuite, aucun transfert pareil ne peut être effectué, le crédit étant strictement personnel. Pour que la nation pût admettre un transfert de ce genre, il faudrait qu'elle informât de tous les détails de la transaction, afin d'en garantir l'absolue équité. Une des meilleures raisons d'abolir le numéraire, c'est précisément que la possession de l'argent n'impliquait pas un titre légitime chez le possesseur. L'argent avait la même valeur dans les mains du voleur ou de l'assassin que dans celles de l'homme qui l'avait obtenu par le travail. Nous avons conservé l'usage des cadeaux mutuels, par amitié seulement, mais l'achat et la vente sont considérés comme absolument incompatibles avec la bienveillance et le désintéressement qui doivent régner parmi les citoyens, ainsi qu'avec l'esprit de communauté sur lequel repose notre système social. Selon nos idées, le fait d'acheter et de vendre est antisocial dans toutes ses tendances. C'est une excitation perpétuelle à s'enrichir au détriment du voisin ; aucune société élevée dans ces principes ne pourra jamais dépasser un degré très inférieur de civilisation.

— Qu'arrive-t-il alors si vous dépensez dans l'année plus que le crédit qui vous est alloué ?

— La provision est si considérable, dit le docteur, qu'il y a bien des chances pour qu'on ne l'épuise pas. Cependant, en cas de dépenses exceptionnelles, on peut obtenir une avance sur la carte de crédit de l'année suivante, mais cette avance est limitée à un certain chiffre, et, pour ne pas encourager l'emprunt et l'imprévoyance, l'État prélève un escompte assez lourd.

— Mais si vous ne dépensez pas la somme qui vous est allouée, je suppose que le capital s'accumule ?

— Cela aussi est permis jusqu'à un certain point, en prévision d'une dépense extraordinaire. Mais, à moins d'avis contraire, on suppose que le citoyen qui n'épuise pas son crédit n'en trouve pas l'emploi, et l'excédent est reversé au trésor public.

— Ce système n'est pas fait pour encourager les habitudes d'épargne.

— La nation est riche et ne désire pas que les citoyens se privent d'aucune jouissance. De votre temps, on économisait pour l'avenir, pour élever ses enfants, et cette nécessité faisait de la parcimonie une vertu, mais aujourd'hui, elle a cessé à la fois d'être nécessaire et louable. Personne n'a plus souci du lendemain, ni pour lui, ni pour sa famille, la nation se chargeant de la nourriture, de l'éducation et de l'entretien de chacun de ses membres, du berceau jusqu'à la tombe.

— Voilà une garantie bien hasardée, dis-je. Comment savoir avec certitude si la valeur du travail d'un homme quelconque compensera les débours que la nation fait pour lui ? Admettons que la société soit capable de subvenir à l'entretien de tous ses membres, mais que celui-ci gagne plus qu'il ne faut pour son entretien, et celui-là moins. Et nous voilà ramenés à la question des salaires dont vous n'avez pas encore dit un mot. Hier soir, c'est précisément là que nous en sommes restés de notre conversation, et je vous répète encore que c'est là, à mon avis, que votre système industriel doit trouver sa pierre d'achoppement. Je vous demande, une fois de plus, comment faites-vous pour graduer, à la satisfaction de tous, la rémunération d'une multitude de services si différents les uns des autres, et également nécessaires au maintien de la société ? De mon temps, la loi de l'offre et de la demande réglait le prix des travaux de tous genres, ainsi que des marchandises. Le patron payait le moins possible, et l'ouvrier tâchait d'obtenir le plus possible. Je reconnais que ce n'était pas un joli système au point de vue moral, mais, du moins, il nous fournissait une formule simple et commode pour résoudre une question qui doit se présenter dix mille fois par jour, si l'on veut que le monde marche. Il nous semblait qu'il n'y avait pas d'autre solution pratique.

— Sans doute, dit le docteur, il n'y avait pas d'autre solution sous un régime qui mettait les intérêts de chaque citoyen dans un antagonisme perpétuel avec ceux de son prochain. C'eût été dommage pour l'humanité de ne jamais rien trouver de mieux que cette organisation, qui repose sur la maxime diabolique : "Ton besoin est mon profit."

De votre temps, ce n'était ni à la difficulté, ni au péril d'un service qu'on en mesurait la valeur (les besognes les plus répugnantes et les plus pénibles étant les plus mal rétribuées), mais seulement et uniquement au besoin plus ou moins pressant de ceux qui réclamaient ce service.

— J'admets tout cela, dis-je, mais, avec tous ses défauts, ce système de régler les prix par l'offre et la demande est un procédé pratique, et je ne puis concevoir ce que vous avez pu y substituer. Le gouvernement étant le seul et unique patron, il ne peut y avoir ni marchés, ni prix ; c'est le gouvernement qui doit fixer arbitrairement la rétribution de tous les services. Je ne puis rêver une tâche plus complexe, plus délicate et plus sûre de causer le mécontentement universel.

— Pardon, dit le docteur, je crois que vous exagérez la difficulté. Supposez qu'un conseil d'hommes sensés soit chargé de fixer les salaires de toutes les professions dans un système comme le nôtre qui garantit le travail à tous et laisse à chacun le choix de son genre d'occupation. Ne voyez-vous pas que, si imparfait que puisse être le premier règlement, les erreurs se corrigeront bientôt d'elles-mêmes ? Les métiers favorisés seraient encombrés d'aspirants, les autres en manqueraient, jusqu'à ce que les évaluations primitives fussent rectifiées et l'équilibre rétabli. Mais, je me hâte de le dire, il n'est point question de tout cela chez nous, car ce procédé, si pratique qu'il puisse devenir, ne fait pas partie de notre système.

— Mais alors, encore une fois, comment réglez-vous les salaires ? »

Le docteur Leete réfléchit quelques moments, puis il dit :

« Je suis assez au courant de l'ancien ordre des choses pour comprendre ce que vous entendez par cette question ; cependant, la société nouvelle est si totalement différente de l'ancienne que je cherche une réponse qui puisse vous paraître bien claire. Vous demandez comment nous réglons les salaires ? La vérité est que nous n'avons, dans notre économie politique moderne, rien qui corresponde à ce que vous appeliez, de votre temps, des salaires.

— Vous voulez sans doute dire que vous ne payez pas les services en argent comptant, dis-je, mais il me semble que le crédit alloué à chacun, dans vos magasins nationaux, correspond à nos salaires du XIXe siècle. À quel titre l'individu réclame-t-il sa part du budget social ? Quelle est la base de la répartition ?

— Son titre, répondit le docteur, est le fait qu'il est homme et telle est aussi la base de la répartition.

— Le fait qu'il est homme! répondis-je d'un ton d'incrédulité. Est-il possible que tous les citoyens touchent exactement la même part du budget social?

— Assurément. »

Mes lecteurs, qui n'ont pas vu fonctionner en pratique d'autre organisation que celle d'aujourd'hui et qui ne sont peut-être pas bien au courant de l'histoire des siècles passés, ne peuvent s'imaginer dans quel état de stupeur me plongea l'observation pourtant si simple du docteur.

« Vous voyez, dit-il en souriant, que non seulement nous ne nous servons pas d'argent pour payer les salaires, mais, ainsi que je vous l'ai dit, nous n'avons rien qui réponde à votre idée de salaire.

— Mais enfin, m'écriai-je, il y a des ouvriers qui travaillent deux fois plus que d'autres. Est-ce que les ouvriers habiles ne se plaignent pas d'un système qui les place sur le même pied que les maladroits?

— Nous ne leur donnons jamais l'occasion de se plaindre d'une injustice, dit le docteur, puisque nous exigeons la même somme de travail de chacun d'eux.

— Je serais curieux de savoir comment, puisqu'on ne rencontre pas deux hommes dont les capacités soient exactement pareilles.

— Rien n'est plus simple : nous demandons à chacun le même effort. Nous lui demandons de rendre à la société autant de services qu'il peut, de faire de son mieux, en un mot.

— Eh bien, supposons que chacun fasse réellement de son mieux ; il n'en reste pas moins vrai que le produit du travail d'un homme peut valoir deux fois celui de son camarade.

— C'est très vrai, dit le docteur, mais le produit obtenu n'a rien à faire avec la question de rétribution, qui n'est qu'une question de mérite. Le mérite est une quantité morale, la production est une quantité matérielle. Singulière logique que celle qui prétendrait résoudre un problème moral d'après un étalon matériel ! Il ne faut faire entrer en ligne de compte que la quantité de l'effort, non celle du résultat. Tous ceux qui font de leur mieux ont le même mérite. Les capacités individuelles, si brillantes qu'elles soient, ne servent qu'à fixer la mesure des devoirs individuels. Un homme particulièrement doué qui ne fait pas tout ce qu'il peut faire a moins de mérite qu'un homme inférieur en capacité, mais qui donne son maximum d'effort. Le Créateur a réglé la tâche de chaque être d'après les facultés dont il l'a pourvu ; nous ne faisons que suivre ses indications et exiger que la tâche soit remplie.

— Au point de vue philosophique, tout cela est très joli, mais il me semble difficile qu'un homme qui produit le double d'un autre (même en admettant que tous les deux fassent de leur mieux) n'obtienne que la même rétribution !

— Vraiment, dit le docteur, cela vous semble difficile ? Est-ce curieux ! Actuellement, il nous semble tout naturel qu'on soit puni pour ce qu'on a négligé d'accomplir dans la mesure de ses forces, et non pas récompensé pour ce qu'on a fait ! Je suppose qu'au XIXᵉ siècle, quand un cheval traînait une charge plus lourde qu'une chèvre, on devait le récompenser ? Pour nous, nous lui aurions administré une bonne correction s'il ne l'avait pas fait, en partant du principe que la capacité détermine la tâche. C'est étonnant comme les points de vue, en morale, se déplacent ! »

Et le docteur cligna de l'œil d'une manière si comique que j'éclatai de rire.

Je repris :

« Si nous récompensons les hommes pour les dons qu'ils ont reçus de la nature, tandis que nous considérions les capacités des chevaux et des chèvres comme déterminant simplement le service qu'on pouvait en exiger, c'est, sans doute, parce que les animaux, ne pouvant pas raisonner, font instinctivement de leur mieux, et que les hommes ont besoin d'être stimulés par une rémunération proportionnée au résultat de leurs efforts. À moins que la nature humaine ait entièrement changé depuis cent ans, je me demande comment il se fait que vous ne soyez pas réduits à la même nécessité.

— Je ne crois pas, dit le docteur, que la nature humaine ait changé à cet égard. Nous avons, tout comme au XIXᵉ siècle, besoin d'encourager les hommes, par des distinctions et des avantages, à donner le maximum de leurs efforts, dans n'importe quelle branche de l'industrie.

— Mais quels peuvent être ces encouragements, puisque, quelle que soit la somme de son travail, le revenu du citoyen reste le même ? Des caractères d'élite peuvent être stimulés par l'amour du bien public ; l'homme ordinaire restera endormi sur son aviron, en se disant que son sort ne changera pas, soit qu'il s'efforce, soit qu'il se relâche.

— Quoi! vous paraît-il vraiment que la nature humaine n'est pas sensible à d'autres aiguillons que la crainte de la misère et la soif du luxe? Croyez-vous qu'à ses débuts, l'homme, assuré du lendemain, demeure sans ambition aucune? Vos contemporains n'étaient pas de cet avis, bien qu'ils aient pu se le persuader! Quand il s'agissait d'efforts de la nature la plus élevée et de dévouement absolu, ils comptaient sur de tout autres leviers de l'activité humaine. Ce n'est pas l'intérêt, mais l'honneur, l'espoir de la gratitude humaine, le patriotisme, l'enthousiasme du devoir qu'on faisait briller aux yeux du soldat quand il s'agissait de mourir pour la patrie. Il n'est pas d'époque où l'appel adressé à ces sentiments n'ait fait surgir ce qu'il y a de plus noble et de plus élevé dans la nature humaine. Bien plus, si vous analysez cet amour de l'argent, le grand levier moral de votre époque, vous verrez que la crainte de la misère et le désir du luxe n'étaient que deux des éléments qui entraient dans la composition de ce puissant mobile. Il y entrait, en outre, la soif du pouvoir, l'appétit d'une position sociale, l'ambition de la notoriété et du succès. Ainsi vous voyez que, tout en abolissant la pauvreté et la crainte qu'elle inspire, le luxe désordonné et les espérances qu'il sollicite, nous n'avons pas fait disparaître les motifs principaux qui, de votre temps même, incitaient à la conquête de l'argent, ni aucun de ceux qui inspiraient les efforts suprêmes. Seulement, les mobiles grossiers ont été remplacés par des aspirations plus hautes, inconnues à la plupart des affamés de votre époque. Maintenant qu'on ne travaille plus pour son compte, que toute industrie se fait au profit de la nation, le patriotisme, la passion de l'humanité, inspirent à nos ouvriers ces mêmes sentiments pour lesquels mouraient vos soldats. L'armée industrielle est une armée, non seulement par la vertu de son organisation parfaite, mais aussi par l'ardeur du dévouement qui anime ses membres. De même que vous, d'ailleurs, nous appelons l'amour de la gloire au secours du patriotisme. Comme notre système est fondé sur le principe d'obtenir de chaque homme le maximum de ses efforts, vous verrez que les moyens employés pour stimuler le zèle de nos ouvriers représentent une des parties essentielles de notre plan social. Chez nous, l'activité déployée au service de la nation est le seul chemin qui mène à la réputation, à la distinction, au pouvoir. La valeur des services rendus décide du rang que le citoyen occupera dans la société. Comparés avec ce stimulant moral, nous estimons que les épouvantails matériels dont vous faisiez usage étaient un expédient aussi faible et incertain qu'il était barbare.

— Je serais bien aise, dis-je, d'être quelque peu initié aux arrangements sociaux qui vous assurent ces magnifiques résultats.

— Le plan dans tous ses détails, répondit le docteur, est naturellement très compliqué, car c'est là-dessus que repose toute l'organisation de notre armée industrielle. Cependant, quelques mots suffiront pour vous en donner une idée générale. »

À ce moment, notre conversation fut agréablement interrompue par l'arrivée d'Édith. Elle était prête à sortir et était venue entretenir son père d'une commission dont il l'avait chargée.

« À propos, s'écria-t-il au moment où elle se disposait à nous quitter, M. West ne serait-il pas curieux de visiter le magasin avec toi ? Je lui ai donné quelques renseignements sur notre système de distribution, peut-être aimerait-il en prendre un aperçu pratique ? Ma fille, continua-t-il en se tournant vers moi, est une cliente assidue des magasins : elle pourra bien mieux vous renseigner sur ce sujet que moi. »

Il va sans dire que la proposition m'allait parfaitement. Édith eut la bonté de dire que ma compagnie lui serait agréable, et nous sortîmes ensemble.

X

« S I VOUS VOULEZ que je vous explique la façon dont nous faisons nos emplettes, dit Édith pendant que nous descendions la rue, il faut d'abord que vous m'expliquiez la vôtre. J'ai beaucoup lu à ce sujet, sans arriver à bien comprendre votre système. Par exemple, quand vous aviez ce nombre immense de magasins, comment une dame pouvait-elle fixer son choix pour n'importe quel achat, avant de les avoir visités tous ?

— C'était bien ainsi qu'il fallait s'y prendre, répliquai-je, il n'y avait pas d'autre moyen.

— Mon père me trouve une acheteuse infatigable, mais je crois que je serais bientôt une acheteuse fatiguée si je devais faire comme mes aïeules, dit-elle en riant.

— Les allées et venues de boutique en boutique, dis-je, constituaient en effet une perte de temps dont les femmes vraiment occupées se plaignaient beaucoup. Quant à la classe des oisives, bien qu'elles s'en plaignissent aussi, je crois que c'était pour elles un moyen précieux de tuer le temps dont elles ne savaient que faire.

— Mais enfin, avec des centaines, des milliers de magasins tenant les mêmes articles, comment les plus oisives arrivaient-elles à en faire le tour ?

— On n'y arrivait pas, certainement. Les grandes acheteuses finissaient par découvrir les bons endroits, les magasins où elles pouvaient espérer trouver ce qu'il leur fallait, à bon compte. Les petites acheteuses, les femmes trop occupées, allaient au hasard et ne manquaient jamais d'être bernées. En général, il était rare qu'on en eût pour son argent.

— Mais comment pouviez-vous supporter une organisation si défectueuse, dont les inconvénients sautaient aux yeux ?

— C'était comme l'ensemble de notre organisation sociale : nous en connaissions les défauts aussi bien que vous, mais nous n'apercevions pas le remède.

— Nous voici arrivés à l'entrepôt de notre quartier », dit-elle.

Et nous franchîmes le grand portail d'un des superbes édifices que j'avais remarqués lors de ma promenade du matin. Rien, dans l'aspect extérieur, n'eût fait deviner à un représentant du XIXe siècle que nous entrions dans un magasin. Aucun étalage aux fenêtres, aucun écriteau pour attirer le client ou annoncer les marchandises, pas même une enseigne sur le fronton de l'édifice. En revanche, le dessus du portail était orné d'un groupe majestueux de sculptures allégoriques, d'où se détachait, la corne à la main, une figure de l'Abondance. Comme au XIXe siècle, le beau sexe dominait dans la foule qui se pressait dans le magasin. Édith me dit que chaque quartier possédait un de ces établissements de distribution ; aucune maison n'en était éloignée de plus de cinq à six minutes.

C'était le premier intérieur d'un édifice public du XXe siècle que je visitais, et j'en fus vivement impressionné. Je me trouvai dans un vaste « hall », où de nombreuses fenêtres et un dôme vitré, dont le sommet était situé à cent pieds de hauteur, versaient une lumière abondante. Au centre, un jet d'eau répandait une fraîcheur délicieuse. Tout autour, des chaises, des divans permettaient aux visiteurs de se reposer et de causer. Sur les murs et les plafonds, des fresques aux teintes délicates atténuaient la lumière sans l'absorber. Des inscriptions sur les murs indiquaient à quel genre d'articles chaque comptoir, au-dessous, était consacré. Édith se dirigea vers l'un de ces comptoirs, où s'étalait une variété infinie d'échantillons de mousseline, et se mit à les examiner.

« Où est l'employé ? demandai-je, car personne n'était derrière le comptoir pour s'occuper de l'acheteur.

— Je n'ai pas encore fait mon choix, dit Édith, je n'ai donc pas besoin de lui.

— Mais, de mon temps, l'employé était principalement destiné à aider le client à faire son choix.

— Comment ! c'est l'employé qui indiquait aux gens ce dont ils avaient besoin ?

— Sans doute, et, le plus souvent encore, il les poussait à acheter ce dont ils n'avaient que faire.

— Mais les dames devaient trouver cela fort impertinent ? Et qu'est-ce que cela pouvait bien faire aux employés qu'on achetât ou non ?

— C'était leur seule préoccupation, leur unique affaire. Ils étaient engagés pour liquider le plus de marchandises possible, et, à cet effet, ils usaient de tous les moyens, licites et autres, hormis la force brutale.

— Ah, c'est vrai ! Que je suis sotte d'oublier ! De votre temps, le patron et ses employés dépendaient de la vente pour vivre. Aujourd'hui, tout cela est changé. Les marchandises appartiennent à la nation. Elles sont ici à la disposition du public, et le commis n'est là que pour exécuter les ordres de l'acheteur. Mais il n'est ni dans l'intérêt de la nation, ni dans celui du commis, de vendre un mètre ou une livre de marchandise quelconque dont on n'a pas l'emploi immédiat. Cela devait être original d'entendre des gens faire la présentation d'un objet qu'on n'avait pas envie d'acheter !

— Mais enfin, dis-je, même un commis du xxᵉ siècle pourrait vous être utile en vous donnant des renseignements sur la marchandise.

— Non, dit Édith, ce n'est pas l'affaire du commis. Ces étiquettes imprimées, dont le gouvernement nous garantit la sincérité, nous donnent tous les renseignements nécessaires. »

À ce moment, je vis que chaque échantillon avait son étiquette, qui donnait, sous une forme succincte, les renseignements les plus complets sur la matière, la fabrication, la qualité et le prix des marchandises.

« Ainsi, le commis n'a rien à dire relativement à la marchandise qu'il vend ?

— Absolument rien ; il n'a même pas besoin d'y connaître quoi que ce soit. Tout ce qu'on lui demande, c'est d'être poli et exact, quand il reçoit les commandes.

— Quelle prodigieuse quantité de mensonges vous économisez par ce système si simple !

— Quoi! voulez-vous dire que tous les commis de magasins de votre temps induisaient l'acheteur en erreur ?

— Dieu me préserve de dire cela! Il y en avait de très honnêtes. C'était doublement méritoire de leur part, car lorsque la vie d'un homme, celle de sa femme et de ses enfants dépendaient du chiffre de sa vente journalière, la tentation de duper le client était presque irrésistible. Mais, mademoiselle, mon bavardage vous distrait de votre tâche.

— Du tout, mon choix est fait. »

Cela dit, elle appuya sur un bouton et le commis apparut aussitôt. Il écrivit la commande avec un crayon qui traçait en double, remis une fiche à Édith, jeta l'autre dans un tube de transmission, puis il pointa le montant de l'emplette sur la carte de crédit qu'elle lui tendit.

« On nous remet le duplicata de la commande, dit Édith en s'éloignant du comptoir, afin qu'on puisse vérifier s'il n'y a pas d'erreur.

— Vous avez vite terminé vos achats, dis-je, oserais-je vous demander si vous n'auriez pas trouvé mieux autre part ? Ou bien, êtes-vous obligée de vous approvisionner dans votre quartier ?

— Oh, non, dit-elle, nous allons où bon nous semble, bien que nous choisissions de préférence l'entrepôt le plus près de chez nous. Mais je n'aurais rien gagné à chercher ailleurs. Tous les magasins tiennent les mêmes assortiments d'échantillons, représentant toutes les variétés de marchandises fabriquées ou importées aux États-Unis.

— Mais est-ce que ceci n'est qu'un magasin d'échantillons ? Le fait est que je ne vois personne occupé à découper des marchandises, ni à ficeler des paquets.

— À l'exception de quelques rares articles, tout se vend à l'échantillon. Les marchandises elles-mêmes sont accumulées dans l'entrepôt central de la ville, où les expédient les fabricants. Nous commandons d'après l'échantillon et l'étiquette indicative ; l'ordre est transmis à l'entrepôt, d'où l'on expédie la marchandise au client.

— Quelle économie de transactions! De mon temps, l'industriel venait à des maisons de gros, celles-ci revendaient aux maisons de détail, qui revendaient à leur tour au consommateur, et, à chaque revente, les marchandises devaient être maniées et transportées. Non seulement vous épargnez une transmission de marchandises, mais vous éliminez entièrement le marchand au détail avec ses gros bénéfices et son armée de commis. Au fond, mademoiselle, tout ce magasin ne représente que le département des commandes d'une maison de gros, avec un personnel équivalent. Avec votre système simplifié, un homme peut faire la besogne de dix de nos employés d'autrefois. Vous devez réaliser des économies fabuleuses ?

— Je le suppose, fit-elle, mais, naturellement, nous n'avons jamais connu d'autre système. Il faut que vous demandiez à mon père de vous conduire à l'entrepôt central, où l'on reçoit toutes les commandes et d'où l'on expédie les articles à tous les clients. J'y suis allée avec lui, l'autre jour, et j'en fus émerveillée. Comme organisation, c'est parfait. Dans une espèce de bureau vitré se trouve le commis principal aux expéditions. Les commandes reçues dans les différents rayons du magasin lui parviennent par des tubes de transmission. Ses aides en font le triage et placent chaque variété de commandes dans une boîte séparée. Le commis a devant lui une douzaine de tubes pneumatiques correspondant aux grandes classes de marchandises de l'entrepôt central. Il jette la boîte de commandes dans le tube spécial qui la concerne, et, au bout de quelques minutes, celle-ci tombe sur le casier correspondant au magasin central, où elle se retrouve avec les commandes similaires envoyées par les autres magasins d'échantillons. Les commandes sont lues, inscrites et envoyées à l'exécution en un clin d'œil. C'est cette dernière opération qui m'a paru la plus intéressante. On place des ballots de drap, par exemple, sur des arbres de coupe mus par des machines, et le coupeur, également armé d'une machine, découpe une pièce après l'autre jusqu'au moment où, à bout de forces, il cède la place à un autre ; on procède pareillement dans tous les rayons. De grands tubes transmettent les paquets dans les différents quartiers, d'où on les distribue à domicile. Vous pouvez juger avec quelle rapidité cela se fait, si je vous dis que mon paquet sera probablement chez moi en moins de temps que je n'en aurais mis à l'emporter d'ici.

— Mais comment procède-t-on avec les communes rurales, faiblement peuplées ? demandai-je.

— Le système est le même, dit Édith, les magasins d'échantillons des plus petits villages, fussent-ils à vingt milles de distance, communiquent par des tubes avec l'entrepôt central du comté. Pour des raisons d'économie, il arrive parfois que plusieurs villages se servent à tour de rôle du même tube. Il en résulte un certain encombrement, une perte de temps, et l'on est obligé, parfois, d'attendre deux ou trois heures avant que les marchandises soient livrées. C'est ce qui m'est arrivé cet été, pendant mon séjour à la campagne, et j'ai trouvé cela fort malcommode[1].

— Je suppose que, à beaucoup d'autres égards, les magasins des provinces doivent être inférieurs à ceux des grandes villes ?

— Non, sauf la lenteur dans la distribution, dit Édith, les magasins d'échantillons des plus petits villages offrent le même choix que les autres ; ils puisent à la même source, l'entrepôt central. »

Tout en continuant notre promenade, j'étais frappé par la variété qu'offraient les maisons en termes de dimensions et de valeur locative apparente.

« Comment accordez-vous cette variété avec l'uniformité des revenus de chaque citoyen ? demandai-je.

— Bien que les revenus soient les mêmes, répondit Édith, c'est le goût personnel de l'individu qui décide sous quelle forme il les dépensera. Les uns aiment les chevaux, les autres, comme moi, la toilette, d'autres préfèrent la bonne chère. Le loyer que la nation prélève pour ces maisons varie selon la grandeur et l'élégance, de sorte que tout le monde trouve à se caser selon son goût. Aux grandes familles, qui représentent plusieurs cartes de crédit, les grandes demeures, les familles peu nombreuses, comme les nôtres, préfèrent les habitations modestes. Il paraît que, de votre temps, il arrivait que des personnes soutenaient un train de vie et de dépenses disproportionné à leurs moyens, par ostentation, pour se faire croire plus riches qu'elles ne l'étaient. Est-ce exact, monsieur West ?

— Je suis forcé d'en convenir, mademoiselle.

— Eh bien, monsieur, au XXᵉ siècle, ce serait impossible, car les revenus de chacun sont connus et l'on sait que ce qu'il dépense de trop d'un côté, il doit l'économiser de l'autre. »

1. Au moment de mettre sous presse, on m'informe que ces défauts seront bientôt corrigés et que sous peu chaque village aura ses propres tubes. [Note de l'auteur]

XI

Lorsque nous rentrâmes, le docteur n'était pas encore à la maison et sa femme n'était pas visible.

« Aimez-vous la musique ? » me demanda Édith.

Je lui assurai qu'à mon avis la musique était la moitié du bonheur de la vie.

« Je devrais m'excuser, dit-elle. De nos jours, on n'adresse plus cette question, mais il paraît qu'au XIXe siècle, même parmi les personnes les mieux élevées, il s'en trouvait qui n'aimaient pas la musique.

— Mais aussi, n'oubliez pas que nous avions quelques genres de musique bien absurdes !

— Oui, je sais. Auriez-vous envie d'entendre un peu de la nôtre ?

— Rien ne saurait me faire plus de plaisir que de vous entendre, dis-je.

— M'entendre ! s'écria-t-elle en riant, est-ce que vous vous figuriez que j'allais jouer ou chanter moi-même ?

— J'y comptais bien, mademoiselle. »

Voyant que j'étais un peu décontenancé, elle modéra son hilarité et me dit :

« Il va sans dire que, de nos jours, nous chantons tous pour nous former la voix, et il y en a parmi nous qui jouent d'un instrument quelconque pour leur plaisir personnel. Mais il nous est si facile d'entendre de la bonne musique exécutée par de vrais artistes que notre chant et notre pianotage d'amateurs ne comptent même pas. Avez-vous réellement envie d'entendre quelque chose ? »

Je lui assurai de nouveau que j'en serais enchanté.

« Alors, suivez-moi dans la chambre de musique », dit-elle.

Et elle me mena dans une chambre entièrement boisée, sans tentures ni tapis.

Je m'attendais à quelque invention extraordinaire, mais je ne voyais rien dans tout ce qui m'entourait qui fît soupçonner la présence d'un instrument. Édith s'amusait follement de ma stupéfaction.

« Veuillez jeter un regard sur le programme d'aujourd'hui, me dit-elle, en me tendant une feuille de papier imprimé, et choisissez le morceau que vous désirez entendre. Rappelez-vous qu'il est maintenant cinq heures. »

Le programme portait la date du 12 septembre 2000, et c'était bien le programme le plus long que j'eusse jamais lu : il était aussi varié que long, comprenant des solos, des duos, des quatuors, des morceaux de chant et d'orchestre. Je regardais, de plus en plus ahuri, lorsque l'ongle rose d'Édith me montra une rubrique spéciale, où se trouvaient encadrés différents titres avec la mention « cinq heures ». C'est alors que je m'aperçus que ce programme représentait le menu musical de la journée entière et était divisé en vingt-quatre compartiment correspondants aux vingt-quatre heures. « Cinq heures » ne comprenait qu'un petit nombre de numéros, et je choisis un morceau d'orgue.

« Comme je suis contente que vous aimiez l'orgue, dit-elle, il n'y a pas de musique qui convienne plus souvent à ma disposition d'esprit. »

Elle me fit asseoir, traversa la chambre, ne fit que presser un ou deux boutons. Aussitôt, la chambre fut envahie par les flots exquis d'une mélodie d'orgue, envahie, non pas inondée, car je ne sais par quel artifice le volume du son avait été proportionné à la grandeur de la pièce.

J'écoutai, haletant, jusqu'au bout. Je ne m'attendais pas à une exécution aussi impeccable.

« C'est grandiose, m'écriai-je, lorsque la dernière vague sonore se fut perdue dans le silence. C'est Bach en personne ! Mais où est l'instrument ?

— Un moment, dit Édith. Écoutez encore cette valse avant de m'interrompre. Je la trouve si jolie. »

Et, pendant qu'elle parlait, le chant des violons montait dans la pièce, comme l'harmonie magique d'une nuit d'été. Quand ce second morceau fut terminé, elle dit :

« Il n'y a rien de mystérieux dans notre musique, ainsi que vous semblez le croire. Elle n'est faite ni par des fées, ni par des génies, mais par de braves, honnêtes et habiles artistes, tout ce qu'il y a de plus humains. Nous avons simplement appliqué l'idée de l'économie du travail, par la coopération, au service musical comme à tout le reste. Nous avons plusieurs salles de concert dans la ville, fort bien agencées au point de vue de l'acoustique, et reliées par le téléphone avec toutes les maisons dont les habitants veulent bien payer une petite redevance ; et je vous assure que personne ne s'y refuse. Le corps de musiciens attaché à chaque salle est si nombreux que, bien que chaque exécutant ou groupe d'exécutants ne travaille qu'un petit nombre d'heures par jour, le programme de chaque journée dure vingt-quatre heures. Si vous voulez vous donner la peine de bien le regarder, vous verrez que quatre concerts, chacun d'un genre de musique différent, ont lieu simultanément, et vous n'avez qu'à presser un bouton qui relie le fil conducteur de votre maison avec la salle choisie pour entendre ce qu'il vous plaira. Les programmes sont combinés de telle façon qu'on ait à chaque instant de la journée un choix très varié, non seulement suivant le genre de musique, instrumentale ou vocale, mais encore suivant le caractère des morceaux, depuis le grave jusqu'au doux, depuis le plaisant jusqu'au sévère.

— Il me semble, mademoiselle, que si nous avions pu inventer un moyen de nous approvisionner à domicile de musique agréable, admirablement exécutée, appropriée à toutes les humeurs, commençant et cessant à notre gré, nous nous serions considérés comme arrivés au sommet de la félicité humaine.

— J'avoue que je n'ai jamais compris comment les amateurs de musique au xixe siècle pouvaient s'accommoder d'un système aussi démodé pour s'en procurer la jouissance, répliqua Édith ; la bonne musique, vraiment digne d'être entendue, devait être inabordable pour le grand public et obtenue au prix de grandes difficultés par les seuls favorisés de la fortune ; encore devaient-ils se plier aux heures et aux règlements imposés par une volonté étrangère. Vos concerts, vos opéras ! mais il me semble que cela devait être exaspérant ! Pour quelques rares morceaux qu'on avait envie d'entendre, il fallait rester assis pendant des heures à avaler des fadaises. Qui donc accepterait jamais un dîner à la condition de manger de tous les plats, qu'ils lui plaisent ou non? Il me semble que le sens de l'ouïe est aussi délicat que celui du goût. Je crois que les difficultés que vous aviez à vous procurer de la bonne musique au dehors sont cause de l'indulgence que vous témoigniez pour tous ces chanteurs et ces instrumentistes amateurs qui ne connaissaient que les rudiments de l'art, mais que vous pouviez, du moins, entendre chez vous. En somme, soupira-t-elle, quand on y réfléchit, il n'est pas étonnant que beaucoup de vos contemporains se soient si peu souciés de la musique; je crois que j'en aurais fait autant.

— Vous ai-je bien compris, mademoiselle, quand vous disiez que vos programmes embrassent vingt-quatre heures consécutives? Où trouvez-vous donc ces personnes disposées à écouter de la musique entre minuit et l'heure du réveil?

— Il n'en manque pas, répliqua Édith, et quand même la musique à ces heures-là n'existerait que pour ceux qui souffrent, qui veillent, qui agonisent, ne serait-ce pas suffisant? Toutes nos chambres à coucher ont un téléphone à la tête du lit, qui permet aux personnes atteintes d'insomnie de se procurer à volonté la musique appropriée à leur disposition du moment.

— Y a-t-il une mécanique de ce genre dans la chambre que j'occupe?

— Bien entendu. Que je suis donc sotte de ne pas avoir pensé à vous dire cela hier soir! Mon père vous montrera ce soir la manière de vous servir de l'appareil et, avec le récepteur à votre oreille, vous pourrez mettre au défi les plus noires idées, si elles se permettent de vous assaillir de nouveau. »

Ce même soir, le docteur Leete nous interrogea au sujet de notre visite au magasin et, au cours des comparaisons qu'on se mit à établir entre les habitudes du xixe siècle et celles du xxe, la question des lois de succession fut soulevée.

« L'héritage de père en fils, lui dis-je, n'est plus de mode chez vous, sans doute?

— Au contraire, reprit le docteur, le législateur n'y intervient même en aucune façon. Du reste, plus vous nous étudierez, monsieur West, plus vous verrez qu'au xxe siècle, la liberté individuelle est infiniment moins entravée que de votre temps. La loi exige, il est vrai, que chaque citoyen serve son pays pendant une période déterminée, au lieu de lui laisser, comme de votre temps, le choix entre le travail, le vol ou la mendicité. À l'exception de cette loi fondamentale, qui n'est, après tout, qu'une codification de la loi naturelle du travail, notre système social n'est en aucune façon réglementé dans le détail de l'existence de chacun. Tout résulte logiquement de la libre opération de la nature humaine, évoluant dans des conditions rationnelles. Cette question d'héritage vous en fournira un excellent exemple. Comme la nation est seule capitaliste et seule propriétaire foncier, les biens personnels de l'individu se réduisent naturellement à son crédit annuel, ainsi qu'aux effets personnels et aux objets mobiliers qu'il peut s'être procurés sur le produit de sa carte. Son crédit (à l'instar des rentes viagères de votre temps) est arrêté au jour de sa mort, abstraction faite d'une somme fixe accordée pour les obsèques. Quant à tous ses autres biens, il en dispose à son gré.

— Mais comment faites-vous pour empêcher que, dans le cours des années, il ne s'accumule entre les mains de tel ou tel citoyen une quantité de biens qui détruise votre système d'égalité ?

— Rien de plus simple. Avec l'organisation actuelle de la société, l'accumulation de biens personnels ne serait qu'un fardeau incommode dès l'instant qu'elle dépasserait les exigences du bien-être individuel. Au XIXᵉ siècle, quand on avait une maison bourrée de bibelots, d'argenterie, de porcelaines rares, de meubles luxueux, on passait pour riche, parce que tous ces objets représentaient de l'argent et pouvaient du jour au lendemain être convertis en monnaie. Aujourd'hui, supposons qu'un individu vienne à hériter, d'une douzaine d'amis à la fois, des collections d'objets de ce genre ; il serait fort à plaindre. Ces objets précieux, n'étant pas réalisables, n'auraient de valeur pour lui que par l'utilité ou la jouissance esthétique et, comme ses revenus restent invariables, il serait forcé de consommer toutes ses ressources en vastes pièces pour les placer, et en domestiques pour en prendre soin. Vous pouvez être certain que le malheureux s'empresserait de distribuer ces richesses ruineuses parmi ses amis et qu'aucun de ceux-ci n'en accepterait plus qu'il ne pourrait facilement garder et loger. Vous le voyez, prohiber l'héritage afin d'empêcher les grandes accumulations serait une précaution inutile ; on peut simplement s'en remettre à l'intérêt des individus. On va si loin, à cet égard, que les héritiers abandonnent d'ordinaire leurs droits sur la plupart des effets de leurs parents décédés, ne se réservant que quelques objets particuliers à titre de souvenir. La nation prend à sa charge les biens abandonnés et reverse ceux qui ont de la valeur dans le fonds général.

— Vous parliez tout à l'heure, repris-je, de rétributions pour les soins d'entretien domestique ; cela m'amène à vous demander comment vous avez résolu le problème du service domestique. Qui voudrait être domestique dans une communauté où règne l'égalité sociale la plus complète ? Nos femmes éprouvaient déjà assez de peine à se procurer des serviteurs lorsque ces principes égalitaires n'étaient pas encore proclamés.

— C'est précisément parce que nous sommes tous égaux et que rien ne saurait compromettre cette égalité, parce que servir est honorable dans une société fondée sur le principe du service universel et réciproque, qu'il nous serait aisé de nous procurer un corps de serviteurs incomparables si nous en avions besoin ; mais ce besoin n'existe pas.

— Mais alors, qui donc fait le ménage ? demandai-je.

— Il n'y a pas de ménage à faire, répondit Mme Leete à qui j'avais adressé cette question ; notre blanchissage, notre cuisine, nos travaux de couture et de raccommodage, tout cela se fait à très bon marché dans des établissements publics. L'électricité nous chauffe et nous éclaire ; nous prenons notre appartement juste aussi grand qu'il nous faut, et nous l'installons de manière à ce que l'entretien des meubles nous donne le moins de mal possible. Vous voyez que nous n'avons pas besoin de domestiques.

— Le fait, dit le docteur Leete, que vous trouviez dans la classe nécessiteuse une pépinière inépuisable de serfs, de gens auxquels vous pouviez imposer toute espèce de travaux pénibles et désagréables, ne vous encourageait guère à chercher les moyens de vous passer de serviteurs. Mais maintenant que chacun, à tour de rôle, doit ses services à la société, il est également dans l'intérêt de tous de tâcher d'alléger le fardeau commun. Dès lors, dans toutes les branches de l'industrie, nous avons assisté à un développement prodigieux des inventions qui simplifient la vie, et l'un des premiers résultats obtenus fut l'art de combiner, dans les ménages, le maximum de confort avec le minimum de travail. Dans les cas exceptionnels, tels qu'un nettoyage à fond ou une réparation, ou encore s'il y a un malade dans la famille, nous avons toujours la possibilité de recourir à l'armée industrielle.

— Mais comment rétribuez-vous ceux qui vous aident, si vous n'avez pas d'argent ?

— Nous ne les payons pas directement, nous payons la nation qui nous les prête ; on obtient le concours de ces auxiliaires en s'adressant à des bureaux spéciaux, et la valeur de leurs services est pointée sur la carte de crédit du client.

— Le monde d'aujourd'hui, repris-je, doit être un vrai paradis pour les femmes. De mon temps, ni l'argent ni un nombre illimité de domestiques n'affranchissaient une dame des soucis du ménage ; quant aux femmes des classes moyennes ou pauvres, elles vivaient et mouraient martyres de ce souci.

— Oui, dit Mme Leete, tout ce que j'ai lu à ce sujet atteste que, si misérable que fût de votre temps la condition des hommes, celle de leurs mères et de leurs épouses était bien pire.

— Les larges épaules de la nation, dit le docteur, portent maintenant avec aisance le fardeau qui écrasait les femmes du xixe siècle. Leur misère, comme toutes vos autres misères, provenait de cette incapacité d'une action coopérative, conséquence de l'individualisme à outrance sur lequel était fondé votre système. Aveugles, qui ne voyiez pas que vous pouviez tirer dix fois plus d'utilité de vos semblables en vous entraidant qu'en vous entre-déchirant ! Ce qui m'étonne, ce n'est point que vous n'ayez pas vécu plus agréablement, mais que vous ayez pu vivre, vous qui, de votre propre aveu, n'aviez pas d'autre but que d'asservir vos semblables et de les dépouiller.

— Voyons, voyons, mon père ! dit Édith en riant, si vous parlez sur ce ton, M. West s'imaginera que vous lui faites une scène.

— Et quand vous avez besoin d'un médecin, demandai-je, vous adressez-vous au bureau *ad hoc* et prenez-vous le premier venu qu'on vous envoie ?

— Notre règle n'est guère applicable à ce cas. Pour être de quelque secours, les médecins doivent, avant tout, connaître le tempérament de leurs patients. Aussi laissons-nous aux intéressés la liberté de faire appeler le médecin qu'il leur plaît, comme de votre temps. La seule différence est que le médecin, travaillant pour la nation et non pour lui-même, prélève ses honoraires en les pointant sur la carte du patient, d'après un tarif spécial gradué suivant l'importance des soins médicaux.

— Si les honoraires sont toujours les mêmes et qu'un médecin ne puisse refuser des clients, je suppose que les bons médecins doivent être accablés de pratiques au détriment des médiocres.

— D'abord (et ici le médecin retraité vous demande pardon de son esprit de corps), nous n'avons pas de médecins médiocres. Quiconque baragouine quelques termes de médecine n'a plus le droit, comme jadis, de faire des expériences sur le corps de ses concitoyens. Seuls les étudiants qui ont passé des examens sévères, suivi les cours d'écoles spécialisées et chez lesquels la vocation s'est clairement manifestée, ont le droit d'exercer. Ajoutez que les médecins n'essayent plus de se faire une clientèle au détriment de leurs confrères ; ils n'y trouveraient aucun avantage. D'ailleurs, le médecin doit rendre un compte régulier de ses visites au bureau médical et, s'il n'a pas d'occupation suffisante, on lui en procure. »

XII

J'AVAIS TANT de renseignements à demander avant de me faire une idée, même superficielle, des institutions du XXe siècle, et le docteur était d'une complaisance tellement inépuisable, que nous restâmes à causer pendant plusieurs heures après que les dames se furent retirées. J'étais surtout curieux de connaître les moyens qu'on employait pour stimuler le zèle de l'ouvrier, maintenant qu'il n'avait plus, comme autrefois, la crainte de la misère pour aiguillon.

« Je vous ferai remarquer en premier lieu, reprit le docteur, que la recherche de ces mobiles d'action ne représente qu'un côté de notre système. Un autre point, non moins important, est d'assurer que les chefs de file, les capitaines de l'armée industrielle, se recrutent toujours parmi les hommes d'une habileté éprouvée, engagés par leur propre passé à ne jamais laisser languir le zèle de leurs auxiliaires. À cet effet, l'armée tout entière a été divisée en quatre classes.

« Premièrement, la classe des travailleurs communs employés à toute sorte de besognes ordinairement des plus grossières. Dans cette classe sont versées les jeunes recrues pendant les trois premières années.

« Deuxièmement, la classe des apprentis, où l'on fait un séjour d'un an au sortir de la première classe.

« Troisièmement, le corps principal des travailleurs de plein exercice, âgés de 25 à 45 ans.

« Quatrièmement, la classe des officiers de tous degrés qui ont charge des autres.

« Chacune de ces classes a ses formes de discipline particulières. Les travailleurs communs sont naturellement enrégimentés d'une manière moins rigoureuse que les autres ; ils sont censés être sur les bancs d'une école industrielle. Cependant, chacun d'eux est l'objet de notes individuelles ; les meilleurs reçoivent des récompenses qui leur sont utiles dans leur carrière ultérieure, comme les distinctions académiques de votre temps.

« Suit l'année d'apprentissage : les trois premiers mois sont consacrés aux premiers rudiments du métier ; pendant les neuf derniers, l'apprenti est l'objet d'une attention spéciale dont le but est de déterminer quel grade on lui attribuera, parmi les travailleurs de plein exercice, lorsqu'il sera déclaré compagnon. On trouvera peut-être étrange qu'on demande la même durée d'apprentissage dans tous les métiers, mais le principe d'uniformité l'exigeait et, en pratique, le résultat est le même que si cette durée variait selon les difficultés de la profession. Dans celles qu'on ne peut apprendre à fond dans l'espace d'un an, l'ex-apprenti est classé au grade inférieur de la hiérarchie ouvrière ; puis il monte en grade à mesure qu'il se perfectionne. Cela est, d'ailleurs, le fait le plus ordinaire. Les ouvriers de plein exercice sont divisés en trois catégories graduées, selon leur habileté, et chaque catégorie se subdivise en deux autres, de sorte que nous avons six grades de capacité en tout. Pour faciliter le classement, le travail se fait autant que possible à la tâche, dût-il en résulter des inconvénients. Les grades sont révisés tous les ans ; ainsi le mérite ne reste jamais longtemps inaperçu et personne ne peut dormir sur ses lauriers, sous peine de retomber dans un rang inférieur. Les résultats de ces classements annuels sont consignés dans les registres publics.

« À part le mobile suprême d'ambition résultant de ce que les places importantes de l'État ne sont accessibles qu'aux ouvriers de la première catégorie, nous avons encore d'autres stimulants d'une nature plus modeste, mais également efficaces ; je veux parler des privilèges spéciaux et immunités en matière de discipline, qui sont l'apanage des hommes des grades supérieurs. Ces privilèges et immunités, sans grande importance matérielle, ont néanmoins pour effet de tenir l'émulation en haleine, d'entretenir constamment chez le sujet le désir d'atteindre le grade immédiatement supérieur au sien.

« Il est d'une importance capitale que non seulement les bons ouvriers, mais aussi les médiocres et les mauvais, puissent nourrir l'espoir de monter en grade ; ces derniers étant même de beaucoup la majorité, il est encore plus essentiel de ne pas décourager la masse que d'exciter le zèle de l'élite. C'est à cet effet qu'on a multiplié le nombre des catégories ; celles-ci étant numériquement égales, il n'y a jamais (déduction faite des officiers, des ouvriers communs et des apprentis) plus d'un huitième de l'armée industrielle dans la catégorie inférieure. La plupart de ses membres sont de jeunes apprentis qui tous ont l'espoir de monter en grade. De plus, toujours pour encourager les médiocres à faire de leur mieux, l'individu qui, après avoir atteint un degré supérieur, retombe dans une catégorie inférieure, ne perd pas le fruit de ses efforts ; il garde son rang d'autrefois. C'est une consolation d'amour-propre qui le rend moins sensible à l'infériorité de sa situation.

« Pour que l'ouvrier ait au moins un soupçon, un simulacre de gloire, il n'est pas même nécessaire qu'il atteigne un grade supérieur. L'avancement exige l'excellence dans le travail ; mais il existe, pour les mérites inférieurs, des mentions honorables et d'autres distinctions qui s'adressent à certains mérites isolés ; aucune forme de mérite, si faible qu'elle soit, ne reste sans récompense. Notre discipline n'admet ni la négligence, ni la mauvaise volonté, ni l'ouvrage réellement mauvais ; tout homme capable de faire son devoir et qui refuse avec persistance de l'accomplir est rayé de la société humaine. Les postes inférieurs dans le corps des officiers, ceux de contremaîtres assistants ou lieutenants, sont attribués à des hommes ayant servi pendant deux ans dans la première catégorie, au premier grade. S'il y a embarras de choix, on ne prend que les hommes du premier groupe. De cette façon, personne n'arrive au commandement avant l'âge de 30 ans. Une fois devenu officier, le sujet n'avance plus en raison de son travail personnel, mais en raison de celui de ses hommes. Les contremaîtres sont choisis parmi les assistants, d'après le même système d'élection. Les nominations aux grades supérieurs sont faites d'après un autre mode, qu'il serait trop long de vous expliquer maintenant. Naturellement, ce système n'eût pas été applicable aux menues entreprises de votre siècle, où il y avait souvent à peine assez d'employés pour en fournir un par classe. N'oubliez pas que, dans l'organisation nationale du travail, toutes les industries sont conduites par de grandes associations d'hommes : imaginez une centaine de vos fermes ou de vos boutiques réunies en une seule. Notre surintendant correspond à ce qu'on appelait colonel ou même général dans vos armées. Et maintenant, monsieur West, je vous laisse décider vous-même si, dans le système que je viens de vous esquisser, les stimulants feront défaut à ceux qui en ont besoin pour faire de leur mieux. »

Je lui répondis que, s'il y avait une objection à faire, c'était plutôt l'excès que l'absence de stimulants de ce genre : la course au clocher établie parmi les jeunes gens me paraissait, et me paraît encore, trop ardente. Mais le docteur me pria de considérer que la subsistance du travailleur ne dépend en aucune façon de son grade ; que la crainte de la famine ne s'ajoute jamais aux désappointements d'amour-propre qu'il peut éprouver ; que les heures de travail sont courtes, les vacances régulières, et que toute émulation cesse à 45 ans, au milieu de la vie.

« Il faudra, dit-il, que je revienne sur deux ou trois autres points pour redresser les idées fausses qui pourraient naître dans votre esprit. En premier lieu, vous devez comprendre que l'avancement que nous donnons aux bons ouvriers, par préférence aux autres, ne contrarie en rien l'idée fondamentale de notre système, qui attribue le même mérite à tous ceux qui font de louables efforts, le résultat fût-il grand ou petit. Je vous ai déjà démontré que les faibles reçoivent autant d'encouragements que les forts, et si nous choisissons les chefs parmi les plus habiles, c'est uniquement dans l'intérêt public. En second lieu, bien que les récompenses jouent un grand rôle dans notre organisation, n'allez pas vous figurer que nous les considérons comme un levier capable ou digne d'agir sur les plus nobles caractères. Les hommes d'élite trouvent un stimulant en eux-mêmes et non en dehors d'eux ; ils mesurent leurs devoirs à leurs capacités, et non à celles d'autrui. Tant que leur ouvrage, grand ou petit, est proportionnel à leurs moyens, ils trouveraient déplacé qu'on leur adressât une louange ou un blâme. À de telles natures, l'émulation paraît un principe absurde au point de vue philosophique, et méprisable au point de vue moral, parce qu'elle substitue l'envie à l'admiration et la joie au chagrin, dans l'attitude de chacun à l'égard des succès ou des revers du voisin. Mais tous les hommes, même à la fin du xxᵉ siècle, n'appartiennent pas à l'élite morale, et les stimulants destinés à la masse doivent être appropriés à sa nature inférieure. C'est à ce grand nombre que s'adresse notre système d'émulation. Ceux qui en ont besoin en profitent ; les autres s'en passent. Je ne dois pas omettre que, pour les déshérités du corps et de l'esprit, qui ne peuvent concourir dans des conditions équitables avec le grand contingent des ouvriers, nous avons une classe spéciale, sans aucun rapport avec le reste de la hiérarchie : c'est une sorte de régiment d'invalides, dont les membres ne sont assujettis qu'à de menus travaux, adaptés à leur faiblesse. Nos sourds-muets, nos paralytiques, nos aveugles, nos infirmes et même nos aliénés appartiennent à ce corps d'invalides et en portent les insignes. Les moins malades font presque l'ouvrage d'un homme sain ; les plus faibles ne font rien du tout ; mais il n'en est presque pas de si déshérités qu'ils se résignent à la fainéantise complète.

— Quelle jolie institution ! dis-je. Même un barbare du XIXᵉ siècle peut l'apprécier. Quelle façon délicate de déguiser la charité, et combien ceux qui en bénéficient doivent vous être reconnaissants !

— La charité ! répéta le docteur. Croyez-vous donc que nous considérons les impotents comme l'objet de notre charité ?

— Naturellement, dis-je, puisqu'ils sont incapables de pourvoir eux-mêmes à leur existence. »

Le docteur reprit vivement :

« Et qui donc est capable de se suffire à lui-même ? Il n'y a rien de tel dans la société civilisée. Dans un état social assez barbare pour ignorer même la solidarité de famille, l'individu est peut-être capable de subvenir à ses besoins, et encore pour une partie de sa vie seulement, mais, dès que les hommes se réunissent et qu'ils constituent une société, si primitive qu'elle soit, l'individu cesse de pouvoir se suffire à lui-même. Plus augmentent la civilisation, la division du travail et des services, plus notre dépendance mutuelle s'accentue et devient la règle universelle. Tout homme, quelque indépendantes et solitaires que paraissent ses occupations, n'est qu'un membre d'une vaste association industrielle, grande comme la nation, grande comme l'humanité. La dépendance réciproque implique le devoir et la garantie du secours réciproque ; et le fait qu'il n'en était pas ainsi au XIXᵉ siècle constituait la cruauté et l'absurdité essentielle de votre système.

— Tout cela est possible, répliquai-je, mais je ne comprends pas en quoi cela s'applique à ceux qui sont incapables de contribuer, même pour la plus petite part, à la production industrielle de la nation.

— Il me semblait bien vous avoir dit ce matin que le titre d'un homme à l'entretien national, c'est sa qualité d'homme faisant de son mieux qui compte et non pas s'il a plus ou moins de force et de santé.

— En effet, mais j'ai sous-entendu qu'il ne s'agissait là que des ouvriers plus ou moins habiles, et non pas de ceux qui ne font rien du tout.

— Eh quoi! ne sont-ils pas aussi des hommes?

— Ainsi les malades, les aveugles, les impotents reçoivent le même revenu que l'ouvrier le plus diligent?

— Certainement.

— Je crois que la charité entendue de cette façon eût ébahi nos philanthropes les plus ardents.

— Mais supposez que vous ayez chez vous un frère malade, incapable de travailler; irez-vous le loger moins bien, le nourrir et le vêtir moins bien que vous-même? Je suis certain qu'au contraire, vous le gâteriez par beaucoup de prévenances, et vous seriez froissé qu'on appelât ce devoir du nom de *charité*.

— Cela va sans dire, mais les deux cas ne sont pas identiques. Je sais bien que, dans un certain sens, nous sommes tous frères, mais cette fraternité universelle ne peut être comparée (si ce n'est pas une figure de rhétorique) ni dans ses sentiments, ni dans les obligations qu'elle impose à la fraternité naturelle, dictée par la voix du sang.

— Ah! voilà bien mon homme du XIXᵉ siècle! En vous entendant parler de la sorte, personne ne doutera que vous n'ayez dormi cent ans. Voulez-vous que je vous donne, en deux mots, la clef du mystère de notre civilisation comparée à la vôtre? La voici: c'est que la solidarité et la fraternité humaines, qui n'étaient chez vous que des phrases prononcées, sont devenues, pour notre sensibilité, des liens aussi réels, aussi efficaces que ceux du sang. Mais, en laissant même de côté ces considérations, pourquoi tant s'étonner que les citoyens incapables de travailler vivent du produit du travail des autres? Au XIXᵉ siècle, le service militaire obligatoire équivalait à notre service industriel, et cependant on ne songeait pas à priver de leurs droits de citoyens les hommes incapables d'accomplir ce service. Ils restaient chez eux, protégés par ceux qui combattaient; ils n'étaient pas déchus de l'estime publique, personne ne leur contestait le droit de vivre. Il en est de même chez nous, et nul n'en est scandalisé. L'ouvrier n'est pas citoyen parce qu'il travaille; il travaille parce qu'il est citoyen. De même qu'autrefois les forts devaient se battre pour les faibles, maintenant que nous n'avons plus de guerres, ils doivent travailler pour eux. Toute solution qui laisse un résidu irréductible n'en est pas une. Notre solution au problème social serait sans valeur si nous avions laissé à la porte les malheureux, les malades, les impotents, dans la compagnie des bêtes, pour se tirer d'affaire par eux-mêmes ! Mieux valait cent fois abandonner à eux-mêmes les hommes valides que ces malheureux membres de la même famille ployant sous le fardeau de l'existence. L'image de Dieu est la seule monnaie qui ait cours parmi nous ; elle ne doit être refusée nulle part. Aucun trait de la civilisation du XIXᵉ siècle ne répugne autant à nos idées modernes que l'insouciance avec laquelle vous traitiez les déshérités de la nature. Même si vous n'aviez ni pitié, ni sentiment de fraternité, comment ne vous rendiez-vous pas compte que vous voliez ces infortunés de leurs droits les plus évidents, en les privant du nécessaire ?

— Je ne saurais vous suivre dans cette voie, lui répliquai-je. Je veux bien admettre qu'ils eussent droit à notre pitié, à notre bienveillance ; mais comment pouvaient-ils, eux qui ne produisaient rien, réclamer *comme un droit* une part dans les bénéfices sociaux ?

— Si vos travailleurs, dit le docteur, produisaient infiniment plus que n'aurait pu faire un nombre égal de sauvages, n'est-ce pas qu'ils profitaient de tout l'héritage du passé, des progrès séculaires de l'espèce, du prodigieux outillage accumulé par les générations précédentes, et que vous avez trouvé tout prêts à votre arrivée ? Comment avez-vous acquis toute cette science et l'usage de cet outillage, qui représentaient dix fois votre part de travail personnel dans l'ensemble de la production sociale ? Vous en avez hérité, n'est-ce pas ? Et vos frères infirmes ou impotents n'étaient-ils pas vos cohéritiers au même titre ? Qu'avez-vous fait de leur part d'héritage ? Ne les avez-vous pas frustrés en leur jetant quelques miettes tombées de la table du festin, et n'ajoutiez-vous pas l'insulte à l'iniquité en appelant *charité* votre aumône ? Ah ! continua le docteur Leete, justice et fraternité à part, je ne puis comprendre comment vos ouvriers pouvaient avoir du cœur au travail, quand ils savaient d'avance que leurs enfants, leurs petits-enfants, si l'aptitude physique ou mentale venait à leur manquer, seraient privés du nécessaire ! Comment des pères de famille ont-ils pu soutenir un système pareil, dont chacun de leurs descendants pouvait être victime ? Comment pouvait-on avoir le courage d'engendrer des enfants ? »

XIII

Ainsi qu'Édith me l'avait promis, son père m'accompagna jusque dans ma chambre à coucher pour m'initier au maniement du téléphone musical. Il me montra comment, en appuyant sur un bouton, on pouvait augmenter ou diminuer à volonté l'intensité du son, qui tantôt remplissait la pièce, tantôt mourait comme un écho lointain à peine perceptible. Si de deux personnes partageant la même chambre, l'une désirait dormir et l'autre se donner le luxe d'un petit concert, il était facile de contenter les deux.

« Cette nuit, dit le docteur après cette explication, je vous conseillerais de dormir, monsieur West, plutôt que d'écouter la plus belle musique du monde. Vous traversez en ce moment une crise fatigante où rien ne peut remplacer le sommeil comme tonique pour votre système nerveux. »

Mon aventure du matin m'était encore très présente à l'esprit et je promis de suivre son conseil.

« Très bien, dit le docteur, alors, je vais mettre le réveil du téléphone à huit heures demain matin.

— Que voulez-vous dire ? »

Il m'expliqua qu'au moyen d'horlogerie, on pouvait s'arranger pour être réveillé en musique à n'importe quelle heure. Bientôt, je m'aperçus que j'avais laissé au vestiaire du XIXe siècle mes insomnies ainsi que d'autres choses qui m'avaient incommodé jadis, car je m'endormis aussitôt que ma tête toucha l'oreiller, sans le secours d'aucun narcotique.

Je rêvai que j'étais assis sur le trône des Abencérages dans la salle des fêtes de l'Alhambra, offrant un banquet à mes vassaux et à mes généraux qui, le lendemain, devaient me suivre, le croissant en tête, contre les chiens, les chrétiens d'Espagne. L'atmosphère, rafraîchie par le jeu de nombreuses fontaines, était lourde de parfums. Des jeunes filles aux formes sinueuses, aux lèvres de miel, dansaient avec une grâce voluptueuse aux sons des cuivres et des instruments à cordes. Là-haut, derrière les galeries grillées, on voyait luire çà et là l'œil noir d'une beauté du harem, contemplant la fleur de la chevalerie maure. Le fracas des cymbales allait grandissant ; le tourbillon de la fête s'animait de plus en plus, jusqu'à ce qu'enfin, le sang des enfants du désert ne pouvant plus résister au délire martial, toute cette noblesse basanée saute sur ses pieds, le sabre au clair. Des milliers de cimeterres étincelaient ; le cri d'« Allah ! Allah ! » ébranlait les murs.

À ce moment, je me réveillai. Il faisait grand jour ; la marche turque, transmise par le mystérieux fluide, emplissait ma chambre de ses gaies sonorités.

Au déjeuner, quand je racontai mon aventure, j'appris que ce n'était pas un pur hasard si la pièce qui m'avait réveillé était une marche ; l'usage était de faire jouer, dans une des salles de concert, des pièces d'un caractère entraînant aux heures de réveil.

« À propos, dis-je, en parlant de l'Espagne, cela me rappelle que je ne vous ai pas encore questionné au sujet de l'état de l'Europe. Est-ce que les sociétés du vieux monde ont été également renouvelées ?

— Oui, répondit le docteur, les grandes nations de l'Europe, ainsi que l'Australie, le Mexique et quelques parties de l'Amérique du Sud, sont devenues des républiques industrielles, à l'instar des États-Unis, qui furent les promoteurs de cette évolution. Les relations pacifiques de ces divers pays sont assurées par une sorte d'union fédérale d'une forme très souple, qui s'étend sur le monde entier. Un conseil international règle les rapports mutuels et les questions commerciales entre les membres de l'Union, ainsi que leur politique conjointe envers les races plus arriérées qui s'élèvent graduellement vers les institutions du progrès ; chaque nation jouit de l'autonomie la plus absolue dans les limites de son territoire.

— Comment conduisez-vous vos transactions commerciales, sans argent ? Avec l'étranger, il vous faut bien une sorte de monnaie quelconque, quoi que vous vous en passiez à l'intérieur.

— L'argent est aussi superflu dans les relations extérieures qu'à l'intérieur. Quand le commerce étranger était entre les mains d'entreprises privées, l'argent était nécessaire comme appoint pour régler des transactions multiples et complexes, mais, maintenant, les personnes commerciales sont les nations elles-mêmes, agissant comme individus. De la sorte, il ne reste plus qu'une douzaine de marchands dans le monde, et leurs transactions étant surveillées par le conseil international, un système de comptes très simple suffit à tous les besoins. Chaque nation a son bureau d'échange où se traitent ses affaires commerciales. Par exemple, le bureau étasunien, estimant que telle quantité de produits français est nécessaire aux États-Unis pour telle année, envoie un ordre de conséquence au bureau de France, qui, de son côté, agit de même. Toutes les nations suivent le même système.

— Mais puisqu'il n'y a plus de concurrence, comment fixe-t-on les prix des marchandises étrangères ?

— Chaque nation offre ses produits à l'étranger au même prix qu'elle les vendrait chez elle. Ainsi, point de malentendu possible. Il va sans dire qu'en théorie, aucune nation n'est obligée de consentir à cet échange de bons procédés ; mais cela est dans l'intérêt de tous. J'ajoute que si une nation fournit régulièrement à une autre une certaine catégorie de marchandises, aucun changement dans les relations réciproques ne peut être introduit sans avis préalable donné en temps utile.

— Mais si un pays, ayant le monopole de quelque produit naturel, refusait de le fournir aux autres ou seulement à l'un d'eux ?

— C'est un fait qui ne s'est jamais présenté, car il ferait infiniment plus de tort au réfractaire qu'à ses voisins. La loi exige que chaque nation traite les autres exactement sur le même pied. Pourtant, s'il s'en trouvait une qui voulût se prévaloir d'un monopole, elle serait retranchée à tous égards du reste de la terre ; mais, je le répète, ce cas n'est guère à redouter. »

J'insistai :

« Supposons, cependant, qu'une nation, possédant le monopole de quelque produit, dont elle exporte plus qu'elle ne consomme, en augmente le prix de vente et, par ce moyen, sans prohiber l'exportation, veuille tirer profit des besoins des autres. Bien entendu, ses propres citoyens seraient obligés de payer ce produit plus cher, mais, pris en bloc, le bénéfice qu'ils réaliseraient sur l'échange dépasserait leur propre accroissement de charges.

— Quand vous aurez bien compris comment on règle le prix des marchandises au xxᵉ siècle, dit le docteur, vous verrez qu'il est absolument impossible de le modifier, excepté lorsque la hausse est produite par la difficulté croissante du travail de production. Ce principe est une garantie nationale et internationale. Mais, même à défaut d'une loi positive, le sentiment de l'intérêt commun, la conviction générale que l'égoïsme est une folie, sont aujourd'hui trop profondément enracinés pour permettre un acte de piraterie de ce genre. N'oubliez pas que nous prévoyons tous, à échéance plus ou moins éloignée, l'unification complète du monde entier en un seul corps de nation. Cette forme idéale réalisera certains avantages économiques sur notre système de nations autonomes et fédérées. En attendant, nous sommes si satisfaits du résultat obtenu par le mécanisme actuel que nous laissons volontiers à nos descendants le soin d'achever notre œuvre. D'aucuns, je dois le dire, sont même d'avis qu'il n'y aura jamais lieu de l'achever et que le système fédéral, loin de représenter une solution provisoire, est la seule et la meilleure solution possible.

— Comment faites-vous, repris-je, quand les comptes de deux pays ne se balancent pas? Supposez que nous importions plus de la France que nous n'y exportons.

— À la fin de chaque année, les comptes de tous les pays sont examinés. Si la France est notre débitrice, il est probable que nous sommes débiteurs d'un pays qui doit à la France, et ainsi de suite. Une fois les comptes réglés par le conseil international, les différences qui restent ne peuvent être bien considérables. Quelles qu'elles soient, le conseil exige qu'on les solde tous les trois ou quatre ans; il peut même l'exiger plus souvent si le reliquat devient trop important, car il n'est pas à désirer qu'une nation s'endette démesurément vis-à-vis d'une autre, ce qui pourrait engendrer des sentiments d'animosité. Par surcroît de précaution, le conseil international inspecte les marchandises ou les denrées échangées par les nations, afin de s'assurer qu'elles sont de bonne qualité.

— Mais avec quoi réglez-vous, en fin de compte, les différences éventuelles, puisque vous n'avez pas d'argent?

— En marchandises courantes. Avant d'établir des relations commerciales, on s'entend sur la nature de ces marchandises et l'on décide dans quelles proportions elles seront acceptées comme balance de compte.

— Dites-moi un mot, maintenant, sur l'émigration. Chaque nation étant organisée comme une maison industrielle fermée, qui monopolise tous les moyens de production du pays, il me semble que l'émigrant, même si on lui permettait de débarquer, mourrait de faim. Il ne doit donc plus y avoir d'émigration.

— Au contraire, on émigre beaucoup, si vous entendez par là l'établissement en pays étranger, sans esprit de retour. L'émigration est réglée par une simple convention internationale sur les indemnités. Par exemple, un homme âgé de 21 ans émigre de l'Angleterre en Amérique ; l'Angleterre perd toutes les dépenses qu'elle a faites pour son entretien et ses frais d'éducation, et l'Amérique gagne un ouvrier pour rien. Par conséquent, l'Amérique doit une indemnité à l'Angleterre. Si l'émigrant approchait du terme de son service dans l'armée industrielle, c'est, au contraire, le pays qui le reçoit auquel serait due l'indemnité. Quant aux impotents, aux invalides, aux aliénés, chaque nation est tenue de nourrir les siens, et, s'ils s'expatrient, le pays d'origine reste comptable de leur entretien envers l'étranger. Sous le bénéfice de ce règlement, le droit de chaque personne à émigrer en tout temps est absolu et sans restriction.

— Et pour les voyages d'agrément et d'étude ? Comment un étranger peut-il voyager dans un pays où l'on n'accepte pas d'argent et où sa carte de crédit n'est sûrement pas valable ?

— C'est ce qui vous trompe. Une carte de crédit américaine est tout aussi valable en Europe que l'aurait été autrefois l'or américain, et précisément dans les mêmes conditions, c'est-à-dire qu'elle doit être échangée contre la monnaie courante du pays. Un Américain de passage à Paris porte sa carte de crédit au bureau local du conseil international et reçoit en échange, pour tout ou partie, une carte de crédit française ; la somme est portée sur le compte international, au débit des États-Unis et au crédit de la France.

— Peut-être monsieur West serait-il disposé à venir dîner ce soir à l'Éléphant, dit Édith quand on se leva de table.

— C'est le nom du restaurant central du quartier, ajouta le docteur. Non seulement toute notre cuisine est faite dans des établissements publics, comme je vous l'ai dit hier soir, mais le service et la qualité des repas sont bien supérieurs quand on les prend au dehors. Nous prenons notre premier et notre second déjeuner chez nous, pour nous épargner un déplacement ; mais, pour le dîner, il est d'usage de le prendre en ville. Nous avons attendu que vous fussiez un peu familiarisé avec nos coutumes pour vous y conduire. Si nous commencions ce soir ? »

J'acceptai avec empressement. Peu de temps après, Édith s'approcha de moi en souriant.

« Hier soir, dit-elle, quand je réfléchissais à ce que je pourrais inventer pour que vous vous sentiez un peu plus à l'aise chez nous, la pensée me vint de vous faire renouer avec quelques personnes charmantes de votre temps, que vous avez dû connaître fort bien. Qu'en dites-vous ? »

Je répondis un peu vaguement que cela me serait très agréable, mais que je ne voyais pas bien comment la chose pouvait être possible.

« Suivez-moi, dit-elle toujours en souriant, vous verrez si je suis femme de parole. »

Quoique préparé à toutes les surprises, ce ne fut pas sans quelque émotion que je la suivis dans une chambre où je n'avais pas encore pénétré. C'était une petite pièce très confortable, toute garnie de casiers remplis de livres.

« Voici vos amis », me dit Édith, en me désignant des ouvrages de Shakespeare, Milton, Shelley, Dickens, Hugo, Irving et de plusieurs autres génies littéraires de mon temps et de tous les temps.

Je compris qu'elle avait bien tenu sa promesse. Les amis qu'elle me présentait avaient aussi peu vieilli depuis un siècle que ma propre personne. Leur âme était aussi haute, leur esprit aussi mordant, leurs rires et leurs larmes aussi communicatifs qu'autrefois. Je ne pouvais plus me sentir isolé en si bonne compagnie, quelque large que fût le fossé qui me séparait de ma vie passée.

« Vous devez être content que je vous aie amené ici, s'écria Édith, ravie de lire sur mon visage le succès de sa tentative. C'était une bonne inspiration, n'est-ce pas ? Dire que je n'y ai pas pensé plus tôt ! Je vous laisse à vos vieux amis ; pourvu qu'ils ne vous fassent pas oublier les nouveaux ! »

Sur cette aimable recommandation, elle me quitta.

Attiré par le nom d'un de mes auteurs favoris, je ramassai un volume de Dickens. Il ne se passait guère de semaine, dans ma vie du XIXe siècle, sans que je prisse un de ses romans pour me distraire ;

aussi la vue de ce nom réveilla en moi tout un trésor de souvenirs et d'associations d'idées. Grâce à ce trait d'union, je voyais maintenant s'opposer, avec une clarté parfaite, les images du passé et du présent. Dickens n'a pas plus vieilli qu'Homère, mais nous sommes aussi loin du monde qu'il a décrit que du monde de Circé, des Sirènes, de Charybde et des Cyclopes[1].

Pendant l'heure ou deux que je demeurai assis, le livre ouvert devant moi, je ne lus, en réalité, que peu de pages. Chaque paragraphe, chaque phrase, mettaient en évidence quelque nouvel aspect de la transformation du monde qui s'était opérée et égarait ma pensée dans des avenues infinies. Tandis que je méditais ainsi dans la bibliothèque solitaire du docteur Leete, je conçus graduellement une idée plus cohérente du prodigieux spectacle dont j'étais témoin. J'étais en proie à une émotion profonde en présence de ce caprice de la destinée, qui m'avait accordé, à moi si indigne, le rare privilège de survivre, seul de mon siècle, dans le siècle suivant. Oh! combien plus aurait mérité cette bonne fortune quelqu'une de ces âmes vaillantes et prophétiques, qui, dédaigneuses du sourire de leurs contemporains avaient, du fond de nos misères, annoncé des temps meilleurs! Précisément, le hasard me fit tomber sur une de ces prédictions de poète :

Je plongeai dans l'avenir, aussi loin que l'œil humain peut pénétrer,
Et je vis la vision du monde nouveau et de toutes ses merveilles,
Le tambour de guerre muet, le drapeau des batailles replié
Dans le parlement de l'humanité et la fédération du monde.
Alors le bon sens de tous tiendra en respect les impatiences

[de quelques-uns,
Et la terre amie sommeillera dans le sein de la justice universelle.
Car, je n'en doute pas, une idée suprême court à travers

[la trame des siècles,
Et la pensée des hommes s'avance avec l'orbite des soleils.[2]

1. Monstres mythologiques que rencontre Ulysse durant son voyage raconté par Homère dans l'*Odyssée*.

2. Extrait du poème « Locksley Hall » de lord Alfred Tennyson (1809-1892) publié en 1842 dans *Poems*, un recueil en deux tomes. Ce texte qu'il a commencé au début de 1830 décrit les rêves, les aspirations, l'élan de sincérité de la jeunesse. C'est la plainte, sous forme de monologue, d'un jeune homme qui, à son retour à Locksley Hall, où il a passé sa jeunesse, évoque l'amour qu'il portait à sa cousine Amy et la douleur qu'il a éprouvée lorsque, cédant aux pressions de son père, celle-ci l'a abandonné pour épouser l'homme qu'on lui destinait.

J'étais encore dans la bibliothèque lorsque le docteur Leete vint me chercher.

« Édith a eu une excellente idée de vous conduire ici, dit-il. J'étais curieux de savoir vers quel auteur vous vous sentiriez attiré d'abord. Ah ! Dickens, vous l'admiriez donc ! Eh bien, voilà un point sur lequel vous êtes d'accord avec nous autres modernes. Pour nous, Dickens domine tous les auteurs de son siècle, moins par son génie littéraire que parce que son grand cœur battait pour les pauvres, parce qu'il défendait la cause des victimes de la société et qu'il consacrait sa plume à dévoiler les turpitudes et les cruautés de votre système social. Personne n'a su, comme lui, forcer l'attention des hommes sur les injustices et les méchancetés du vieil ordre des choses, ouvrir leurs yeux à la nécessité du grand changement qui allait s'opérer, bien que lui-même ne l'aperçût qu'à travers les nuages. »

XIV

Un violent orage s'était abattu sur la ville pendant la journée ; le sol était trempé et j'étais persuadé que mes hôtes avaient dû abandonner le projet de passer la soirée au restaurant, malgré sa proximité. Je fus donc très surpris, à l'heure du dîner, en voyant arriver les dames en robes de soirée, sans caoutchoucs ni parapluies.

Quand nous descendîmes dans la rue, le mystère fut bientôt éclairci. Une espèce de velum, d'auvent imperméable, avait été déployé au-dessus des trottoirs, de façon à les transformer en un corridor bien éclairé et parfaitement sec où circulait une foule de messieurs et de dames en toilette de soirée. À chaque coin de rue, des ponts légers, protégés de la même façon, permettaient aux piétons de traverser à sec.

Édith Leete parut très surprise lorsque je lui appris qu'au XIXe siècle, les rues de Boston étaient impraticables par les journées de pluie, à moins qu'on ne s'équipât de bottes épaisses, de parapluies et de pardessus.

« On ne se servait donc pas d'auvents mobiles ? demanda-t-elle. Chez nous, toutes les rues sont abritées contre le mauvais temps par ces stores, qu'on remonte, au moyen d'un mécanisme, quand la pluie a cessé. »

Puis elle ajouta qu'on trouverait prodigieusement absurde de laisser les intempéries avoir la moindre influence sur les allées et venues des gens.

Le docteur Leete, qui marchait en avant et qui avait écouté notre conversation, me fit observer que toute la différence entre l'époque de l'individualisme et l'époque de la coopération était bien caractérisée par le fait qu'au XIXᵉ siècle, quand il pleuvait à Boston, on voyait s'ouvrir trois cent mille parapluies sur autant de têtes, tandis qu'à présent, un seul immense parapluie protègeait toute la population.

Édith ajouta que le parapluie individuel était l'image favorite de son père, quand il voulait caractériser le vieux temps où l'on vivait pour soi et pour les siens.

« Nous avons au musée un vieux tableau qui représente une foule par une journée de pluie. Chacun tient son parapluie par-dessus sa tête, gratifiant son voisin des gouttes qui en ruissellent. Mon père dit que ce tableau doit avoir été comme une satire de vos institutions ! »

Nous approchions d'un grand établissement, où pénétrait avec nous un flot de personnes. L'auvent m'empêchait de voir la façade, mais mon compagnon m'en vanta la beauté, surtout celle du groupe principal qui décorait l'entrée. Après avoir gravi un escalier monumental, nous traversâmes un long corridor sur lequel s'ouvraient quantité de portes. Sur l'une d'elles était inscrit le nom de mon hôte ; nous y entrâmes et je me trouvai dans une salle à manger fort élégante, où le couvert était mis pour quatre personnes. Les fenêtres donnaient sur une cour ornée de fontaines ; les eaux jaillissaient jusqu'au ciel et la musique emplissait l'air de ses effluves magnétiques.

« Vous paraissez être ici comme chez vous, dis-je, lorsque nous nous mîmes à table et que je vis le docteur toucher un timbre.

— En effet, ce que vous voyez là est comme une annexe de notre maison, un morceau détaché de l'ensemble. Moyennant une modique redevance annuelle, chaque famille du quartier possède, dans ce vaste bâtiment, un salon qui lui est spécialement réservé. À l'étage supérieur se trouvent des salles à la disposition des invités de passage. Quand il nous plaît de dîner ici, nous envoyons notre commande la veille, après avoir choisi notre menu d'après les renseignements publiés dans les journaux. Le prix est plus ou moins élevé selon le goût de chacun, mais tout est infiniment meilleur marché et meilleur que nous ne pourrions l'obtenir à domicile. La cuisine raffinée est très à la mode et j'admets que nous sommes un peu vains des progrès que nous avons réalisés dans cette branche. Ah ! cher monsieur West, bien que d'autres côtés de votre civilisation fussent plus tragiques, j'imagine qu'aucun d'eux ne devait être plus triste que les mauvais repas que vous faisiez tous, à l'exception de quelques privilégiés de la fortune.

— Personne, répondis-je, n'eût osé vous contredire sur ce point. »

Lorsque le garçon entra, je l'observai avec beaucoup d'attention ; c'était un beau jeune homme revêtu d'un uniforme particulier, et, pour la première fois, je fus à même d'étudier la physionomie d'un des membres actifs de l'armée industrielle. D'après ce que j'avais entendu dire, ce jeune homme devait avoir reçu une éducation complète et être l'égal, à tous les égards, de ceux qu'il servait. Or il me semblait que ni d'un côté, ni de l'autre, on ne paraissait embarrassé le moins du monde. Le docteur Leete adressait la parole au jeune homme, non seulement sans hauteur (quel homme du monde eût fait autrement ?), mais sans mine de protection ; de son côté, le garçon s'acquittait de ses fonctions d'une façon naturelle, également éloignée de l'obséquiosité et de la familiarité. C'était la raideur militaire. Lorsque le garçon eut quitté la chambre, je ne pus cacher mon étonnement de voir un homme aussi bien élevé remplissant des fonctions serviles.

« Que veut dire le mot "servile" ? Je ne l'ai jamais entendu, dit Édith.

— C'est un mot hors d'usage, interrompit le père ; si je ne me trompe, il s'appliquait à des personnes qui accomplissaient, pour le compte d'autrui, des besognes particulièrement déplaisantes ; n'est-ce pas, monsieur West ?

— C'est à peu près cela, dis-je. Le service personnel, tel que celui de table, était regardé comme servile, et une personne bien élevée eût enduré bien des souffrances avant d'accepter une occupation de ce genre.

— Quelle idée étrange et artificielle ! s'écria Mme Leete, très surprise.

— Mais il fallait cependant que ce service fût fait, dit Édith.

— Évidemment, mais nous imposions ces travaux à de pauvres diables, qui n'avaient pas d'autre choix que de servir ou de mourir de faim.

— Et vous augmentiez le poids du fardeau en y ajoutant votre mépris, observa le docteur.

— Je ne comprends pas bien, fit Édith. Est-il possible que vous ayez pu permettre aux gens de faire pour vous des choses que vous méprisiez, et que vous n'auriez jamais consenti à faire pour eux ? »

Force me fut de convenir que c'était bien cela. Heureusement, le docteur vint à mon secours.

« Pour comprendre l'étonnement d'Édith, dit-il, vous devez savoir qu'au xxe siècle, l'idée de demander ou d'accepter un service qu'on ne consentirait pas à rendre équivaut à emprunter sans l'intention de rembourser. Quant à profiter de l'indigence du voisin pour lui imposer un service de ce genre, c'est une action comparable au vol à main armée. Ce qu'il y a de plus déplorable dans un système qui divise la société en classes et en castes, c'est qu'il affaiblit le sens de l'humanité. Les classes différentes finissent par se considérer comme autant de races distinctes. Au fond, d'ailleurs, l'écart entre nos principes n'est pas si grand qu'il semble. Même de vos jours, les « gens du monde », comme vous disiez, n'auraient jamais permis à une personne de leur classe de leur rendre des services sans espoir de retour ; toute la différence, c'est qu'ils regardaient les pauvres et les gens sans éducation comme des hommes d'une autre espèce. La répartition égale des richesses et de toutes les jouissances a simplement eu pour effet de nous confondre tous dans une seule classe qui correspond, comme éducation, à la classe des privilégiés de votre temps. Avant que l'égalité des conditions eût passé de la théorie à la pratique, les idées de solidarité et de fraternité ne pouvaient pas devenir ce qu'elles sont aujourd'hui : la conviction réelle et le principe d'action de l'humanité. De votre temps, on employait les mêmes phrases, mais ce n'étaient que des phrases.

— Les garçons de restaurant se recrutent-ils également parmi les volontaires ? » demandai-je.

Le docteur répondit :

« Non, les garçons de restaurant appartiennent à la classe préparatoire de l'armée industrielle, aux membres de laquelle on assigne d'office les besognes qui n'exigent pas d'aptitudes spéciales. Le service de table est de ce nombre, et toutes les jeunes recrues y passent indistinctement. J'ai moi-même fait ce service, dans ce même restaurant, il y a quelque quarante ans. Une fois de plus, dites-vous bien qu'on n'établit aucune différence de dignité entre toutes les professions, sans exception, qu'exige le service public. L'individu n'est jamais considéré et ne se considère pas comme le serviteur de ceux qu'il oblige, mais dont il ne dépend en aucune façon. Il ne sert que la nation. Pourquoi faire une distinction entre les fonctions d'un garçon de restaurant et celles de tout autre travailleur ? Le fait que son service s'adresse à la personne ne signifie rien à notre point de vue. N'en est-il pas de même pour un médecin ? Ce garçon aurait tout autant le droit de me regarder de haut parce que je lui ai servi de médecin, que je pourrais le mépriser moi-même pour m'être servi de lui aujourd'hui. »

Après le dîner, mes hôtes me firent les honneurs de l'établissement, dont la magnificence architecturale et la décoration somptueuse me remplirent d'étonnement. Ce restaurant monumental était, en même temps, un lieu de plaisir et de rendez-vous social pour tous les habitants du quartier ; tous les genres de distraction y étaient réunis.

Lorsque j'eus exprimé mon admiration, le docteur Leete me dit :

« Vous voyez ici, en pratique, ce que je vous disais dans notre première conversation au moment où vous contempliez la ville : la splendeur de notre vie en commun comparée à la simplicité de notre vie d'intérieur. Vous avez pu remarquer le contraste qui existe, à cet égard, entre le XIXe et le XXe siècle. Pour nous épargner des embarras inutiles, nous n'avons chez nous que le strict nécessaire ; en revanche, le côté social de notre vie comporte un luxe supérieur à tout ce qui s'est vu jusqu'ici. Toutes les corporations industrielles et professionnelles ont des clubs splendides, aussi grands que cet établissement, de même que des villas à la campagne, dans la montagne, au bord de la mer, pour le sport et la saison des vacances. »

XV

Lorsque, au cours de notre visite, nous entrâmes dans la bibliothèque qui, entre parenthèses, était autrement accessible au public que ne l'étaient de mon temps les bibliothèques nationales, nous cédâmes à la tentation de deux fauteuils bien rembourrés qui nous tendaient les bras, et nous nous mîmes à causer au fond d'une alcôve garnie de livres[1].

Mme Leete m'interpella.

« Il paraît que vous avez passé toute la matinée chez nous avec les livres. Savez-vous bien que je vous considère comme le mortel le plus digne d'envie ?

— Et pourquoi cela ? demandai-je.

— Parce que tous les livres des dernières cent années sont nouveaux pour vous. Vous y trouverez de la lecture pendant cinq ans, au point d'en perdre le besoin de manger. Ah ! que ne donnerais-je pour n'avoir pas encore lu les romans de Berrian !

— Ou ceux de Mesmyth, ajouta Édith.

---

1. Je ne saurais assez louer la grande liberté qui règne dans les bibliothèques publiques du xxe siècle comparativement à l'intolérable fonctionnement de celles du xixe siècle, alors que les livres étaient jalousement cachés au public et ne pouvaient être consultés qu'en y mettant le temps et en suivant de tatillonnes procédures conçues pour décourager tout amour de la lecture. [Note de l'auteur]

— Oui, ou les poèmes d'Oates, ou *Passé et Présent,* ou *Au commencement.* Oh! je pourrais vous nommer une douzaine de volumes qui valent chacun une année de la vie d'un homme!

— Madame, à en juger par votre enthousiasme, j'estime que votre siècle a dû produire une grande et belle littérature.

— Oui, fit le docteur, ce fût une ère de floraison intellectuelle sans égale. Il est probable que l'humanité n'avait encore jamais accompli une évolution matérielle et morale à la fois aussi vaste et aussi rapide qu'a été le passage de l'ancien au nouvel ordre des choses. Quand les hommes eurent compris la grandeur du bienfait providentiel dont ils étaient l'objet, quand ils eurent reconnu que le changement qui s'était opéré n'était pas une simple amélioration de détails, mais l'ascension de l'espèce vers une nouvelle existence, avec une perspective de progrès illimitée, ils sentirent, dans toutes leurs facultés, monter une sève nouvelle, une impulsion ardente, mille fois plus féconde que la grande poussée de la Renaissance du xve siècle. Il s'ensuivit une ère de progrès scientifiques, de découvertes techniques, de productions musicales, artistiques et littéraires sans précédent.

— Et puisque nous parlons littérature, dis-je, comment se publient les livres aujourd'hui? Est-ce la nation qui s'en charge?

— Certainement.

— Mais comment faites-vous? Est-ce que le gouvernement imprime tout ce qu'on lui présente, aux frais de la nation; ou bien exerce-t-il une censure et ne publie-t-il que ce qu'il approuve?

— Ni l'un ni l'autre. Le département des imprimés n'exerce aucun droit de censure; il est tenu d'imprimer tout ce qu'on lui présente, à la seule condition que l'auteur paye les premiers frais sur sa carte de crédit. Il doit payer le droit d'arriver à l'oreille du public et, s'il a quelque chose à dire qui vaille, la note ne lui paraîtra pas trop élevée. Évidemment si, comme au temps jadis, les fortunes étaient inégalement réparties, cette règle ne permettrait qu'aux riches d'être auteurs; mais les ressources de tous les citoyens étant les mêmes, notre système sert simplement à mettre à l'épreuve la sincérité de la vocation littéraire. Au prix d'une sage parcimonie et de quelques sacrifices, on peut mettre de côté, sur le crédit d'une année, de quoi publier un volume de format ordinaire. Dès qu'il est publié, le livre est mis en vente par les soins de la nation.

— Je suppose que l'auteur reçoit un tantième sur la vente comme de mon temps, dis-je.

— Pas tout à fait comme chez vous, répondit le docteur. Le prix de vente de chaque livre est calculé sur le prix de revient, plus un tantième pour l'auteur. Le montant de ce tantième est porté à son crédit, et il est dispensé de tout autre service envers la nation tant que le bénéfice suffit à son entretien. Si le livre a un peu de succès, il obtient de cette façon un congé de quelques mois, d'une, deux ou trois années, et si, dans l'intervalle, il produit d'autres ouvrages à succès, sa dispense de service peut se prolonger au prorata de la vente de ses œuvres. On peut mesurer le talent, ou, si vous voulez, la popularité d'un auteur, au temps qu'il lui est permis de consacrer à la littérature ; les plus estimés y donnent toute la période du service actif. Vous voyez qu'au point de vue du résultat, notre système aboutit aux mêmes conséquences que le vôtre. Il y a pourtant deux différences notables : d'abord, le degré si élevé de la culture intellectuelle, au xxe siècle, donne au verdict du public une bien plus sérieuse valeur que de vos jours ; en second lieu, il n'existe plus rien qui ressemble au favoritisme ou à l'intrigue pour troubler le libre exercice des talents. Chaque citoyen dispose exactement des mêmes facilités pour se présenter au tribunal de l'opinion. À en juger par les doléances des auteurs du xixe siècle, vous auriez grandement apprécié cette égalité absolue.

— Je suppose, dis-je, que vous suivez le même principe pour arriver à la constatation du mérite dans les autres branches de la production intellectuelle, telles que la musique, le dessin ou les inventions scientifiques.

— Le principe, oui, mais les détails diffèrent ; ainsi, pour les arts et pour la littérature, le peuple seul est juge. Il vote sur l'admission des statues et des tableaux dans les édifices publics, et un verdict favorable exempte l'artiste des corvées qui contrarieraient sa vocation. Notre but est toujours d'ouvrir un large champ d'épreuve aux talents et, dès qu'un mérite transcendant est reconnu, de lui laisser libre carrière. L'exemption de tout autre service ne revêt point le caractère d'un don ou d'une récompense ; ce n'est qu'un moyen, pour la nation, d'obtenir des services plus éminents. Bien entendu, nous avons des académies littéraires, artistiques, scientifiques, dont l'accès n'est ouvert qu'aux talents incontestés et constitue une prérogative des plus enviées. Le plus grand de tous les honneurs, plus grand que la présidence même, qui n'exige que du bon sens et un dévouement absolu au devoir, c'est le ruban rouge décerné, par le vote populaire, aux grands écrivains, aux artistes, aux inventeurs, aux médecins de tout premier ordre. Il n'y a jamais plus de cent citoyens qui soient admis à le porter, ce qui n'empêche pas que le rêve du ruban rouge trouble le sommeil de tous nos jeunes gens un tant soit peu brillants ; j'ai fait comme eux dans mon temps.

— Comme si, interrompit Édith, maman et moi, nous t'aimerions davantage si tu étais décoré ! Je ne veux pas pour autant déprécier la valeur du ruban ! ajouta-t-elle.

— Mon enfant, dit le docteur, tu n'avais pas le choix ; il fallait prendre ton père tel quel. Quant à ta mère, elle ne m'aurait jamais agréé si je ne lui avais pas garanti que je serais décoré un jour ou l'autre. »

Mme Leete ne répondit à cette plaisanterie que par un sourire.

« Maintenant, repris-je, parlons un peu des journaux et des périodiques. J'admets que votre système de publicité ait de grands avantages sur le nôtre par sa tendance à encourager la véritable vocation littéraire et à décourager (ce qui est tout aussi important) les barbouilleurs de papier. Mais je ne vois pas comment ce système peut s'appliquer aux revues et aux journaux. J'admets qu'on fasse payer à l'auteur d'un livre les frais de la première publication, car c'est une dépense qui n'est faite qu'une fois ; mais personne n'aurait les moyens de publier, à ses frais, un journal tous les jours de l'année. Les fortunes entières de nos capitalistes y passaient et étaient souvent épuisées avant qu'ils pussent faire leurs frais. Si donc vous avez des journaux, je suppose qu'ils doivent être publiés par le gouvernement, aux frais du public, avec des directeurs gouvernementaux, reproduisant les opinions gouvernementales. Si votre système politique est vraiment si parfait qu'il n'y ait jamais rien à critiquer dans la conduite des affaires, cet arrangement peut suffire. Autrement, j'estime que le manque de presse indépendante et non officielle, exprimant l'opinion publique, aurait des résultats déplorables. Confessez, docteur, qu'une presse libre, avec toutes ses conséquences, était une des compensations du vieux système individualiste, et que ce que vous avez gagné d'un côté, vous l'avez perdu de l'autre.

— J'ai peur de ne pouvoir vous donner même cette fiche de consolation, répondit le docteur. D'abord, monsieur, la presse n'est nullement le seul, ni même le meilleur organe de la critique sérieuse des affaires publiques. Pour nous, les appréciations de vos vieilles feuilles, en pareille matière, nous paraissent étourdies, tranchantes, pleines de parti pris et d'animosité. Si l'on peut juger par là de l'opinion publique, votre presse donne une idée peu favorable de l'intelligence populaire. Si c'est, au contraire, la presse qui a formé l'opinion, tant pis pour les hommes de votre temps. Aujourd'hui, quand un citoyen veut agir sérieusement sur l'opinion, il publie un volume ou un pamphlet. Ce n'est pas à dire que nous manquions de journaux et de revues, ni que ces publications ne jouissent pas d'une liberté absolue. La presse est organisée de façon à être l'expression bien plus sincère de l'opinion qu'elle n'aurait pu l'être de votre temps, alors que le capital privé la contrôlait et la dirigeait, pour faire de l'argent d'abord, et ne se préoccupant qu'en seconde ligne de l'intérêt et des revendications du public.

— Mais, dis-je, si le gouvernement imprime les feuilles aux frais du public, comment peut-il manquer de contrôler leur politique? Qui nomme les directeurs, sinon le gouvernement?

— Le gouvernement ne supporte pas les frais des journaux, il ne nomme point les directeurs, il n'exerce aucune influence sur leur politique, répondit le docteur. Ce sont les lecteurs du journal qui font les frais de sa publication, choisissent le directeur et le renvoient s'il ne donne pas satisfaction. Vous ne direz pas, je l'espère, qu'une pareille presse n'est pas le libre organe de l'opinion publique!

— Décidément non. Mais comment ce système est-il praticable?

— Rien n'est plus simple, répondit-il. Supposez que quelques-uns de mes voisins et moi nous désirions avoir un journal reflétant nos opinions, ou dévoué spécialement à notre localité ou à notre profession. En ce cas, nous faisons des démarches à droite et à gauche et nous recrutons des souscripteurs en nombre suffisant pour couvrir les frais de la publication annuelle. Les souscriptions sont pointées sur les cartes de crédit des souscripteurs, ce qui permet de couvrir pour la nation les frais de la publication; elle agit comme un simple dépositaire, sans responsabilité, et sans le droit de refuser son concours. Les souscripteurs choisissent un directeur, lequel, s'il accepte le poste, est déchargé de tout autre service pendant la durée de sa nouvelle occupation. Au lieu de lui payer un salaire, comme de vos jours, on paye à la nation une indemnité afin d'avoir le droit de retirer un citoyen du service général. Il dirige son journal exactement comme un de vos directeurs le faisait, excepté qu'il n'a pas de comptes à rendre à des commanditaires, ni d'intérêts privés à défendre au détriment du bien public. À la fin de la première année, les souscripteurs rééelisent le directeur ou en choisissent un autre à sa place. À mesure que la liste des souscripteurs s'allonge, les fonds du journal gagnent en importance et sa situation s'améliore par l'acquisition de collaborateurs distingués.

— Mais comment rétribuez-vous les rédacteurs, à défaut d'argent ?

— Le directeur règle avec eux le prix de leur marchandise. Le montant est transféré du crédit de garantie du journal à leur crédit individuel, et une exemption de service leur est accordée pour une durée proportionnelle à ce montant, absolument comme aux autres auteurs. Quant aux revues, le système est absolument le même. Lorsque les services d'un directeur ne sont plus réclamés par sa clientèle, s'il ne peut se racheter par d'autres travaux littéraires, il retourne simplement dans les rangs de l'armée industrielle. J'ajouterai que, bien qu'en règle générale le directeur soit élu à la fin de l'année et qu'il reste en charge pendant longtemps, les souscripteurs se réservent le droit de le congédier pour le cas où, par son fait, le journal changerait tout à coup de ton et de politique. »

Quand les dames se retirèrent, Édith m'apporta un livre et me dit :

« Si, cette nuit, vous ne dormiez pas, monsieur West, peut-être vous plairait-il de parcourir ce volume de Berrian. On dit que c'est son chef-d'œuvre. À tout le moins, il vous donnera une idée de ce que sont les romans de nos jours. »

Je suivis son conseil. Au lieu de me mettre au lit, je m'assis dans un fauteuil et ne m'arrêtai pas avant d'avoir lu *Penthélisée* d'un bout à l'autre, quand déjà l'aube blanchissait l'horizon. Puisse aucun admirateur du grand romancier du XXe siècle ne m'en vouloir, si j'avoue que je fus moins émerveillé de ce qui se trouve dans ce livre que de ce qui ne s'y trouve pas ! Les écrivains de mon époque auraient jugé plus facile de faire des briques sans paille que de composer un roman d'où seraient exclus tous les effets tirés des contrastes de la richesse et de la pauvreté, de l'instruction et de l'ignorance, de la grossièreté et du raffinement, tous les motifs de la fierté et de l'ambition sociale, les préoccupations sordides pour soi et les siens, le désir d'être riche et la crainte de la misère ; bref, un roman d'amour, mais d'un amour non entravé par les obstacles artificiels que créent les différences de fortune et de situation, un amour ne connaissant d'autres lois que celles du cœur.

La lecture de *Penthélisée* me rendit plus de services que toutes les explications du monde, en me fournissant une esquisse de la physionomie sociale au xxe siècle.

Les informations du docteur étaient certainement étendues et précises, mais elles m'avaient rempli l'esprit d'impressions multiples et incohérentes, que je n'avais jusqu'ici réussi que très imparfaitement à rassembler.

Berrian réunit les traits épars et en fit un tableau harmonieux.

XVI

L E LENDEMAIN, je me levai un peu avant l'heure du déjeuner. Comme je descendais l'escalier, Édith entra dans la galerie ; elle sortait de la chambre où avait eu lieu notre entrevue matinale que j'ai racontée plus haut.

« Ah ! s'écria-t-elle avec une expression d'espièglerie charmante, vous avez cru pouvoir vous échapper sans être aperçu, pour une de ces excursions solitaires qui vous mettent dans un si joli état. Mais vous voyez, je me suis levée trop tôt pour vous, cette fois ; vous voilà attrapé.

— Vous dépréciez l'efficacité de votre traitement, lui dis-je, en supposant qu'une pareille course aurait encore de si mauvaises conséquences pour votre malade.

— Je suis enchantée de votre réponse, dit-elle, j'étais en train d'arranger quelques fleurs pour garnir la table, lorsque je vous entendis descendre. Il me semblait y avoir quelque chose de louche et de clandestin dans votre démarche.

— Vous m'avez fait tort, mademoiselle, je n'avais même pas l'intention de sortir. »

Malgré ses efforts pour me faire croire que notre rencontre était purement accidentelle, je conçus à ce moment un léger soupçon de ce que j'appris plus tard être la vérité : cette douce créature, en poursuivant l'office de gardienne qu'elle s'était imposé à mon égard, s'était levée depuis deux ou trois jours à des heures indues pour m'empêcher de sortir seul et de retomber dans les aventures qui m'étaient arrivées une première fois.

Je demandai la permission de l'aider dans sa gracieuse corvée et je la suivis dans la chambre qu'elle venait de quitter.

« Êtes-vous sûr, me demanda-t-elle, que vous en ayez complètement fini avec ces terribles sensations de l'autre jour ?

— Je ne puis nier que j'éprouve encore de temps en temps des impressions étranges, des moments où mon identité ne m'apparaît pas bien nettement. Ce serait trop demander qu'après des secousses si violentes, ces troubles ne reparaissent pas à l'occasion. Quant à battre tout à fait la campagne comme l'autre matin, je crois que ce danger n'est plus à craindre.

— Je n'oublierai jamais votre mine de l'autre jour, dit-elle.

— Si vous n'aviez sauvé que ma vie, continuai-je, je trouverais peut-être des paroles pour exprimer ma reconnaissance. Mais c'est ma raison que vous avez préservée du naufrage, et aucun discours ne saurait se mesurer avec la dette que j'ai contractée envers vous. »

Je parlais avec émotion ; ses yeux s'humectèrent.

« C'est trop de croire tout cela, dit-elle, mais il est délicieux de vous l'entendre dire. Ce que j'ai fait était peu de chose, mais je sais que j'avais bien du chagrin. Mon père est d'avis qu'aucune chose ne devrait nous étonner, quand elle peut être expliquée scientifiquement, et c'est, paraît-il, le cas de votre léthargie. Mais rien que de me figurer à votre place, j'en perds la tête ; jamais je n'aurais pu le supporter.

— Vous l'auriez pu, si vous aviez été, comme moi, soutenue par la sympathie d'un ange », lui répondis-je.

Si mon visage exprimait le moins du monde ce que je ressentais à ce moment pour cette délicieuse créature, qui avait joué un rôle si angélique dans mon existence, elle dut lire sur mes traits une adoration respectueuse. Fut-ce mon regard ou mon discours ? Je ne sais ; toujours est-il qu'elle baissa les yeux en rougissant.

« Au surplus, lui dis-je, si votre aventure n'a pas été aussi stupéfiante que la mienne, vous avez dû, quand même, vous sentir un peu abasourdie en voyant ressusciter un homme qui paraissait mort depuis un siècle.

— Au début, dit-elle, notre émotion fut, en effet, indescriptible. Mais, quand nous commençâmes à nous mettre à votre place et à nous figurer combien vous deviez être plus frappé que nous, nous fîmes abstraction de nos propres sentiments dans une grande mesure ; du moins, c'est ce que j'ai fait pour ma part. La stupéfaction ne tarda pas à céder à un intérêt, à une pitié dépassant tout ce que j'avais jamais rêvé.

— Mais ne vous semble-t-il pas encore extraordinaire d'être assis à la même table que moi, sachant qui je suis ?

— Vous devez nous trouver encore plus étranges que nous ne vous trouvons. Nous appartenons à un siècle que vous ne pouviez pas prévoir, à une génération que vous ne soupçonniez même pas avant de nous connaître ; tandis que vous êtes la génération de nos ancêtres, dont nous connaissons l'histoire, dont les noms reviennent souvent dans nos entretiens. Nous avons étudié vos mœurs, vos manières de voir et de penser ; rien de ce que vous dites et faites ne nous surprend ; tandis que nous ne disons et ne faisons rien qui ne vous surprenne. Aussi, monsieur West, si vous-même, avec le temps, vous vous accoutumez à nos façons, ne soyez pas surpris que, dès l'abord, nous ayons compris les vôtres.

— Je n'avais pas envisagé la chose ainsi, dis-je, il y a beaucoup de vrai dans votre observation. Il est plus facile de regarder à mille ans en arrière qu'à cinquante ans en avant. Qu'est-ce qu'un siècle de passé ? J'aurais pu connaître vos arrière-grands-parents ! Peut-être les ai-je connus en effet. Demeuraient-ils à Boston ?

— Je le crois.

— Vous n'en êtes pas sûre ?

— Si, je crois bien qu'ils étaient de Boston.

— J'avais de nombreuses relations dans la ville, répondis-je ; ce serait curieux si, par hasard, je pouvais vous donner des détails sur votre arrière-grand-père !

— Très curieux !

— Connaissez-vous assez bien votre généalogie pour me dire lesquels de vos aïeux vivaient à Boston de mon temps ?

— Certainement.

— Alors, un jour ou l'autre, vous voudrez bien me donner leurs noms ? »

Elle était si occupée à ranger une tige récalcitrante qu'elle ne me répondit pas sur-le-champ. Un bruit de pas dans l'escalier annonça le reste de la famille. Elle me dit :

« Peut-être, un jour. »

Après déjeuner, le docteur proposa de m'emmener à l'entrepôt central et d'y voir fonctionner le système de distribution dont Édith m'avait expliqué la théorie. En route, je ne pus m'empêcher de dire à mon compagnon :

« Voilà plusieurs jours que je jouis de votre hospitalité dans des conditions exceptionnelles, ou plutôt sans conditions. Si je n'ai pas encore fait allusion à ce côté de ma situation, c'est qu'elle en avait tant d'autres de plus extraordinaires encore ! Maintenant que je recommence à sentir le sol sous mes pieds et à me rendre compte que j'y suis et dois y rester, permettez-moi d'aborder ce sujet délicat.

— N'allez pas vous tracasser à ce propos, dit le docteur, vous êtes mon invité et je compte que vous le resterez longtemps. Vous admettrez, malgré la modestie qui vous distingue, qu'un convive tel que vous est une acquisition dont personne ne voudrait se départir volontiers.

— Je vous remercie, docteur. En effet, il serait absurde de ma part de ne pas accepter de grand cœur l'hospitalité temporaire de l'homme à qui je dois de n'être pas resté à attendre la fin du monde enseveli tout vivant dans une tombe. Mais si je dois devenir définitivement un citoyen de ce siècle, il faut que j'y tienne un emploi quelconque. Autrefois, un homme de plus ou de moins n'était pas remarqué dans la foule inorganique qui composait la société d'alors ; il dépendait de lui, s'il avait les reins solides, de se créer une situation. Mais aujourd'hui, chacun constitue un rouage d'une machine, avec une place et des fonctions distinctes. Je me trouve en dehors de l'engrenage et je ne vois pas comment faire pour y entrer. Pour être vraiment des vôtres, il faut l'être par droit de naissance, ou du moins à titre d'émigrant, venant de quelque autre système analogue. »

Le docteur se mit à rire de bon cœur et dit :

« J'admets que notre système est défectueux en ce qu'il n'a pas prévu votre cas ; mais aussi personne ne s'attendait à un accroissement de population aussi insolite. Cependant, soyez sans crainte : avant peu, nous vous aurons procuré une place et une occupation. Jusqu'à présent, vous n'avez frayé qu'avec les membres de ma famille, mais n'allez pas croire que votre existence soit restée un mystère. Au contraire, votre cas, avant votre résurrection, et surtout depuis, a excité le plus vif intérêt dans tout le pays. En considération de votre état nerveux, on a jugé prudent, tout d'abord, de me laisser prendre exclusivement soin de vous ; ma famille et moi-même avons eu la mission de vous donner quelques idées générales sur le monde nouveau où vous vous trouvez, avant que vous vous mêliez à ses habitants. Quant à la fonction qui vous était destinée dans notre société, il n'y eut pas la moindre hésitation à cet égard. Peu d'hommes ont le pouvoir de rendre à la nation d'aussi grands services que vous quand vous quitterez mon toit – le plus tard possible, j'espère.

— Et quel genre de services ? demandai-je. Vous vous imaginez, peut-être, que je possède un métier, un art, un talent quelconque ? Je vous assure que non ; je n'ai jamais travaillé une heure ni gagné un dollar de ma vie. Je suis fort et bien portant, je puis faire, peut-être, un ouvrier ordinaire, mais rien de plus.

— Quand ce ne serait que cela, reprit le docteur, vous trouveriez que cette occupation est aussi considérée qu'une autre ; mais vous pouvez faire beaucoup plus. Vous en savez plus long que tous nos historiens sur ce qui concerne l'histoire sociale de la fin du XIXᵉ siècle, qui est, pour nous, une des périodes les plus intéressantes de l'humanité. Quand, avec le temps, vous serez suffisamment au courant de nos institutions et qu'il vous plaira de nous initier à celles de votre époque, vous trouverez tout de suite une chaire d'histoire à votre disposition dans une de nos universités.

— À merveille, répondis-je, très soulagé par cette proposition qui m'enlevait un poids du cœur. Si vraiment vos concitoyens s'intéressent tant au XIXᵉ siècle, voilà mon affaire toute trouvée ; je ne voyais pas d'autre gagne-pain pour moi ; celui-ci, je le confesse, me paraît à la hauteur de mes faibles moyens. »

XVII

É DITH N'AVAIT RIEN exagéré en décrivant le mécanisme de l'entrepôt central. Je fus littéralement enthousiasmé en voyant là un exemple vivant de la prodigieuse multiplication de puissance qu'on peut donner au travail par une organisation parfaite.

On aurait dit un moulin gigantesque, dans la trémie duquel s'engouffraient constamment des marchandises amenées par des bateaux et des trains, et qui sortaient à l'autre extrémité, transformées en paquets à la livre ou à l'once, au mètre ou au pouce, à la pinte ou au litre ; bref, en divisions correspondant aux besoins personnels, si complexes, d'un demi-million d'individus.

Le docteur, au moyen des indications que je lui fournis sur la méthode de vente au détail en usage de mon temps, formula en chiffres les résultats étourdissants, au point de vue de l'économie, obtenus par le nouveau système.

Sur le chemin du retour, je dis à mon compagnon :

« Après ce que j'ai vu aujourd'hui, joint à ce que vous m'avez dit et à ce que j'ai appris par les bons soins de Mlle Leete dans le magasin d'échantillons, je commence à me faire une idée assez nette de votre système de distribution et à comprendre comment il vous dispense de la nécessité d'un intermédiaire d'échange et de circulation. Mais je voudrais être plus amplement renseigné sur votre système de production. Vous m'avez parlé en général du recrutement et de l'organisation de votre armée industrielle ; mais qui dirige ses efforts ?

Quelle est l'autorité souveraine qui décide ce qui sera produit dans chaque département spécial, de manière qu'il y ait des approvisionnements suffisants de chaque article sans aucun gaspillage de travail? Il me semble que, pour remplir des fonctions aussi complexes et aussi difficiles, il faut des aptitudes hors du commun.

— Vous trouvez? répondit le docteur. Eh bien! Je vous assure que rien n'est plus simple. C'est si simple que les fonctionnaires de Washington chargés de ce travail sont d'habitude des gens d'une intelligence moyenne et qui s'acquittent néanmoins de leur tâche à la satisfaction de tous. Il est vrai que la machine qu'ils dirigent est très grande; mais elle est si logique dans ses principes, son mécanisme est si direct et si simple, qu'elle marche, pour ainsi dire, d'elle-même, et qu'un imbécile seul pourrait la déranger. Vous en conviendrez vous-même lorsque vous aurez entendu quelques mots d'explication. Même de votre temps, les statisticiens étaient en mesure de vous dire le nombre de mètres de coton, de velours, de laine, la quantité de farine, de pommes de terre, de beurre, le nombre de chapeaux, de chaussures, de vêtements, que consommait annuellement la nation. L'industrie étant alors dans des mains privées, les statistiques de la distribution des marchandises ne pouvaient pas être d'une exactitude rigoureuse; ce n'étaient que des à peu près. Mais aujourd'hui que chaque épingle qui sort de l'entrepôt central est inscrite, les chiffres de la consommation générale par semaine, par mois et par année, qui sont enregistrés par les départements de la distribution, sont d'une précision absolue. C'est sur ces chiffres, en laissant une marge pour les tendances à l'augmentation ou à la diminution et pour les circonstances accidentelles qui peuvent influer sur la demande, que sont assises les évaluations de l'exercice à venir. Ces évaluations une fois acceptées par l'administration générale, la responsabilité du département distributeur cesse jusqu'à ce que les marchandises lui aient été délivrées. Je parle d'évaluations pour une année entière; mais en réalité, de pareilles prévisions ne sont applicables qu'aux grands articles de consommation dont le débit peut être considéré comme régulier. Dans la plupart des petites industries, dont les produits sont soumis aux fluctuations rapides du goût et de la mode, la production est simplement maintenue au niveau de la consommation courante, et le département distributeur fournit de fréquentes évaluations fondées sur le chiffre de la vente hebdomadaire.

« Le champ de l'industrie productive et constructive est divisé en dix grands départements. Chacun d'eux représente un groupe d'industries connexes et chaque industrie particulière est, à son tour, représentée par un bureau secondaire qui dispose de documents complets sur son produit spécial et sur les moyens d'en augmenter la fabrication. Les évaluations du département distributeur, une fois adoptées par l'administration, sont envoyées sous forme de commande aux dix grands départements, qui les répartissent entre les bureaux secondaires représentant les industries particulières, et celles-ci, à leur tour, mettent leurs hommes à l'ouvrage. Chaque bureau répond de la tâche qui lui est assignée, et cette responsabilité est assurée par l'inspection départementale et administrative. Le département distributeur n'accepte le produit fabriqué qu'après l'avoir vérifié, et si, l'objet une fois entré dans la consommation, il s'y révèle des vices cachés, notre système nous permet de faire remonter la responsabilité jusqu'à la source primitive, jusqu'à l'ouvrier en faute. Il va sans dire que la production des articles nécessaires à la consommation générale est loin de requérir la force entière que peut fournir notre armée industrielle. Lorsque la répartition des travailleurs parmi les diverses industries est terminée, la somme de travail restée sans emploi est utilisée à la création de capital fixe, sous la forme d'édifices publics, de machines, de travaux d'art, etc.

— Mais, dis-je, il me vient à l'esprit une objection : avec un système qui ne comporte pas d'entreprises privées, quelle garantie y a-t-il que les articles spéciaux pour lesquels il n'existe qu'une demande restreinte, limitée à une petite minorité, soient jamais fabriqués ? Un décret officiel peut, à chaque instant, priver ces petites minorités du moyen de satisfaire leurs goûts, tout simplement parce que ces goûts ne sont pas ceux de la majorité.

— Ce serait, en effet, de la tyrannie, répliqua le docteur, et vous pouvez être certain que cela n'arrive pas chez nous, qui aimons la liberté autant que la fraternité et l'égalité. Plus vous connaîtrez notre organisation, plus vous verrez que nos employés sont, de fait aussi bien que de nom, les serviteurs de la nation. L'administration n'a pas le pouvoir d'arrêter la fabrication d'un article quelconque aussi longtemps qu'il est demandé. Quand la demande diminue et que, par conséquent, la production devient plus coûteuse, le prix est augmenté, voilà tout ; mais, tant que le consommateur veut bien payer, la fabrication continue. Supposez maintenant qu'on vienne à demander un article qui n'a jamais été fabriqué auparavant. Si l'administration doute que la demande soit sérieuse, une pétition populaire, garantissant une certaine base de consommation, la force à entreprendre la fabrication demandée. Un gouvernement, ou une majorité qui entreprendrait de dicter au peuple, ou même à une minorité du peuple, comment elle doit manger, boire ou se vêtir – comme le faisaient de votre temps, je crois, certains gouvernements de l'Amérique – serait regardé comme un très curieux anachronisme. Il est possible que vous eussiez des motifs pour tolérer ces usurpations sur l'indépendance personnelle ; nous, nous ne les supporterions pas.

— Vous parlez de hausser les prix des articles d'une production coûteuse, dis-je, mais comment peut-on établir des prix dans un pays où il n'y a de concurrence ni parmi les acheteurs ni parmi les vendeurs ?

— Absolument comme de votre temps », dit le docteur.

Et comme je le regardais avec incrédulité, il ajouta :

« L'explication ne sera pas longue. De votre temps, comme du nôtre, la quantité de travail nécessaire à la production formait la base légitime des prix. C'était alors la différence des salaires qui faisait différer les prix des articles. Maintenant, c'est le nombre relatif d'heures constituant la journée de travail dans chaque industrie, puisque l'entretien de l'ouvrier revient au même dans toutes les branches. Si le métier est dur ou difficile, et que, pour attirer l'ouvrier, on y ait réduit la journée de travail à quatre heures seulement, cela revient à dire qu'on lui paye chaque heure le double de celle de l'ouvrier qui travaille huit heures. Le résultat, en ce qui concerne le prix de la main-d'œuvre, est donc, comme vous voyez, exactement le même que si l'homme, travaillant quatre heures, recevait un salaire deux fois plus fort que celui de son camarade travaillant huit heures. Ce calcul, appliqué aux différentes étapes de la fabrication d'un article complexe, en détermine le prix total relatif aux autres articles. Outre les frais de production et de transport, le prix de certaines denrées peut quelquefois être modifié par un autre facteur : la rareté. En ce qui concerne les produits essentiels, indispensables à la vie, et qui peuvent toujours être procurés en abondance, ce facteur est éliminé. Il existe toujours de grands stocks de ces denrées permettant de corriger sans peine les fluctuations de l'offre et de la demande, même dans le cas de mauvaises récoltes. Les articles de grande consommation diminuent de prix d'année en année ; ils augmentent rarement. Il y a cependant des articles dont la production, soit temporairement, soit d'une manière permanente, est inférieure à la demande, comme, par exemple, le poisson frais, les laitages, les produits d'un art supérieur ou d'une matière précieuse. Tout ce qu'on peut faire ici, c'est de compenser les inconvénients de la pénurie : quand elle est passagère, en élevant les prix temporairement ; quand elle est permanente, en fixant définitivement les prix à un niveau supérieur. De votre temps, un article cher était abordable seulement aux riches ; aujourd'hui que les revenus sont les mêmes pour tous, ces articles ne sont achetés que par ceux qui les désirent absolument. Maintenant que je vous ai donné un aperçu de notre système producteur et distributeur, dites-moi si vous le trouvez aussi compliqué que vous vous y attendiez. »

J'avouai qu'en effet je trouvais le système on ne peut plus simple. Le docteur reprit :

« Je ne crois pas m'écarter de la vérité en disant que chacun de ces hommes qui dirigeaient de votre temps des entreprises privées – et leur nombre était légion –, obligés de se tenir en garde, par une vigilance incessante, contre les fluctuations du marché, les machinations de leurs rivaux, l'insolvabilité de leurs débiteurs ; que ces hommes, dis-je, avaient une tâche autrement rude et difficile que le groupe de fonctionnaires qui dirige aujourd'hui à Washington les affaires de la nation entière. Tout cela prouve simplement, mon cher, qu'il est plus facile de faire les choses bien que mal. Il est plus facile à un général qui domine la plaine du haut d'un ballon de conduire un million d'hommes à la victoire qu'à un sergent de diriger un peloton dans les broussailles.

— Le général de cette armée, qui comprend l'élite, la fleur de la nation, doit être le premier homme du pays et, en réalité, plus grand même que le président des États-Unis.

— Mais c'est le président des États-Unis en personne, ou plutôt sa fonction est la plus importante de la présidence : c'est la direction de l'armée industrielle.

— Comment est-il élu ?

— Je vous ai expliqué déjà, répondit le docteur, quand je vous parlais de la puissance du principe d'émulation à tous les degrés de l'armée, que, pour obtenir le grade d'officier, il fallait franchir trois grades préliminaires, et que, de là, on pouvait s'élever – toujours par la force du mérite – du grade de lieutenant à celui de capitaine ou chef d'équipe, puis à celui de colonel ou surintendant. Vient ensuite, à la tête de chaque corporation, un général, sous le contrôle immédiat duquel sont conduites toutes les opérations commerciales. Cet officier est à la tête du bureau national représentant telle ou telle branche d'affaires, et il en assume l'entière responsabilité vis-à-vis de l'administration ; sa position est splendide et doit satisfaire l'ambition de la plupart des hommes. Mais, au-dessus de son grade, qui peut-être comparé à celui de général de division, nous avons encore les chefs des dix départements ou groupes de métiers connexes, qui répondent à vos commandants de corps d'armée, et reçoivent chacun les rapports de dix à vingt généraux de corporation. Enfin au-dessus de ces dix officiers, qui forment son conseil, se tient un général en chef, qui n'est autre que le président des États-Unis. Il faut que le général en chef de l'armée industrielle ait passé par tous les grades inférieurs, y compris celui d'ouvrier à tout faire. Voyons comment il monte en grade. Ainsi que je vous l'ai déjà dit, c'est uniquement grâce à ses notes d'excellence qu'un travailleur franchit les trois grades de simple soldat pour devenir candidat au poste de lieutenant, et de là à ceux de capitaine et de colonel. Le général de corporation décerne les grades inférieurs au sien ; lui-même n'est pas nommé, mais élu par le suffrage.

— Le suffrage ! m'écriai-je, mais c'est la ruine de la discipline des corporations ! Les candidats doivent manœuvrer pour obtenir la voix des ouvriers placés sous leurs ordres !

— Il en serait ainsi si les ouvriers étaient électeurs ou avaient la moindre influence sur le choix du général ; mais ils n'en ont aucune. Ici intervient justement un trait original de notre système. Le général de corporation est élu parmi les surintendants par le vote des membres honoraires de la corporation, c'est-à-dire de ceux qui ont fini leur temps de service et pris leur retraite. Vous savez qu'à partir de l'âge de 45 ans nous sommes libérés de notre service dans l'armée industrielle et nous pouvons employer le reste de notre vie à notre gré. Naturellement, les relations contractées pendant notre vie active conservent leur charme et leur action morale sur nous. Les camarades de notre jeunesse restent les camarades de notre âge mûr. Nous restons membres honoraires de nos corporations et nous suivons avec l'intérêt le plus vif, le plus jaloux, leur succès et leur réputation entre les mains des générations nouvelles. Dans nos cercles, la conversation tourne constamment autour de ces sujets, et les jeunes gens aspirant à la présidence de leur corporation, qui passent au crible de notre critique, à nous autres anciens, ne sont pas, je vous assure, les premiers venus. C'est dans cette conviction que le pays confie aux membres honoraires de chaque corps l'élection de son général, et j'ose affirmer qu'aucune société du passé n'a su former un corps électoral aussi parfaitement adapté à son emploi par l'impartialité absolue, la connaissance des titres spéciaux et des dossiers des candidats, le souci du bien général et la complète absence d'intérêts particuliers. Chacun des dix lieutenants généraux ou chefs de département est élu à son tour parmi les généraux des corporations groupées en départements, par le suffrage des membres honoraires du groupe. Il y a naturellement une tendance, de la part de chaque corporation, à voter pour son propre général, mais aucune corporation ne dispose d'assez de suffrages pour faire passer un candidat qui ne serait pas soutenu par la majorité des autres. Je vous assure que ces élections sont toujours très animées.

— Je suppose que le président des États-Unis est choisi parmi les dix chefs des grands départements ? demandai-je.

— Précisément. Mais pour être éligibles, il faut que ces chefs soient rentrés dans la vie privée depuis plusieurs années. Il est rare qu'un homme ait passé par toute la filière hiérarchique, jusqu'à la présidence d'un département, avant 40 ans ; à l'expiration de ses fonctions, qui durent cinq ans, il en a donc 45. S'il en a davantage, il n'en achève pas moins son terme ; s'il en a moins, il est congédié quand même de l'armée industrielle à l'expiration de son service de général ; il ne serait pas convenable qu'il rentrât dans le rang. On suppose qu'il emploiera l'intervalle qui s'écoulera jusqu'à sa candidature présidentielle à se bien identifier avec la nation tout entière, à étudier la condition de l'ensemble de l'armée plutôt que le groupe spécial de corporations dont il était auparavant le chef. Le président est élu parmi tous les anciens chefs des départements, par le suffrage de tous les citoyens qui ne font plus partie de l'armée industrielle.

— Ainsi l'armée n'a pas le droit de voter pour le président ?

— Certainement non, ce serait périlleux pour la discipline que le président est chargé de maintenir en sa qualité de délégué de la nation. D'habitude, le chef de l'État approche de la cinquantaine au moment de sa nomination. Il remplit ses fonctions pendant cinq ans, au terme desquels un congrès national se réunit pour entendre son rapport, qu'il approuve ou qu'il rejette. Si ce rapport est approuvé, on le réélit habituellement pour une nouvelle période quinquennale. J'oubliais de dire que le congrès entend également les rapports des chefs de départements sortants, et la moindre censure les rend inéligibles à la présidence. Il est rare d'ailleurs que la nation ait à exprimer d'autres sentiments que ceux de la gratitude envers ses hauts magistrats. Quant à leur capacité, le fait d'être sortis des rangs et de s'être élevés, par des épreuves si variées et si difficiles, à la position suprême, est une preuve irrécusable de qualité hors du commun. Quant à leur probité, comment en douter dans un système qui ne laisse subsister d'autre levier moral que l'ambition de mériter l'estime de ses concitoyens ? La corruption n'est point possible dans une société qui n'a pas de pauvres à corrompre ni de riches pour corrompre. Enfin, quant à l'intrigue pour l'obtention des places, notre système de promotion la rend absolument impraticable.

— Il est un point que je ne comprends pas bien, repris-je. Les membres des carrières libérales sont-ils éligibles à la présidence ? Et comment sont-ils classés hiérarchiquement par rapport à ceux qui se vouent à l'industrie proprement dite ?

— Ils ne sont pas classés avec eux, reprit le docteur. Seuls les adeptes des professions techniques, ingénieurs, architectes, sont rangés dans les corporations de constructeurs. Mais les médecins, les professeurs, les artistes et les hommes de lettres qui obtiennent des dispenses de service ne font plus partie de l'armée. Et, pour ce motif, ils sont électeurs sans être éligibles à la présidence. Une des principales fonctions du président étant le maintien de la discipline industrielle, il est essentiel qu'il ait passé par tous les grades de l'armée.

— Cela est raisonnable, dis-je. Mais si, d'un côté, les médecins et les professeurs sont trop peu versés dans les questions industrielles pour être élevés à la présidence, je suppose qu'à son tour le président n'est pas assez compétent dans les questions médicales et pédagogiques pour surveiller ces départements.

— Votre observation est très exacte. Aussi, à part la responsabilité générale du président pour l'observation des lois dans toutes les classes, il n'a rien à voir dans les départements d'enseignement et de médecine. Ceux-ci sont contrôlés par des conseils de régents spéciaux dont il n'est que le président d'honneur, avec voix prépondérante en cas de partage. Ces régents, qui naturellement sont responsables vis-à-vis du congrès, sont choisis parmi les membres honoraires de l'enseignement et de la médecine, c'est-à-dire parmi les professeurs et médecins à la retraite.

— Savez-vous, dis-je, que cette méthode d'élire des officiers par le vote des membres retraités de corporations, n'est autre chose que l'application en grand, sur une échelle nationale, du système de direction par les ex-élèves, dont nous nous servions parfois dans nos établissements d'enseignement supérieur ?

— Vraiment ! Mais cela est absolument nouveau pour moi, dit le docteur avec animation, et je suppose qu'il en sera de même pour la plupart de mes contemporains. Il y a eu de grandes controverses sur l'origine de ce système, et, pour une fois, nous avons cru qu'il y avait quelque chose de nouveau sous le soleil. Et dire que vos établissements d'enseignement supérieur nous avaient précédés ! Voilà qui est intéressant ; il faut que vous me donniez un peu plus de détails à ce sujet.

— En vérité, je n'aurais pas autre chose à ajouter, répondis-je, si nous avons eu le germe de votre idée, ce n'était toujours qu'un germe ! »

XVIII

Ce soir-là, après le départ des dames, je restai quelque temps à causer avec le docteur du principe qui fixait la retraite nationale à l'âge de 45 ans.

« À 45 ans, dis-je, un homme a encore devant lui dix bonnes années de travail manuel et vingt ans de travail intellectuel. Être mis à la retraite à cet âge, pour une nature énergique, c'est, il me semble, plutôt une peine qu'une faveur.

— Mon cher monsieur West, s'écria-t-il, vous ne sauriez vous imaginer ce que vos idées du XIXe siècle ont de piquant et d'étrange pour nous autres. Sachez, enfant d'une autre race – ou plutôt d'un autre âge – que le travail que chaque individu doit à la nation, pour lui assurer l'existence matérielle, n'est en aucune façon considéré comme l'emploi le plus intéressant, le plus important, ni le plus digne de nos facultés. C'est une simple corvée dont il faut nous acquitter avant de pouvoir nous adonner à des occupations d'ordre supérieur, aux recherches intellectuelles qui font, seules, le prix de la vie. Sans doute, on fait tout ce qui est possible, par une équitable répartition des tâches et par des stimulants de tout genre, pour alléger cette corvée et lui enlever ce qu'elle a d'ingrat et de pénible. On y réussit, ou peu s'en faut, mais il n'en est pas moins vrai que ce travail obligatoire n'est pas le véritable but de l'existence. Je ne veux pas dire que la plupart des hommes aient ces goûts artistiques, scientifiques et littéraires qui rendent les loisirs précieux aux délicats. Beaucoup de gens emploient la dernière et plus belle moitié de leur vie à des récréations de toute espèce : aux voyages, aux distractions sociales, au charme de l'amitié, à la satisfaction de leurs manies personnelles, bref, à la jouissance de tous les biens de ce monde qu'ils ont contribué à créer. Mais, quelle que soit la divergence de nos goûts individuels, il est un point sur lequel nous nous entendons tous : c'est d'envisager le moment de notre retraite comme l'époque de notre majorité réelle, l'époque où, affranchis de contrôle et de discipline, nous trouvons en nous-mêmes la direction et la récompense de notre vie. Nous attendons avec autant d'impatience l'âge de 45 ans que les jeunes gens de votre époque attendaient celui de 21. À 21 ans, on devient homme ; à 45, c'est un renouveau de jeunesse qui commence. L'âge moyen et ce que vous appeliez la vieillesse nous paraissent les périodes les plus enviables de la vie. Grâce aux conditions améliorées de l'existence humaine, et surtout grâce à notre existence affranchie de tout souci matériel, la vieillesse arrive plus tard, et son aspect est moins hideux qu'autrefois. Des gens d'une constitution moyenne vivent communément jusqu'à 85 ou 90 ans, et j'imagine que nous sommes plus jeunes, à tous les points de vue, quand nous atteignons l'âge de la retraite, qu'on ne l'était de votre temps à 35 ans. N'est-il pas étrange qu'au moment où nous entrons dans la plus agréable période de la vie, vous pensiez déjà à la vieillesse et vous viviez déjà de souvenirs ? Vous n'aimiez que le matin, nous préférons le soir de l'existence. »

Après ce dialogue, la conversation prit une autre tournure et tomba sur le sujet des divertissements populaires actuels comparés à ceux du XIXᵉ siècle.

« Dans un sens, dit le docteur, la différence est sensible. Nous n'avons rien qui corresponde à vos hommes de sport, ce trait si caractéristique de votre époque ; nous ne connaissons pas les prix en argent pour lesquels luttaient vos athlètes. Chez nous, tout se fait pour la gloire. La rivalité généreuse qui existe entre les différentes corporations, le dévouement passionné de chaque ouvrier à la sienne, entretiennent une émulation constante pour toutes sortes de jeux et de concours nautiques ou terrestres, auxquels les membres honoraires s'intéressent presque autant que les jeunes gens. Les régates de Marblehead auront lieu la semaine prochaine ; vous pourrez juger par vous-même de l'enthousiasme populaire qu'elles provoquent. Le fameux *panem et circenses*[1] des Romains nous paraît aujourd'hui un programme très justifié. Si le pain est la première nécessité de la vie, la récréation est la seconde, et la nation doit pourvoir à l'une comme à l'autre. »

1. Du pain et des jeux : le proverbe romain décrit ce que le pouvoir offrait au peuple pour mieux le contôler.

XIX

Au cours d'une de mes promenades de santé du matin, je visitai Charlestown. Parmi les nombreux changements qui avaient transformé en un siècle la physionomie de ce quartier, je remarquai particulièrement la disparition de la vieille prison d'État. Lorsque, au déjeuner, je fis part de ma découverte au docteur Leete, il me dit :

« Ah oui ! Cette bâtisse a disparu avant mon temps, mais je me souviens d'en avoir entendu parler. Nous n'avons plus de prison actuellement ; tous les cas d'atavisme sont traités dans les hôpitaux.

— D'atavisme ? m'écriai-je.

— Mais oui, il y a cinquante ans ou plus qu'on a abandonné l'idée d'un système répressif à l'égard de ces infortunés, répondit le docteur.

— Je ne saisis pas bien. De mon temps, le mot "atavisme" s'appliquait à certaines natures chez lesquelles on voyait reparaître quelque trait d'un ancêtre reculé. Vos contemporains ne verraient-ils dans le crime que la reproduction d'un trait ancestral ?

— Que voulez-vous, me dit le docteur en souriant, puisque vous posez la question aussi explicitement, je suis forcé d'avouer que vous avez visé juste. »

Après tout ce que j'avais déjà appris des contrastes moraux et sociaux existant entre le siècle précédent et celui-ci, il eût été ridicule de ma part d'affecter la moindre susceptibilité.

Sans le ton d'excuse que prit le docteur et l'embarras trahi par Mme et Mlle Leete, la rougeur ne me serait même pas montée au front, lorsque je repris :

« Je n'ai jamais été bien fier de ma génération, mais, franchement...

— Mais la voici, votre génération, interrompit Édith, elle vous entoure, et nous aussi, c'est seulement parce que nous vivons maintenant que nous l'appelons la nôtre.

— Vous êtes trop bonne, mademoiselle, je veux essayer de prendre les choses ainsi, lui dis-je. »

Et l'expression de son regard, qui rencontra le mien, fit disparaître toute trace de mon émotion.

« Après tout, repris-je en riant, j'ai été élevé dans la foi calviniste, et je ne devrais pas être étonné d'entendre parler du crime comme d'un phénomène d'atavisme.

— En vérité, dit le docteur, si nous nous servons de ce mot, ce n'est point pour en flétrir votre génération. Je l'appelle ainsi – j'en demande pardon à Édith – parce que, toute question de milieu à part, nous nous croyons meilleurs que vous n'étiez. De votre temps, les dix-neuf vingtième des délits – et je comprends dans ce mot les infractions de tout genre – provenaient de l'inégalité des fortunes. Le pauvre était tenté par la convoitise, le riche par le plaisir d'augmenter son gain ou de conserver ses gains passés. Directement ou indirectement, la soif de l'argent – et l'argent signifiait alors toutes les jouissances possibles – formait le mobile unique du crime, la racine d'où pullulait une végétation empoisonnée que vos lois, votre justice, votre police, avaient de la difficulté à empêcher d'étouffer la société entière. Le jour où la nation devint l'unique dépositaire de la fortune publique, et qu'en prévenant l'accumulation des richesses, nous abolîmes la misère et garantîmes à tous le bien-être, ce jour-là, nous avons coupé la racine, et l'arbre vénéneux qui couvrait la société de son ombre s'est desséché en un jour, comme le ricin de Jonas[1]. Quant au nombre relativement minime d'attentats contre les personnes n'ayant point le lucre pour mobile, attentats qui, même de vos jours, n'étaient guère

---

1. Jonas 4 : 6-7. « L'Éternel Dieu fit pousser un ricin qui s'éleva plus haut que Jonas et lui donna de l'ombre sur la tête, afin de le détourner de sa mauvaise humeur. Et Jonas éprouva une grande joie à cause de ce ricin. Mais le lendemain, au lever du jour, Dieu fit venir un ver qui rongea le ricin, de sorte que le ricin se dessécha. »

perpétrés que par les natures ignorantes et brutales, ils sont presque inconnus au xxᵉ siècle, où l'éducation et les bonnes manières ne sont plus le privilège de quelques-uns, mais sont répandues dans le peuple entier. Vous comprenez maintenant pourquoi nous nous servons du mot "atavisme" dans le sens de crime. C'est que toutes les raisons qui motivaient les crimes n'existant plus, lorsqu'un cas isolé se présente, nous ne pouvons y reconnaître que le rejeton attardé et monstrueux d'une disposition ancestrale. Vous appeliez "cleptomanes" les gens qui volaient sans motif, et, quand le cas était certain, vous trouviez absurde de traiter ces maniaques en voleurs. Votre attitude envers ces véritables cleptomanes est précisément celle que nous affectons envers les victimes de l'atavisme : la pitié accompagnée d'une contrainte ferme mais bénigne.

— Vos tribunaux ne doivent pas avoir beaucoup d'ouvrage, m'écriai-je. Point de propriété privée, point de contestations commerciales entre particuliers, point de successions à répartir ni de dettes à récupérer : je ne crois pas, dans ces conditions, qu'il puisse subsister le moindre procès civil ; et, comme il n'y a plus d'attentats contre la propriété et très peu d'attentats contre les personnes, il me semble que vous pourriez vous passer presque absolument de juges et d'avocats.

— Quant aux avocats, c'est bien ce que nous faisons, répliqua le docteur. Il ne nous semblerait pas raisonnable, dans un cas où le seul intérêt de la nation est de découvrir la vérité, de demander le concours de personnes qui ont un intérêt professionnel à la dissimuler ou à la travestir.

— Mais alors, qui défend les accusés ?

— Si c'est un criminel, il n'a pas besoin de défenseur, car, la plupart du temps, il avoue son crime, répondit le docteur. L'interrogatoire de l'accusé n'est pas, comme chez vous, une simple formalité ; d'habitude c'est la fin du procès.

— Vous ne voulez pas dire que l'homme qui n'avoue pas est acquitté de plein droit ?

— Non, nul n'est accusé à la légère, et si l'accusé nie, le procès n'en suit pas moins son cours. Mais, je le répète, les procès sont rares, parce que, dans la plupart des cas, le coupable avoue. S'il nie et que sa culpabilité soit prouvée, la pénalité est doublée. Mais le mensonge est tenu dans un tel mépris parmi nous que les criminels mêmes hésitent à s'en servir pour échapper à la justice.

— Voilà certainement la nouvelle la plus étonnante que vous m'ayez encore dite, m'écriai-je. Si le mensonge est passé de mode, vous avez bien réalisé les paroles du prophète : "Un nouveau monde, de nouveaux cieux où règne la justice."

— Vous n'êtes pas seul de cet avis, répondit le docteur. Quelques personnes estiment, en effet, que nous sommes entrés dans l'ère du millénium, et cette théorie est au moins spécieuse. Mais pourquoi tant vous étonner que le mensonge ait disparu? Même de votre temps, il n'était guère admis dans la bonne société, entre égaux. Le mensonge était l'arme du lâche en présence du danger, et l'arme du coquin devant l'appât du lucre. L'inégalité des conditions et la convoitise offraient une prime continuelle à l'hypocrisie. Cependant, même alors, l'homme qui n'éprouvait ni crainte ni passion honteuse méprisait le mensonge. Maintenant que nous sommes tous égaux socialement, que nous n'avons rien à craindre ni rien à gagner du prochain, le mépris du mensonge est passé dans les habitudes de tout le monde. Aussi, je le répète, même un scélérat hésite à y recourir. Cependant, si la défense plaide "non coupable", le juge désigne deux de ses collègues pour examiner et rapporter les deux côtés de la question. Combien ces magistrats diffèrent de vos avocats et de vos accusateurs à gages, déterminés d'avance à condamner ou à absoudre! Vous pouvez en juger par le fait que, tant que les deux commissaires ne sont pas d'accord sur la justesse du verdict, la cause est remise en état, et la moindre équivoque dans le langage d'un des juges serait un scandale inouï.

— Ainsi, ce sont des juges qui rapportent le pour et le contre de chaque affaire, et un autre juge qui la décide?

— Certainement. Ces magistrats siègent, à tour de rôle, à la barre et au fauteuil, et sont tenus d'agir avec la même sévérité, soit comme procureurs, soit comme juges. Le système consiste précisément à faire juger chaque cause par trois magistrats, chacun à son point de vue, et, quand ils sont d'accord sur un verdict, nous supposons que nous approchons de la vérité autant qu'il est humainement possible de le faire.

— Vous avez donc abandonné le système de jury?

— Il pouvait être utile comme instrument de répression, du temps de vos avocats à gages, avec une cour quelquefois vénale et placée dans des conditions d'investiture qui compromettaient souvent son indépendance. Aujourd'hui, ces garanties sont inutiles; il n'est pas concevable que nos juges obéissent à un autre mobile qu'à celui de la justice.

— Comment vos magistrats sont-ils élus ?

— Ils constituent une exception à la règle qui décharge tous les hommes du service public à l'âge de 45 ans : le président nomme annuellement les juges parmi ceux qui ont atteint cet âge. Le nombre en est très limité et l'honneur est considéré si grand qu'il compense bien cette prolongation de service ; bien qu'on puisse le décliner, cela se fait rarement. Les juges sont nommés pour cinq ans et sont non rééligibles. Les membres de la cour suprême, qui est gardienne de la constitution, sont choisis parmi les juges de grades inférieurs. Quand il s'y produit une vacance, les juges inférieurs, dont les fonctions expirent cette année, choisissent, comme dernier acte de leur magistrature, celui de leurs collègues restant en charge qu'ils jugent le plus digne de ce poste suprême.

— Comme il n'existe point de carrière judiciaire qui puisse servir de pépinière à la magistrature, dis-je, vos juges sortent sans doute directement de l'école de droit.

— Nous n'avons plus d'école de droit, répliqua le docteur en souriant. La législation, comme science spéciale, n'existe plus. C'était un système de casuistique nécessaire par la structure artificielle de l'ancienne société ; de nos jours, nous ne trouvons plus à appliquer que quelques maximes très simples. Tout ce qui touche les rapports des hommes entre eux est infiniment moins compliqué au XXe siècle que de votre temps. Nous n'aurions plus d'occupation pour ces experts en l'art de couper un cheveu en quatre qui siégeaient et plaidaient en vos tribunaux. N'allez pas cependant nous soupçonner de mépris envers ces illustrations du passé, parce que nous n'en avons pas l'emploi. Au contraire, nous avions le plus grand respect, mêlé de terreur, pour ces hommes qui, seuls, arrivaient à comprendre et à débrouiller l'interminable écheveau de droits réels et personnels qu'impliquait votre système. Rien ne peut donner une idée plus saisissante de la complication de votre système que la nécessité où vous étiez de prendre la crème intellectuelle d'un corps de savants, de *pandits*, capables de rendre vos lois vaguement intelligibles à ceux dont le sort en dépendait. Les traités de vos grands légistes, les Blackstone et les Story, reposent tranquillement dans nos bibliothèques à côté des œuvres de Duns Scot et de ses pareils, comme autant de monuments curieux d'une rare subtilité intellectuelle consacrée à des sujets qui n'intéressent plus le monde moderne. Nos juges sont tout bonnement des hommes d'un âge mûr, discrets, instruits et judicieux. J'allais oublier de vous parler d'une des fonctions importantes des juges inférieurs, ajouta le docteur. Elle consiste à juger toutes les plaintes d'iniquité portées par de simples soldats de l'armée industrielle contre un supérieur. Toutes ces questions sont entendues et réglées, sans appel, par un seul juge : on ne requiert trois juges que pour les cas graves.

— Ce tribunal, dis-je, me paraît très nécessaire avec votre système, car celui qui est traité avec injustice ne peut pas, comme de mon temps, changer d'emploi.

— Pourquoi pas ? répondit le docteur. Non seulement chaque travailleur est sûr d'obtenir justice si sa plainte est fondée, mais encore, si ses relations avec son chef d'équipe sont désagréables, il peut, sur demande, obtenir un déplacement. Je sais bien que, de votre temps, lorsque l'ouvrier n'était pas satisfait, il était libre de quitter son patron ; mais en même temps que son patron, il perdait ses moyens d'existence. Chez nous, cet inconvénient n'existe pas. Nous exigeons une discipline absolue dans l'armée industrielle, mais le droit de l'ouvrier à être traité avec justice et considération lui est garanti par la nation tout entière. L'officier commande et le soldat obéit, mais aucun officier n'est assez haut placé pour se permettre des façons hautaines vis-à-vis d'un ouvrier, fût-il de la dernière classe. Quant à la brutalité et à la grossièreté d'un employé quelconque dans ses relations avec le public, ce sont là, parmi les délits de moindre importance, ceux qui seraient assurés de la plus prompte répression. Nos juges exigent non seulement la justice, mais aussi la courtoisie en toute circonstance. Les plus hautes capacités, les plus éminents services n'excusent pas les procédés grossiers ou blessants. »

Pendant que le docteur discourait, il me semblait qu'il m'avait beaucoup parlé de la nation et très peu des gouvernements d'États. Je demandai donc si la réorganisation du pays, converti en une armée industrielle, avait entraîné l'abolition des États fédérés.

« Forcément, répondit le docteur. Les États auraient voulu s'immiscer dans le contrôle et dans la discipline de l'armée industrielle, qui exige une direction centrale et uniforme. D'ailleurs, la grande simplification de la tâche gouvernementale rendait superflus ces vieux rouages. La tâche presque exclusive de l'administration est de diriger les industries du pays ; la plupart des anciennes attributions des gouvernements n'existent plus. Nous n'avons plus d'organisation militaire, plus d'armée ni de marine ; nous n'avons pas de ministère des finances ; nous n'avons ni Trésor, ni services financiers, ni collecteurs d'impôts. Restent la justice et la police, et vous avez vu comment l'absence de tentation, en supprimant la plupart des délits, a simplifié l'énorme machine judiciaire d'autrefois ; le rôle et le nombre des fonctionnaires de la police ont diminué dans la même proportion.

— Mais sans législatures d'États, avec un congrès se réunissant tous les cinq ans seulement, comment venez vous à bout de l'œuvre législative ?

— Nous n'en avons pas, répliqua le docteur, ou du moins si peu. Il est rare que le congrès, quand il se réunit, ait à examiner des lois de quelque importance ; même alors, son pouvoir se borne à les recommander au congrès suivant, afin qu'aucun changement ne soit fait à la hâte. Du reste, si vous voulez réfléchir un moment, vous verrez que nous n'avons guère de circonstance pour légiférer. Les principes fondamentaux qui régissent notre société ont aplani une fois pour toutes les malentendus qui, de votre temps, exigeaient l'intervention constante du législateur. Les quatre-vingt-dix-neuf centièmes de vos lois concernaient la définition et la protection de la propriété particulière, ainsi que les rapports entre acheteurs et vendeurs. Nous n'avons plus ni propriété privée, ni achats, ni ventes, et, par conséquent, la raison d'être de toute la législation d'autrefois a disparu. Autrefois, la société était une pyramide placée sur son sommet ; toutes les lois naturelles de la gravitation humaine tendaient constamment à la renverser ; l'équilibre – ou, pour mieux dire, le déséquilibre – ne pouvait être maintenu que par un système compliqué d'étais et d'arcs-boutants sans cesse renouvelés sous forme de mesures législatives. Un congrès central et quarante législatures d'États, produisant environ vingt mille lois par an, suffisaient à peine à cette tâche écrasante. Maintenant, la société repose sur sa base et elle a aussi peu besoin de soutien que les montagnes éternelles.

— Mais en dehors du gouvernement central, vous devez avoir au moins des autorités municipales ?

— Certainement. Elles ont même des fonctions importantes et étendues, qui consistent à pourvoir au confort et à la récréation du public, aux embellissements des villages et des villes.

— Mais n'exerçant aucun contrôle sur le travail de leurs administrés, n'ayant aucun salaire à offrir, comment peuvent-elles produire le moindre travail ?

— Chaque ville a le droit de retenir, pour les travaux d'intérêt public, une certaine quote-part du travail que ses enfants apportent à la masse de la nation. Cette quote-part, chiffrée en crédit, peut être employée d'une façon quelconque, au gré des autorités municipales. »

XX

CE JOUR-LÀ, dans l'après-midi, Édith me demanda si par hasard j'étais retourné voir la chambre souterraine où l'on m'avait trouvé.

« Pas encore, lui répondis-je. Pour être franc, j'ai reculé devant cette visite par crainte des vieux souvenirs et des émotions violentes qu'elle pourrait réveiller.

— Oh oui ! dit-elle, vous avez bien fait de vous abstenir, j'aurais dû y penser.

— Non, je suis content que vous m'en parliez. Le danger – si danger il y avait – n'a vraiment existé que pendant un ou deux jours. Grâce à vous – à vous surtout et toujours – je marche maintenant d'un pas si ferme, si assuré, dans ce monde nouveau, que si vous consentiez à m'accompagner là-bas pour éloigner les fantômes, je serais très disposé à y retourner cet après-midi. »

Édith eut un instant d'hésitation, puis, voyant que je ne plaisantais pas, elle accepta ma proposition.

De la maison, on apercevait, à travers les arbres, le remblai de terres rejetées produit par les fouilles, et quelques pas nous menèrent à l'endroit. Les lieux étaient restés dans le même état qu'au moment de la découverte, sauf qu'on avait réparé la toiture et laissé la porte entrebâillée. Nous descendîmes par le talus de l'excavation et nous entrâmes dans la chambre faiblement éclairée.

À l'intérieur, il n'y avait rien de changé depuis le soir où je m'étais endormi, pour ne me réveiller que cent treize ans plus tard.

Je restai en contemplation et en silence pendant quelques minutes.

Je remarquai qu'Édith me regardait à la dérobée avec une expression de crainte mêlée de sympathie. Je lui tendis la main, elle y plaça la sienne ; sa douce étreinte répondit à la mienne comme pour me rassurer ; enfin elle murmura :

« Ne ferions-nous pas mieux de sortir d'ici ? Je vous en prie, ne poussez pas l'expérience trop loin ! Comme tout cela doit vous sembler étrange !

— Au contraire, répondis-je, il n'en est rien, et c'est ce qui me semble le plus étrange !

— Quoi, cela ne vous paraît pas étrange ? reprit-elle.

— Nullement, dis-je. Les émotions auxquelles vous me croyez en proie et auxquelles je m'attendais moi-même en revoyant ces lieux – tout simplement, je ne les ressens pas. Je me rends compte de tout ce que suggèrent les choses qui m'environnent, mais sans le trouble que je prévoyais. J'en suis encore plus étonné que vous, mademoiselle. Depuis cette matinée mémorable où vous êtes venue à mon secours, j'ai évité de penser à ma vie d'autrefois, de même que j'ai évité de venir ici, dans la crainte d'émotions violentes. Je me fais l'effet d'un homme qui a condamné à l'immobilité un membre blessé, craignant une sensibilité extrême, et qui, en essayant enfin de s'en servir, s'aperçoit qu'il est paralysé.

— Voulez-vous dire que vous avez perdu la mémoire ?

— Non. J'ai le souvenir de toute ma vie antérieure, mais une absence totale de sensations aiguës. Tout est présent à ma mémoire, avec une lucidité parfaite, mais il semble qu'un siècle ait passé sur ma conscience comme sur ma tête. Peut-être réussirons-nous à expliquer cela. L'effet du changement des milieux est semblable à celui du temps qui s'écoule et semble reculer le passé. Quand je me réveillai pour la première fois de cette léthargie, il me semblait que ma vie d'autrefois était d'hier ; mais depuis que je me suis familiarisé avec ce qui m'entoure et que je commence à réaliser les changements prodigieux qui ont transformé le monde, je n'éprouve plus aucune difficulté à comprendre que j'ai dormi pendant un siècle. Pouvez-vous concevoir ce que veut dire vivre cent ans dans l'espace de quatre jours ? Il me semble, en vérité, que je viens de passer par là : voilà pourquoi ma vie d'autrefois prend un air reculé et comme irréel. Comprenez-vous ?

— Je comprends, dit Édith pensivement, et je trouve que nous devrions tous être reconnaissants à Dieu qu'il en soit ainsi, car cela vous épargne bien des souffrances.

— Imaginez-vous, repris-je, qu'un homme ait entendu parler de la mort d'un de ses amis, de longues, longues années – peut-être l'espace d'un demi-siècle – après l'événement. Je me figure que ses sentiments ressembleraient à ceux que j'éprouve aujourd'hui. Quand je pense à mes amis d'autrefois, au chagrin que j'ai dû leur causer, c'est avec une mélancolie raisonnée plutôt qu'avec une véritable angoisse. On dirait un chagrin enterré depuis longtemps, longtemps.

— Vous ne nous avez pas encore parlé de vos amis, dit Édith. En aviez-vous beaucoup pour vous pleurer ?

— Grâce au Ciel, j'avais peu de parents, répondis-je, pas de plus proches que des cousins. Mais j'avais une amie – pas une parente – qui m'était plus chère que toute ma famille. Elle portait votre nom, mademoiselle. Elle devait être ma femme un jour. Hélas !

— Hélas ! soupira Édith, son cœur a dû se briser. »

Je ne sais quel écho de la sympathie profonde que me témoignait cette charmante enfant toucha une fibre de mon cœur engourdi.

Mes yeux, secs jusqu'alors, s'inondèrent de pleurs, et lorsque je me ressaisis, je m'aperçus qu'elle aussi avait pleuré à chaudes larmes.

« Dieu bénisse votre cœur compatissant ! lui dis-je. Voudriez-vous voir son portrait ? »

Un médaillon, retenu par une chaînette d'or et renfermant le portrait d'Édith, était resté attaché sur ma poitrine pendant toute la durée de mon long sommeil : je l'ouvris et le passai à la jeune fille. Elle le saisit avec empressement, fixa longuement les traits de ce visage charmant, puis les effleura de ses lèvres.

« Je sais qu'elle était bonne, charmante, digne en un mot de vos larmes. Mais n'oubliez pas que son cœur a cessé de souffrir depuis longtemps et qu'elle est là-haut depuis presque un siècle. »

C'était vrai ; si vif qu'eût pu être son chagrin, il y avait presque un siècle qu'elle avait cessé de pleurer ! Mon soudain accès calmé, mes propres larmes séchèrent.

Je l'avais tendrement aimée dans ma vie d'autrefois – mais il y avait de cela cent ans ! Peut-être sur cet aveu m'accusera-t-on de manquer de sensibilité ? Mais je crois que personne n'a pu traverser une expérience assez semblable à la mienne pour avoir le droit de me juger.

Au moment de quitter la chambre, mes yeux s'arrêtèrent sur le grand coffre-fort resté dans un coin. Je le montrai à Édith et lui dis :

« Ceci était ma chambre de sûreté et ma chambre à coucher en même temps. Là-bas, dans ce coffre, sont enfouis plusieurs milliers de dollars en or, et je ne sais combien de titres de crédit. Si, à l'époque où je m'endormis, j'avais pu deviner combien durerait mon sommeil, j'aurais cru cependant que l'or resterait une provision assurée pour mes besoins dans n'importe quel pays et dans n'importe quel siècle à venir. J'eusse répudié comme une haute fantaisie l'idée qu'un temps pourrait venir où cet or perdrait sa valeur vénale ! Cependant, je me suis réveillé ici, au milieu d'un peuple où une charretée d'or n'achèterait pas une tranche de pain ! »

Comme on peut s'y attendre, je ne réussis pas à faire comprendre à Édith qu'il y eût là quelque chose de remarquable.

« Mais pourquoi donc aurait-on du pain pour de l'or ? » dit-elle simplement.

XXI

L E DOCTEUR LEETE avait proposé d'employer la matinée du lendemain à la visite des écoles et des collèges de la ville, se réservant d'y joindre quelques explications sur le système pédagogique du
XXᵉ siècle.

« Vous constaterez, me dit-il en sortant, plusieurs différences sensibles entre notre système et le vôtre. Mais ce qui vous frappera le
plus, c'est que la jouissance d'une éducation supérieure – autrefois le
privilège d'une fraction infinitésimale de la société – se trouve aujour-
d'hui à la portée de tous. Nous penserions n'avoir rempli notre tâche
qu'à moitié en égalisant les conditions matérielles de la vie, si nous
n'y joignions les bienfaits de l'éducation.

— Mais la dépense doit être considérable ? demandai-je.

— La dépense absorbât-elle la moitié ou les trois quarts des revenus de la nation, personne n'y trouverait à redire. Mais en réalité,
l'éducation de dix mille jeunes gens ne reviendra jamais dix fois, ni
même cinq fois plus cher que celle d'un millier. Le principe économique de la réduction proportionnelle des frais en raison de la grandeur des entreprises s'applique également au budget de l'instruction
publique.

— De mon temps, repris-je, l'éducation dans les collèges était
terriblement coûteuse.

— Si l'on peut s'en rapporter à vos historiens, répondit le docteur, ce n'était pas l'éducation qui coûtait cher, mais les prodigalités

et les extravagances que vous y joigniez. Les frais d'éducation proprement dits ne paraissent pas avoir été très élevés ; ils eussent été moindres encore avec une clientèle plus nombreuse. Chez nous, l'éducation supérieure n'est pas plus coûteuse que les cours élémentaires, puisque, pareils à nos ouvriers, les professeurs reçoivent indistinctement les mêmes honoraires. Nous avons simplement ajouté, au système d'éducation obligatoire en usage il y a cent ans dans l'État du Massachusetts, une demi-douzaine de classes de perfectionnement qui conduisent nos jeunes gens jusqu'à l'âge de 21 ans et leur confèrent ce que vous appeliez de votre temps l'éducation d'un homme du monde, au lieu de les lancer au large à 14 ou 15 ans, sans autre bagage intellectuel que la lecture, l'écriture et la table de multiplication.

— Mais, répondis-je, indépendamment des frais qu'entraînaient ces années supplémentaires d'enseignement, nous aurions craint de ne pas pouvoir rattraper le temps perdu au point de vue des carrières industrielles. Les enfants des classes pauvres entraient en apprentissage vers l'âge de 16 ans, ou plus jeunes, et savaient leur métier à 20 ans.

— Je ne crois pas que ce système fût avantageux, même matériellement, répondit le docteur. Les grands avantages que donne l'éducation dans l'exercice de toutes sortes de métiers, à l'exception des plus grossiers, compensent promptement ce peu de temps consacré à l'acquérir.

— Et nous craignions aussi, continuai-je, qu'une éducation supérieure, en rendant les jeunes gens aptes aux professions libérales, ne les détournât du travail manuel.

— J'ai lu quelque part, répondit le docteur, qu'il en était ainsi au XIXe siècle, et cela n'est pas étonnant, car le travail manuel signifiait le contact avec une classe grossière, inculte et ignorante, qui n'existe plus aujourd'hui. Autre raison pour qu'un tel sentiment ait existé alors : tous les hommes recevant une éducation supérieure étaient censés être destinés à l'exercice des carrières libérales ou au désœuvrement élégant. Si l'on rencontrait une semblable éducation chez quelqu'un qui ne vivait ni de ses rentes ni d'un art libéral, on y voyait tout de suite la preuve d'ambitions déçues, la marque d'une vocation manquée, bref d'un signe d'infériorité plutôt que de supériorité. Aujourd'hui que l'éducation la plus soignée est estimée nécessaire pour permettre à un homme de tenir sa place dans la société, abstraction faite de sa profession, le préjugé n'existe plus.

— Après tout, repris-je, aucune somme d'instruction ne peut suppléer la bêtise naturelle ou d'autres défauts intellectuels. À moins que le niveau des capacités n'ait beaucoup monté depuis mon temps, j'estime qu'une éducation supérieure est du temps perdu pour une notable partie de la population. Nous étions d'avis qu'il fallait s'assurer si un esprit était digne de culture avant de le cultiver, de même qu'une certaine fertilité naturelle du sol est nécessaire pour rémunérer les frais du labour.

— Ah! dit le docteur Leete, je suis heureux que vous ayez choisi cette image, j'allais m'en servir pour vous exposer nos vues modernes sur l'éducation. Vous dites qu'on ne s'amuse pas à cultiver un terrain qui ne rembourse pas le laboureur. Cependant, de votre temps, on cultivait bien des terrains qui, au début, ne couvraient pas les frais de culture. Je fais allusion aux jardins, aux parcs, aux prairies, et en général à tous les terrains qui se trouvent dans de telles conditions qu'en les laissant se couvrir de broussailles et de mauvaises herbes, ils deviendraient incommodes et déplaisants. On les cultive néanmoins et, bien qu'ils produisent peu de chose, il n'est pas de terrain qui, dans un sens, rémunère davantage le cultivateur. N'en est-il pas ainsi des hommes et des femmes qui nous entourent dans le monde, dont les voix résonnent continuellement à nos oreilles, dont la conduite affecte de mille manières notre sensibilité, en un mot, qui font partie des conditions de notre vie au même titre que l'air que nous respirons, ou tout autre élément physique nécessaire à notre existence ? Je dis plus : si nous n'étions pas en mesure de donner l'instruction à tous, nous devrions plutôt choisir, comme objets de ce bienfait, les natures ternes et peu douées que les intelligences privilégiées, qui peuvent, à la rigueur, se passer de notre aide. Pour me servir d'une phrase courante du XIXᵉ siècle, la vie ne vaudrait pas la peine d'être vécue s'il nous fallait vivre au milieu d'une population d'hommes et de femmes ignorants, grossiers, sans éducation, ce qui était le sort de votre élite intellectuelle. Un homme bien lavé n'est-il pas incommodé au milieu d'une foule qui offense l'odorat ? Peut-on vivre heureux dans un appartement princier dont toutes les fenêtres ouvrent sur une étable ? Cependant, ceux qu'on intitulait les heureux de votre temps étaient absolument dans cette situation. Je sais que la classe pauvre et ignorante enviait la classe riche et instruite ; mais, à nos yeux, les riches d'alors, environnés de misère et d'abrutissement, ne nous semblent guère mieux que les pauvres. L'homme cultivé d'alors ressemblait à un individu enfoncé jusqu'aux épaules dans un marais nauséabond et qui se consolerait avec un flacon de sels. Peut-être commencez-vous à comprendre maintenant comment nous envisageons la question d'instruction universelle. Rien n'est plus important pour chaque individu isolé que de se sentir environné de personnes intelligentes et sociables ; la nation ne saurait donc contribuer plus efficacement à son bonheur qu'en élevant convenablement ses voisins. Donner aux uns une éducation très soignée et laisser les autres dans une ignorance profonde, c'était élargir encore l'abîme entre les classes et en faire comme des espèces naturelles distinctes, dépourvues de tout moyen de communication. Quoi de plus inhumain que cette conséquence d'une éducation inégale ? Assurément, l'éducation intégrale ne fait pas disparaître toutes les différences naturelles entre les hommes, mais le niveau général en devient singulièrement plus élevé. La brutalité est éliminée. Tous les hommes ont une notion des humanités, une lueur des choses de l'esprit. Tous sont au moins capables d'admirer la culture encore plus haute, à laquelle ils n'ont pu atteindre. Ils peuvent, dès lors, jouir eux-mêmes et faire jouir les autres, dans une certaine mesure, des plaisirs raffinés de la vie sociale. Votre société polie du XIXe siècle, qu'était-elle, après tout, sinon un groupe d'oasis microscopiques au milieu d'un vaste désert ? Une seule génération de la société moderne représente une plus grande somme de vie intellectuelle que cinq siècles du passé. Je dois ajouter un autre motif, un motif essentiel qui nous paraît imposer le système de l'éducation intégrale : c'est l'intérêt de la génération future à être pourvue de parents instruits. Notre système repose sur trois principes : premièrement, le droit de chaque individu à l'éducation la plus complète que la nation puisse lui donner pour son propre agrément et son propre avantage ; deuxièmement, le droit qu'ont ses concitoyens à le faire bien élever, comme nécessaire à leurs jouissances ; troisièmement, le droit de l'homme qui va naître à grandir dans une famille intelligente et distinguée. »

Je ne ferai pas une description détaillée de tout ce que je vis dans les écoles ce jour-là. M'étant peu occupé, dans ma vie antérieure, de questions pédagogiques, les comparaisons que j'aurais pu faire n'offraient qu'un faible intérêt. Cependant, je fus frappé de la large place donnée aux exercices physiques, ainsi que du fait que, dans le classement des élèves, on tenait compte des notes obtenues dans les jeux athlétiques au même titre que des notes de science et de littérature. Je ne fus pas moins impressionné en constatant la santé florissante de ces jeunes gens. Mes observations précédentes relatives à l'aspect physique de mes hôtes et des personnes que j'avais rencontrées m'avaient déjà suggéré la pensée qu'une amélioration générale de l'espèce avait dû se produire. Maintenant, lorsque je comparais ces jeunes gens vigoureux, ces fraîches jeunes filles, aux visages que j'avais vus dans les écoles du XIXe siècle, je ne pus m'empêcher d'en faire la remarque au docteur, qui m'écouta avec un vif intérêt.

« Votre témoignage sur ce point est inestimable, dit-il. Nous croyons à l'existence du progrès que vous venez de constater, mais ce sont seulement des considérations théoriques qui nous y font conclure. Votre situation actuelle, unique en son genre, vous permet de juger ce point avec une autorité incontestable et votre opinion, si jamais vous la publiez, produira certainement une profonde sensation. Au surplus, il serait vraiment extraordinaire que la race ne se fût pas améliorée. De votre temps, l'opulence corrompait une partie de la société par l'oisiveté du corps et de l'esprit, tandis que la pauvreté sapait la vitalité des masses par le surmenage, la mauvaise nourriture et les logements insalubres. Les travaux exigés des enfants, les fardeaux imposés aux femmes, affaiblissaient les sources mêmes de la vie. Toutes ces conditions malfaisantes ont fait place aux conditions diamétralement opposées. On soigne et l'on nourrit bien les jeunes enfants ; le travail qu'on exige est limité à la période du plus grand développement physique et n'est jamais excessif. Les soucis matériels, pour soi-même et sa famille, l'inquiétude du lendemain, la bataille incessante pour la vie, avec ses efforts et ses soucis néfastes qui ruinaient l'esprit et le corps, tout cela est inconnu de nos jours. N'est-il pas naturel qu'une amélioration de l'espèce résulte d'un pareil changement ? Nous en avons recueilli déjà maintes preuves caractéristiques. La démence, par exemple, qui, au XIXe siècle, était un fruit à la fois terrible et commun de votre existence insensée, a presque disparu avec son issue, le suicide. »

XXII

Nous avions pris rendez-vous, avec Mme Leete et Édith, au restaurant l'Éléphant. Après le dîner, ces dames nous laissèrent seuls, avec notre vin et nos cigares, à discuter une foule de sujets.

« Docteur, dis-je au cours de notre conversation, moralement parlant, il serait insensé de ma part de ne point admirer votre système social quand je le compare à tous ceux qui l'ont précédé et surtout à celui qui florissait de mon temps. Admettons que je vienne à retomber dans un sommeil magnétique aussi long que le premier, et que l'horloge du temps recule au lieu d'avancer ; si à mon réveil je racontais à mes amis du xixe siècle tout ce que j'ai vu chez vous, ils tomberaient d'accord que votre monde est un paradis d'ordre, de bonheur et d'équité. Mais mes contemporains étaient des gens très pratiques et, après avoir exprimé leur admiration pour la beauté morale et la splendeur matérielle du système, ils se seraient mis à calculer et à me demander où vous puisiez tout l'argent nécessaire à la félicité des hommes. Car, il n'y a pas de doute, l'entretien de toute une nation sur un tel pied de confort et de luxe doit absorber infiniment plus de richesses que nous n'en pouvions produire de notre temps. Or, si je suis en mesure de leur expliquer suffisamment presque tous les autres traits de votre système, il me serait impossible de les renseigner sur ce point spécial. Sur quoi ils me répondraient (car je le répète, ils étaient d'excellents calculateurs) que j'ai fait un rêve et ne croiraient pas un mot de toute l'histoire. Je sais que de mon temps, le produit annuel de la nation, en admettant qu'il eût été partagé aussi également que possible, n'aurait pas fourni plus de trois ou quatre cents dollars par tête, en d'autres termes, à peine de quoi subvenir aux nécessités rudimentaires de la vie. Comment se fait-il que vous disposiez d'une somme si supérieure ?

— Votre question est très justifiée, dit le docteur, et je n'en voudrais nullement à vos amis si, le cas échéant et en l'absence d'une réponse satisfaisante, ils déclaraient toute votre histoire un conte à dormir debout. À vrai dire, c'est une question à laquelle je ne pourrais pas répondre d'une manière complète, en une séance. Et, quant aux statistiques exactes qui doivent appuyer mon exposition, je devrai vous référer à ma bibliothèque. Mais il serait certainement dommage de vous laisser mettre à quia par vos vieilles connaissances, faute de quelques renseignements généraux.

« Commençons par plusieurs petits chapitres, sur lesquels nous réalisons des économies qui vous étaient inconnues. Nous n'avons plus de dettes nationales, plus de dettes d'États, de comtés, de municipalités, ni aucun paiement à faire de ce chef. Nous n'avons pas de dépenses militaires ou navales en hommes ni en matériel, n'ayant ni armée, ni flotte, ni milice. Nous n'avons pas de services de perception, pas d'armée de collecteurs de taxes. Quant à nos magistrats, à notre police, à nos shérifs et geôliers, la force dont disposait, de votre temps, le seul État de Massachusetts suffit aujourd'hui pour la nation entière. Nous n'avons pas une classe de criminels mettant la société au pillage. Le nombre de personnes absolument incapables de travailler, telles que les malades, les infirmes de toute sorte qui constituaient autrefois une si grande charge pour la classe valide, est réduit à une proportion presque imperceptible, grâce aux conditions améliorées de confort et d'hygiène. Un autre point sur lequel nous économisons beaucoup, c'est l'absence d'argent et de ces milliers d'occupations ayant trait aux opérations financières qui détournaient une quantité d'hommes des professions vraiment productives. N'oubliez pas non plus, sans vouloir rien exagérer, que les prodigalités déréglées de l'homme riche pour son luxe personnel n'existent plus, que nous n'avons plus d'oisifs, plus de frelons, ni parmi les riches ni parmi les pauvres.

« Un autre facteur important de la misère d'autrefois, c'était la perte de travail et de temps qu'entraînaient les travaux domestiques, cuisine, blanchissage, etc., exécutés dans les maisons particulières et auxquels nous appliquons le système coopératif.

« J'arrive à une économie plus considérable qu'aucune de celles-là, ou même que toutes ensemble : c'est l'organisation de notre système distributeur, par lequel le travail, qui nécessitait autrefois l'intervention d'une armée de marchands, de négociants, de boutiquiers, de courtiers, d'agents, de commis-voyageurs, de maisons de gros et de détail, d'intermédiaires de toute sorte avec une déperdition infinie d'énergie dans les transmissions multiples et interminables, se fait aujourd'hui avec dix fois moins de monde et sans qu'un seul rouage donne un seul tour de roue inutile.

« Vous avez déjà une idée du fonctionnement de ce système. Nos statisticiens estiment qu'un quatre-vingtième de la partie du nombre total de nos ouvriers suffit aujourd'hui pour ce travail de distribution qui, de votre temps, en absorbait un huitième. Jugez quelles pertes vous faisiez ainsi sur les forces productives du travail !

— Je commence à comprendre, dis-je, d'où vous tirez ces richesses si supérieures aux nôtres.

— Je vous demande pardon, répliqua le docteur, mais vous pouvez à peine l'entrevoir encore. Les économies dont je vous ai parlé jusqu'à présent, prises dans leur ensemble, avec l'épargne de travail et de matériel direct et indirect qui en résulte, représentent peut-être l'équivalent de la moitié de votre production annuelle. Mais ces chiffres ne méritent guère d'être mentionnés, en comparaison d'autres sources de gaspillage, supprimées de nos jours, qui résultaient fatalement du fait que les industries de la nation étaient confiées à des entreprises privées. Quelques économies que vos contemporains aient réalisées sur la consommation des produits, quelque merveilleux qu'ait été le progrès des inventions mécaniques, ils n'auraient jamais pu sortir du bourbier de la pauvreté, tant qu'ils restaient fidèles à ce système. On ne saurait imaginer une méthode mieux calculée pour gaspiller l'énergie des hommes. Mais, pour l'honneur de l'intelligence humaine, il faut dire que ce système n'a jamais été inventé. Ce n'était que la survivance des siècles primitifs, le legs d'une époque où le manque d'organisation sociale rendait impossible toute espèce de coopération.

— J'admets volontiers, dis-je, qu'au point de vue moral, notre système industriel était fort mauvais, mais comme simple machine à produire la richesse, il nous semblait admirable.

— Ainsi que je vous le disais tout à l'heure, répliqua le docteur, le sujet est trop complexe pour être discuté ici dans tous ses détails, mais si vous tenez à savoir la principale critique économique que nous autres, modernes, nous dirigeons contre votre système, la voici en quelques mots.

« Nous comptons quatre conséquences désastreuses qu'entraîne le fait de confier la direction industrielle à des individus irresponsables devant le pays, et dépourvus de toute entente, de tout concert mutuels.

« Premièrement, pertes occasionnées par des entreprises manquées. Deuxièmement, pertes résultant de la concurrence et de l'hostilité mutuelle des industriels. Troisièmement, pertes occasionnées par les excès de production et les crises périodiques, entraînant, par contrecoup, l'arrêt des affaires. Quatrièmement, pertes provenant, en tout temps, du capital et du travail sans emploi.

« Chacune de ces grandes causes, prise isolément, suffirait à expliquer la différence entre votre pauvreté et notre abondance.

« Prenons d'abord les pertes occasionnées par les entreprises manquées. De votre temps, la production et la distribution des marchandises s'effectuaient sans entente ni organisation ; on n'avait pas les moyens de savoir au juste l'importance de la demande de certains produits, ni le chiffre même de la production. Toute entreprise privée était donc pleine d'inconnu et de risques. L'entrepreneur, n'ayant aucune idée d'ensemble du champ industriel telle que la possède notre gouvernement, ne connaissait avec certitude ni les besoins du public, ni les combinaisons imaginées par les capitalistes rivaux pour les satisfaire. Aussi ne sommes-nous nullement surpris d'apprendre qu'il y avait plusieurs chances contre une, pour qu'une entreprise donnée échouât, et que bien souvent on ne décrochait la timbale qu'après avoir fait plusieurs fois faillite.

« Supposons qu'un cordonnier, pour chaque paire de souliers qu'il fabrique, gâche la matière et le temps nécessaire à quatre ou cinq paires ; il se trouverait à peu près dans les mêmes conditions pour faire fortune que vos contemporains avec leur système d'entreprises privées et leur moyenne de quatre ou cinq faillites contre un succès.

« La deuxième grande cause de gaspillage était la concurrence. Le champ de l'industrie était un champ de bataille immense, grand comme le monde, où les travailleurs, en s'attaquant mutuellement, dépensaient des moyens et de l'énergie qui, réunis en un seul effort – comme chez nous – les eussent tous enrichis. De merci, de quartier, dans cette lutte, il n'en était jamais question. Entrer de manière délibérée dans un champ d'affaires, détruire l'entreprise des premiers occupants et planter son pavillon sur leurs ruines, c'était un exploit qui ne manquait jamais d'exciter l'admiration populaire.

« Il n'y a aucune exagération à comparer cette espèce de combat avec l'état de guerre réel, si l'on pense à l'agonie mentale et physique des combattants, à la misère qui engloutissait le vaincu et ceux qui dépendaient de lui.

« Rien ne paraît plus insensé à un homme du XXᵉ siècle que le spectacle d'hommes exerçant la même industrie et se faisant la guerre au couteau, au lieu de fraterniser comme des camarades qui visent un même but final. On dirait de la folie, une scène des Petites Maisons [1]. Mais, à voir les choses de plus près, il n'en est rien.

« Vos contemporains, avec leur politique d'égorgement mutuel, savaient fort bien ce qu'ils faisaient. Les producteurs du XIXᵉ siècle ne travaillaient pas comme les nôtres pour l'intérêt commun ; chacun, au contraire, ne visait qu'à se maintenir, lui personnellement, aux dépens de la communauté. Si, en travaillant de la sorte, ils augmentaient par contrecoup la fortune publique, c'était indépendamment de leur volonté. Le contraire était bien plus ordinaire. Les pires ennemis du commerçant étaient nécessairement ceux qui travaillaient dans la même branche que lui. Car, selon votre système qui faisait de l'intérêt privé le mobile de la production, chaque producteur particulier n'avait pas de plus cher désir que de voir se raréfier l'article de sa fabrication ; il était de son intérêt qu'on n'en consommât pas plus qu'il ne pouvait produire lui-même ; tous ses efforts tendaient à assurer ce résultat en ruinant et en décourageant ses concurrents. Avait-il réussi à détruire tous ceux qu'il pouvait, sa politique consistait à s'entendre

---

1. Les Petites Maisons est le nom donné à un asile d'aliénés du 6ᵉ arrondissement de Paris, créé en 1557.

Originellement, il se nomme « Maladrerie de l'abbaye de Saint-Germain-des-Prés, et se trouve à l'extrémité du quartier de Saint-Germain-des-Prés. En 1557, il est transformé en hôpital et déménage sur la rue de Sèvres, dans le quartier du Luxembourg, « pour des personnes insensées, faibles d'esprit ou même caduques ». Le nom de cet asile vient des petites maisons basses (ou loges) qui entouraient les cours de l'établissement. Elles servaient à loger plus de 400 personnes qui étaient à la charge du Grand Bureau des Pauvres.

avec les survivants, les forts, et à substituer à la lutte entre concurrents la lutte d'un syndicat contre le public. On atteignait ce but en
formant "un coin" dans le marché, selon votre expression, c'est-à-dire
en haussant les prix à la dernière limite que le public pouvait endurer
sans se résigner à se passer de la marchandise. Le rêve du producteur
d'alors était de mettre le grappin sur un article de première nécessité,
afin de pouvoir menacer le public de la famine et de régler les prix
en conséquence. Voilà, monsieur West, ce qu'on appelait de votre
temps "un système producteur". Je laisse à votre jugement de décider
si cela ne ressemble pas plutôt à un système destiné à empêcher la
production.

« Un jour que vous aurez le temps, je vous demanderai de m'expliquer (car je ne suis jamais arrivé à le comprendre) comment vos
contemporains, qui paraissent avoir été si fins sous tant d'autres rapports, ont jamais pu se résoudre à confier l'approvisionnement de la
nation à une classe de gens qui avait tout intérêt à l'affamer. Je vous
assure que ce qui nous étonne, ce n'est pas d'apprendre que le monde
n'ait pas prospéré dans de telles conditions, mais c'est qu'il n'ait pas
péri d'inanition, et cet étonnement augmente quand on considère
les autres causes prodigieuses de gaspillage qui caractérisaient votre
époque.

« Outre la perte de travail et de capital provenant de votre guerre
industrielle et du défaut de direction industrielle, votre système était
sujet à des convulsions périodiques qui engloutissaient tout le monde,
sages et fous, extorqueurs aussi bien que victimes. Je fais allusion
aux crises commerciales qui se succédaient, à des intervalles de cinq
à dix ans, anéantissant l'industrie de la nation, ruinant les petites
entreprises, mutilant les plus fortes, et qui étaient suivies par de
longues périodes de temps difficiles, pendant lesquelles les capitalistes
recueillaient péniblement leurs forces dispersées et les travailleurs
mouraient de faim ou se mutinaient. Puis, venait une courte saison de prospérité, suivie à son tour d'une autre crise et d'années de
stagnation. À mesure que le commerce se développait, rendant les
nations mutuellement solidaires, ces crises devenaient universelles,
tandis que la persistance de malaise augmentait, en raison de l'étendue de territoire atteint par les convulsions et de l'absence de centres
de ralliement. Plus l'industrie devenait complexe et plus le capital
qu'elle employait devenait immense, plus aussi se multipliaient ces

cataclysmes industriels, jusqu'à ce que, vers la fin du xixe siècle, on en vint à avoir deux mauvaises années contre une bonne, et que le système industriel, plus étendu et plus imposant que jamais, menaçât de s'écrouler sous son propre poids.

« Après des discussions interminables, vos économistes paraissent avoir abouti alors à cette conclusion désespérante qu'on n'était pas plus maître d'éviter ces crises que d'empêcher un orage ou une année de sécheresse. Il ne restait plus qu'à les endurer comme des fléaux nécessaires et, quand ils avaient passé, à reconstruire, à nouveaux frais, l'édifice fracassé de l'industrie ; comme dans les régions volcaniques on voit, après un tremblement de terre, les habitants rebâtir leurs villes sur le site dévasté.

« Vos contemporains étaient dans le vrai quand ils considéraient les causes de la perturbation comme inhérentes à leur système industriel ; ces causes tenaient en effet à sa racine même et le mal devait grandir en proportion de l'extension que prenait la fabrication.

« L'une des causes était le manque de tout contrôle central des différentes industries et, par conséquent, l'impossibilité de régler et de coordonner leur développement parallèle. Il en résultait qu'à chaque instant elles ne marchaient plus au pas les unes avec les autres et que leur production n'était plus en rapport avec la demande. En ce qui concerne la demande, on n'avait point de critérium semblable à celui que nous fournit aujourd'hui la distribution organisée. Le premier symptôme que la mesure était dépassée dans un groupe industriel quelconque, c'était un effondrement des prix, la banqueroute des producteurs, l'arrêt de la production, la réduction des salaires ou le renvoi des ouvriers. Ces phénomènes se produisaient constamment dans beaucoup d'industries, même pendant ce qu'on appelait les bonnes années. Mais une crise survenait seulement lorsque l'industrie malade avait une certaine étendue. Le marché était alors encombré de marchandises dont personne ne voulait, au delà d'une certaine quantité, à aucun prix. Les salaires et profits de ceux qui fabriquaient les articles surabondants étaient réduits, sinon supprimés, leur pouvoir d'acheter, à titre de consommateur, d'autres espèces de marchandises, était paralysé et il s'ensuivait une surabondance artificielle de marchandises dont il n'y avait pas surabondance naturelle, jusqu'à ce que leurs prix fussent baissés à leur tour et que les fabricants, mis hors de combat, vissent tarir la source de leurs revenus. Alors c'était la crise générale, et rien ne pouvait l'arrêter jusqu'à ce qu'on eût engouffré l'équivalent de la rançon d'une nation tout entière.

« Une autre cause, inhérente à votre système, qui produisait et aggravait souvent vos crises économiques, c'était le mécanisme du numéraire et du crédit. Le numéraire était nécessaire quand la production était entre des mains privées ; il fallait acheter et vendre pour se procurer les commodités de la vie. Ce procédé avait cependant l'inconvénient évident de substituer à la nourriture, aux vêtements et à d'autres objets réels, une simple représentation conventionnelle de leur valeur. La confusion produite dans les esprits par cette substitution amena le système du crédit avec ses prodigieuses illusions. Déjà habitués à recevoir de l'argent pour des marchandises, les hommes acceptèrent bientôt des promesses pour de l'argent, ils cessèrent de chercher, derrière la représentation, l'objet représenté. L'argent n'était déjà que le signe de richesses réelles, le crédit fut le signe d'un signe. Il y avait une limite naturelle à la quantité d'or et d'argent (le numéraire proprement dit), mais il n'y en avait point au crédit ; il en résulta que l'étendue du crédit (c'est-à-dire des promesses d'argent), cessa bientôt d'être en rapport avec la quantité du numéraire, à plus forte raison avec le stock réel de richesses.

« Avec un pareil système, des crises fréquentes et périodiques étaient commandées par une loi aussi absolue que celle qui renverse un édifice débordant de son centre de gravité.

« Une de vos fictions était de croire que seuls le gouvernement et les banques autorisées par lui émettaient du numéraire. Mais en réalité, quiconque faisait crédit d'un dollar émettait du numéraire d'une valeur équivalente et, par là, contribuait à gonfler la circulation jusqu'à la prochaine crise. La grande extension du système de crédit était un des traits caractéristiques de la fin du xixᵉ siècle ; elle est responsable, dans une large mesure, des crises commerciales presque incessantes qui marquèrent cette période. Quelque périlleux que fût le crédit, on ne pouvait guère s'en passer car, faute de toute autre organisation nationale du capital, c'était le seul moyen dont vous disposiez pour le concentrer et le diriger vers des entreprises industrielles. Le crédit contribua ainsi puissamment à exagérer le principal péril du système individualiste, en fournissant aux industries particulières les moyens d'absorber des fractions disproportionnées du capital disponible et, de cette façon, de préparer le désastre. Les entreprises commerciales étaient toujours fortement endettées vis-à-vis des banquiers et des capitalistes, et le brusque retrait de leur crédit, aux premiers symptômes d'une crise, avait généralement pour effet de la précipiter. Le malheur de vos contemporains, c'est qu'ils étaient obligés de cimenter les pierres de leur bâtisse industrielle avec une matière que le moindre choc pouvait rendre explosive. Supposez un maçon qui, au lieu de chaux, emploierait de la dynamite !

« Comparez votre système au nôtre, et vous verrez combien ces convulsions commerciales étaient inutiles et résultaient uniquement de l'abandon de l'industrie à la direction privée. La surproduction des marchandises, dans certaines spécialités, qui était le cauchemar de votre époque, n'est plus possible aujourd'hui car, grâce à la liaison de la production et de la distribution, l'approvisionnement est toujours proportionné à la demande, de même que la vitesse d'une machine est gouvernée par son régulateur. Supposez même que, par une erreur de calcul, une marchandise quelconque ait été fabriquée en trop grande quantité, l'arrêt ou la diminution de production de cet article n'aura point pour conséquence de mettre qui que ce soit sur le pavé. Les ouvriers congédiés retrouvent immédiatement un emploi dans un autre département de la vaste usine nationale et il n'y a d'autre perte de temps que celle qui résulte de leur déplacement. Quant à l'engorgement produit, la nation est assez riche pour l'absorber rapidement, jusqu'à ce que l'équilibre soit rétabli entre la production et la demande. En pareil cas, nous n'avons pas, comme chez vous, un mécanisme complexe dont les multiples rouages ne servent qu'à amplifier le désordre initial. Bien entendu, n'ayant pas de numéraire, à plus forte raison n'avons-nous pas de crédit. Il n'y a pas d'intermédiaire entre l'acheteur et les objets réels – farine, fer, bois, laine, travail – dont l'argent et le crédit étaient chez vous les signes, gros d'illusions et de dangers. Dans nos calculs de prix de revient, il ne peut y avoir d'erreurs : sur le produit annuel, on prélève le montant indispensable à l'entretien du peuple et l'on pourvoit au travail nécessaire pour assurer la consommation de l'année à venir. Le résidu, en matériel et en travail, représente la somme qui peut, en toute sécurité, être dépensée en améliorations.

« Quand les récoltes sont mauvaises, le surplus au bout de l'année est moins important, voilà tout. À part les faibles influences de causes naturelles de ce genre, nos affaires ne subissent pas de fluctuations. La prospérité matérielle du pays poursuit son cours sans interruption, de génération en génération, comme une rivière qui, sans cesse, creuse et élargit son lit.

« Vos crises commerciales, monsieur West, continua le docteur, comme chacune des grandes plaies que je viens de citer, étaient suffisantes à elles seules pour empoisonner à jamais votre existence. Mais j'ai encore à vous entretenir d'une des grandes causes de la pauvreté du XIXe siècle ; je veux parler de l'oisiveté d'une partie notable du capital et du travail. Chez nous, l'administration a pour devoir d'utiliser chaque once de capital et de travail disponible dans le pays. De votre temps, il n'existait de contrôle général ni du capital ni du travail, et, souvent, une grande quantité de l'un et de l'autre restaient sans emploi.

« Le capital, disiez-vous, est naturellement timide, et le fait est qu'il ne pouvait être que timide sous peine d'être téméraire, à une époque où une entreprise quelconque avait trois chances contre une d'avorter. Il n'est pas de moment où, à l'abri de garanties sérieuses, on n'eût trouvé le moyen d'augmenter, dans de vastes proportions, les capitaux consacrés à l'industrie productive. La quote-part du capital utilement employé était soumise à des fluctuations constantes, selon le degré d'incertitude ou de confiance dans la stabilité de la situation industrielle, de sorte que le rendement des industries nationales variait considérablement d'année en année. Mais comme, même aux époques les plus prospères, le risque industriel était généralement très élevé, une grande partie du capital restait toujours oisive.

« Remarquez encore que la pléthore des capitaux en quête de placements d'une sécurité relative envenimait la concurrence entre capitalistes dès qu'une occasion de bénéfices se présentait. L'oisiveté du capital, résultat de sa timidité, entraînait naturellement une oisiveté correspondante du travail. Au surplus, chaque changement dans l'organisation des affaires, la moindre modification dans les conditions du commerce et des manufactures, sans parler des innombrables faillites commerciales qui avaient lieu tous les ans, laissaient constamment une foule de gens sans emploi pendant des semaines, des mois, des années entières. Un grand nombre de ces chercheurs d'emploi parcouraient le pays et finissaient par devenir des vagabonds et des criminels de profession. "Du travail !" tel était le cri de cette armée permanente de mécontents qui, aux époques de crises, voyait grossir ses rangs et son désespoir, au point de menacer la stabilité du gouvernement.

« Quelle démonstration plus probante de l'imbécillité d'un système destiné à enrichir la nation, que le fait que dans une ère de pauvreté générale, les capitalistes étaient obligés de s'égorger les uns les autres pour assurer un placement sûr à leur capital, et que les ouvriers provoquaient des émeutes et des incendies parce qu'ils ne trouvaient pas d'ouvrage !

« Maintenant, monsieur West, continua le docteur, je vous ferai observer que je viens de vous expliquer de manière négative les avantages de notre organisation nationale. Je n'ai fait que vous montrer les défauts et les inepties du système d'entreprises privées dont nous sommes débarrassés. Vous avouerez que ces avantages seuls suffiraient à expliquer pourquoi notre siècle est plus riche que le vôtre. Mais les plus grands avantages que nous ayons sur vous, les avantages positifs, je les ai à peine mentionnés. Supposez le système d'entreprises privées exempt des grandes lacunes que je viens de signaler ; supposez qu'il n'y existe pas de gaspillage provenant d'efforts mal dirigés, d'erreurs dans la direction. Supposez encore qu'il n'y ait pas d'efforts neutralisés ou multipliés en pure perte, par le fait de la concurrence ; supprimez encore les pertes occasionnées par les paniques, par les crises industrielles, par les banqueroutes, par l'oisiveté du capital et du travail. Imaginez, en un mot, que tous ces maux, qui sont essentiels au système individualiste, puissent être évités par miracle, tout en conservant le principe du système. Même dans ce cas, la supériorité des résultats de notre organisation actuelle demeurerait écrasante.

« Vous aviez, même de votre temps, d'assez grandes manufactures de produits textiles. Vous avez, sans doute, visité ces vastes établissements, couvrant des hectares de terrain, employant des milliers de bras, combinant sous un même toit et sous un même contrôle les cent étapes de fabrication qui transforment la balle de coton en une balle de calicot luisant.

« Vous aurez admiré l'immense économie de travail et de force mécanique, résultat de la parfaite harmonie établie entre le travail de chaque bras et de chaque machine et, sans doute, vous aurez réfléchi combien serait moindre le travail accompli avec le même nombre d'ouvriers si cette force était dispersée et si chaque ouvrier travaillait indépendamment. M'accuserez-vous d'exagération si je vous dis que le maximum de travail produit par ces ouvriers, travaillant séparément, fut augmenté non seulement de quelques pour cent, mais multiplié plusieurs fois quand leurs efforts furent réunis sous un seul contrôle ?

« Eh bien, monsieur West, c'est dans la même proportion que l'organisation de l'industrie nationale sous un seul contrôle, de façon à combiner toutes les activités, a multiplié le résultat total au-delà du maximum obtenu par l'ancien système, même abstraction faite des quatre grandes causes dont nous avons fait mention. L'efficacité de la force productive d'une nation dirigée par des myriades de capitalistes, quand même ceux-ci ne seraient pas en état de guerre permanente, est en regard de ce que l'on obtient sous une direction unique, comme la puissance militaire d'une horde de barbares commandée par un millier de petits chefs, comparée à celle d'une armée disciplinée sous les ordres d'un seul général.

— D'après tout ce que je viens d'apprendre, dis-je, je ne m'étonne plus que la nation se soit enrichie et je m'étonne que vous ne soyez pas tous devenus des Crésus.

— Ma foi, répliqua le docteur, nous ne manquons de rien, nous vivons avec tout le luxe désirable. Cette rivalité d'ostentation qui, de votre temps, engendrait l'extravagance sans contribuer au confort, n'a pas de raison d'être dans une société où chaque citoyen dispose exactement des mêmes revenus. Notre ambition s'arrête aux objets qui constituent de véritables jouissances. Nous pourrions, à la vérité, avoir de plus grands revenus individuellement, s'il nous plaisait de dépenser ainsi le surplus de notre production commune, mais nous préférons les affecter aux travaux d'utilité générale, aux divertissements publics, à la construction de théâtres, de salles de concert, de galeries dont la nation entière puisse jouir, ainsi qu'aux récréations populaires. Vous n'avez pas encore fait connaissance avec notre genre de vie, monsieur West ! Nous avons le bien-être dans nos intérieurs, mais nous réservons la splendeur et le luxe au côté social de notre vie, à celui que nous partageons avec nos concitoyens. Quand vous nous connaîtrez plus à fond, vous saurez où va l'argent, comme on disait de votre temps, et je pense que vous admettrez que nous en faisons un bon usage.

« Je suppose, remarqua le docteur, quand, au sortir du restaurant, nous nous acheminâmes vers la maison, que nous aurions piqué au vif les adorateurs de Mammon [1] dans votre siècle, en déclarant qu'ils ne

1. Mammon est le démon de la richesse et de l'avarice.

savaient pas gagner d'argent. C'est cependant le verdict que l'histoire a prononcé sur eux. Leur système d'industries désorganisées et antagonistes était aussi inepte au point de vue économique, qu'abominable au point de vue moral. L'égoïsme était leur seule science et, dans la production industrielle, l'égoïsme est un autre nom pour la déperdition des forces, tandis que l'art de se concerter est le secret de la production efficace. L'ère de la richesse véritable ne peut commencer que le jour où la préoccupation d'augmenter sa fortune personnelle s'efface devant le désir d'enrichir le fonds commun !

« Même si le principe de partage égal pour tous les hommes n'était pas le seul fondement humain et rationnel de la société, nous devrions l'encourager, au seul point de vue économique, attendu qu'aucune harmonie industrielle n'est possible jusqu'à ce que l'influence dissolvante de l'égoïsme ait disparu. »

XXIII

Ce même soir, pendant que j'étais assis avec Édith dans la chambre à musique, prêtant l'oreille à quelques numéros du programme qui avaient attiré mon attention, je profitai d'un moment de silence pour dire à ma voisine :

« J'ai une question à vous adresser, mais je crains d'être indiscret.

— Je vous en prie, dit-elle d'un ton encourageant.

— Je me fais l'effet de quelqu'un qui a écouté aux portes, dis-je, et qui, ayant saisi quelques bribes d'une conversation qui semblait le concerner, a l'audace de se faire connaître et de demander qu'on lui répète ce qui lui a échappé.

— Un écouteur aux portes ! répéta-t-elle, stupéfaite.

— Oui, dis-je, mais un écouteur digne d'indulgence, vous voudrez bien l'admettre.

— Voilà qui est mystérieux, fit-elle.

— Oui, dis-je, si mystérieux que je me suis demandé si les paroles que je vais vous répéter ont jamais été prononcées, ou bien si je les ai rêvées ! Il faut que vous m'éclairiez là-dessus. Voici ce dont il s'agit : quand je m'éveillai de ce sommeil séculaire, la première impression dont j'eus conscience fut un bruit de voix causant autour de moi. Ces voix, je les reconnus plus tard pour celles de vos parents et la vôtre. Je me souviens avoir, tout d'abord, entendu dire à votre père : "Il va ouvrir les yeux, il ne devrait voir qu'une personne à la fois." Puis, vous disiez (si vraiment je n'ai pas rêvé) : "Alors promets-moi de ne pas lui en parler." Votre père paraissait hésiter à vous faire cette promesse, mais vous insistiez et votre mère étant intervenue, il finit par céder. Quand j'ouvris les yeux, je ne vis que lui. »

J'étais absolument sincère en avouant que je ne savais pas si j'avais rêvé ou non cette conversation, car l'idée que ces personnes pussent savoir sur mon compte quoi que ce soit que j'ignorasse moi-même – moi, le contemporain de leurs arrière-grands-parents ! – cette idée m'était incompréhensible. Cependant, quand je vis l'effet que mes paroles avaient produit sur Édith, je compris que ce n'était pas un rêve, mais que j'étais en présence d'un nouveau mystère, plus profond encore qu'aucun de ceux qui m'avaient été dévoilés. Dès l'instant qu'elle saisit l'objet de ma question, Édith parut en proie au plus grand embarras. Ses yeux, toujours si francs et si droits, fléchissaient devant mon regard et son visage s'empourprait du front jusqu'à la nuque.

« Pardonnez-moi, lui dis-je, dès que je fus revenu de l'étonnement où me plongea son attitude, ce n'était donc vraiment pas un rêve ? Je sens qu'il y a là un secret qui me concerne et que vous me cachez. Franchement, n'est-ce pas un peu dur qu'un homme dans ma situation ne puisse pas obtenir tous les renseignements nécessaires sur ce qui le concerne ?

— Cela ne vous concerne pas... je veux dire, pas directement, répondit-elle d'une voix à peine intelligible.

— Mais cependant cela me concerne, d'une façon ou d'une autre, il faut que cela soit quelque chose qui m'intéresse, persistai-je.

— Je ne sais même pas trop si cela vous intéresserait, répondit-elle, s'aventurant à me regarder et rougissant de plus belle, mais avec un sourire singulier qui trahissait un certain sentiment de comique au milieu de son désarroi. Je ne sais vraiment pas si cela vous intéresserait.

— Mais votre père allait me le dire, lui dis-je d'un ton de reproche, et c'est vous qui l'en avez empêché ! Oui, il était d'avis de me l'apprendre. »

Elle ne répondit pas. Elle était si adorable dans sa confusion que je fus tenté de pousser ma pointe, autant par le désir de prolonger la situation que pour satisfaire ma curiosité.

« Je ne le saurai donc jamais ? Ne me le direz-vous jamais ? demandai-je.

— Cela dépend, répondit-elle après un long silence.

— Et de quoi cela dépend-il ?

— Ah ! vous m'en demandez trop. »

Puis, dirigeant vers moi ses yeux impénétrables, ses joues allumées et ses lèvres souriantes, bref un ensemble fait pour la rendre absolument ensorcelante, elle ajouta :

« Que penseriez-vous si je vous disais que cela dépend de... vous ?

— De moi ? repris-je. Comment est-ce possible ?

— Mais, monsieur West, nous perdons de la musique exquise », me dit-elle pour toute réponse.

Et, se tournant vers le téléphone, elle fit vibrer dans la pièce le rythme d'un adagio. Puis, elle s'arrangea de façon que le concert ne nous laissât plus un instant pour causer. Elle regardait devant elle, se donnant l'apparence d'être absorbée dans la musique, mais le flot de carmin qui montait à ses joues dévoilait son embarras. Lorsque, enfin, elle consentit à reconnaître que j'avais joui assez longtemps du programme et que nous nous levâmes pour quitter la chambre, elle vint droit à moi et me dit, sans lever les yeux :

« Monsieur West, vous dites que j'ai été bonne pour vous ; je n'en suis pas aussi persuadée. Mais si vous persistez à le croire, promettez-moi de ne pas essayer de nouveau de me faire dire ce que vous m'avez demandé ce soir, et promettez-moi aussi de n'interroger aucune autre personne à ce sujet, ni mon père ni ma mère, par exemple. »

À cet appel, il n'y avait qu'une réponse possible.

« Je vous le promets, mademoiselle, et pardonnez-moi de vous avoir fait de la peine, dis-je. Je ne vous aurais jamais questionnée, si j'avais pu prévoir que cela vous chagrinerait. Mais ne trouvez-vous pas ma curiosité un peu justifiée ?

— Certainement, aussi je ne vous en blâme nullement.

— Et, un jour peut-être que je ne vous tourmenterai pas, ajoutai-je, puis-je espérer que vous me le direz de vous-même ?

— Peut-être, murmura-t-elle.

— Peut-être, seulement ? »

Puis, levant les yeux, elle me jeta un regard rapide et profond.

« Oui, dit-elle, je crois que je finirai par vous le dire un jour. »

Et ce fut la fin de notre conversation, car elle ne me laissa pas le temps d'en dire davantage.

Je crois que, ce soir-là, le docteur Pillsbury lui-même eût été impuissant à me procurer le sommeil. Depuis quelques jours, le mystère avait été ma nourriture ordinaire, mais rien ne m'avait encore intrigué comme celui dont Édith me suppliait de ne pas rechercher la clef. C'était un double mystère. D'abord, comment concevoir qu'elle pût connaître un secret concernant ma personne, moi, revenant d'un siècle évanoui ? Puis, même en admettant que cela fût, comment expliquer l'émotion qui s'emparait d'elle, dès qu'il en était question ?

Il est des énigmes si compliquées qu'on ne hasarde même pas l'hypothèse d'une solution. Celle-ci était du nombre. En général, j'ai l'esprit trop pratique pour perdre mon temps à deviner des rébus : mais un rébus incarné dans une délicieuse jeune fille a beau être compliqué, il n'en est pas moins fascinant. Sans doute ce joli carmin qui monte à un front virginal raconte-t-il aux hommes de tous les siècles et de tous les pays le même secret. Mais attribuer à un motif de ce genre la rougeur d'Édith, que je connaissais si peu, étant donné surtout que le mystère remontait aux temps avant notre rencontre, c'eût été de ma part une fatuité intolérable. Et pourtant, Édith était un ange, et il eût fallu ne pas être un jeune homme pour que la raison pût bannir cette nuit-là, de mon sommeil, les beaux rêves de roses et d'or.

XXIV

L E LENDEMAIN, je descendis de bon matin, dans l'espoir de rencontrer Édith seule ; mais je fus déçu dans mon espérance. Ne la trouvant pas dans la maison, je la cherchai dans le jardin ; elle n'y était pas davantage. Au cours de mes pérégrinations, je visitai la chambre souterraine et m'y reposai un instant. Sur la table se trouvaient quelques revues et quelques journaux ; il me vint à l'esprit que le docteur Leete serait curieux de parcourir un journal de Boston de l'an 1887, et j'en emportai un.

Je rencontrai Édith à déjeuner. Elle rougit en m'apercevant, mais semblait être entièrement maîtresse d'elle-même. Le docteur s'amusa beaucoup à lire le journal que je lui avais apporté. Comme dans toutes les autres feuilles de cette époque, il y était beaucoup question de grèves, de désordres ouvriers, de boycottages, de programmes, de menaces anarchiques, etc.

« À propos, dis-je au docteur, qui venait de lire à haute voix quelques-uns de ces passages, quelle part les adeptes du drapeau rouge ont-ils prise à l'établissement du nouvel ordre des choses ? Je me souviens qu'aux dernières nouvelles, ils faisaient beaucoup de tapage.

— Ils n'ont rien fait que tâcher d'en empêcher l'établissement, répliqua le docteur. Ils s'acquittèrent très bien de cette tâche, tant qu'ils durèrent, car leurs discours inspiraient tant de dégoût que les meilleurs projets de réforme sociale ne trouvaient plus d'auditeurs.

Une des manœuvres les plus habiles de la réaction fut de subventionner ces gens-là.

— Les subventionner ? demandai-je non sans étonnement.

— Certainement, répliqua le docteur. Aujourd'hui, aucun historien sérieux ne met en doute qu'ils ne fussent payés par les détenteurs des grands monopoles pour agiter le drapeau rouge, pour parler de pillage et d'incendie, le tout afin d'alarmer les timides et d'empêcher toute réforme sérieuse. Ce qui m'étonne le plus, c'est que vous soyez tombés dans le piège si naïvement.

— Quelles raisons avez-vous de supposer que le parti rouge recevait des subsides ? demandai-je.

— Simplement parce qu'ils doivent s'être aperçus que, pour un ami, ils faisaient, par leur politique, mille ennemis des réformes sociales. Supposer qu'ils n'étaient pas payés pour cela serait les taxer d'une folie inconcevable [1]. Aux États-Unis, moins que dans tout autre pays, aucun parti ne pouvait espérer arriver à ses fins avant de gagner à ses idées la majorité de la nation, ainsi que le fit le parti national.

— Le parti national ? m'écriai-je, il a dû se former après mon temps ; je suppose que c'était un parti ouvrier ?

— Nullement, répliqua le docteur. Les partis ouvriers, réduits à leurs seules forces, n'auraient jamais pu accomplir quelque chose de grand, ni de durable. Leurs bases étaient trop étroites pour y fonder des projets d'une portée nationale. Ce n'est que lorsque le remaniement du système social et industriel sur une base morale et dans le but d'une production plus efficace des richesses fut reconnu comme l'intérêt, non d'une seule classe, mais de toutes les classes de la société – riches et pauvres, jeunes et vieux, instruits et ignorants, hommes et femmes –, c'est alors seulement qu'il y eut des chances de réussir dans l'œuvre de réforme. C'est alors que survint le parti national, pour l'exécuter selon les méthodes politiques. Ce nom fut probablement adopté parce que le but du parti était de "nationaliser" les fonctions de production et de distribution. En fait, aucun autre nom ne lui eût convenu ; son programme n'était-il pas de réaliser le concept de la nation avec une grandeur et une plénitude qu'on n'avait pas soupçonnées auparavant, non plus comme une association d'hommes en vue

---

1. J'admets qu'il est difficile d'expliquer autrement la conduite des anarchistes, et cependant l'opinion qu'ils étaient aux gages des capitalistes paraît dénuée de fondement. [Note de l'auteur]

de certaines fonctions politiques qui ne touchaient que de très loin et très superficiellement à leur bonheur, mais comme une famille, une vie en commun, un arbre géant, effleurant le ciel, et dont les feuilles sont les hommes, nourris de la sève et la nourrissant à leur tour ? C'était le parti patriotique par excellence ; il cherchait à justifier le patriotisme, en l'élevant de la nature d'un instinct à la hauteur d'un dévouement rationnel, en faisant du sol natal une vraie patrie, une mère qui fît vivre le peuple, et non une idole pour laquelle il dût mourir. »

XXV

L A PERSONNALITÉ d'Édith m'avait, comme de juste, vivement impressionné depuis le jour où j'étais devenu, d'une si singulière façon, l'invité de son père ; après ce qui s'était passé la veille, il était naturel que je fusse plus que jamais préoccupé d'elle. Ce qui la caractérisait, ce qui m'avait le plus frappé en elle dès l'origine, c'était une droiture sereine et une franchise ingénue, qui semblaient plutôt l'apanage d'un jeune homme de sentiments nobles et innocents que d'une jeune fille. J'étais curieux de savoir dans quelle mesure cette qualité lui était personnelle, et jusqu'à quel point elle pouvait résulter des changements qui s'étaient opérés dans la position sociale de la femme depuis le XIXe siècle. Je saisis le moment où je me trouvai seul avec le docteur Leete pour diriger la conversation sur ce sujet.

« Je suppose, lui dis-je, que les femmes d'aujourd'hui, étant débarrassées du fardeau du ménage, n'ont d'autres occupations que la culture de leurs charmes et de leur grâce naturelle ?

— En ce qui nous concerne, nous autres hommes, reprit le docteur, nous trouverions (pour me servir d'une de vos expressions) qu'elles payeraient amplement leur place au soleil si elles se confinaient dans ce rôle. Mais soyez sûr qu'elles ont beaucoup trop d'amour-propre pour consentir à être exclusivement les obligées de la société, fût-ce même en récompense de la parure qu'elles lui apportent. Assurément, elles saluèrent avec enthousiasme le système coopératif, qui les délivrait des soins du ménage, non seulement parce qu'ils étaient fatigants en eux-mêmes, mais encore parce qu'ils constituaient un véritable gaspillage d'énergie. Mais elles n'acceptèrent d'être relevées de ces types de travaux qu'à la condition de pouvoir contribuer, par d'autres moyens plus efficaces et plus agréables, à la prospérité commune. Nos femmes sont membres de l'armée industrielle au même titre que les hommes ; elles ne la quittent que lorsque leurs devoirs de maternité les réclament. Il en résulte que la plupart finissent par servir, à l'une ou l'autre époque de leur vie, pendant cinq, dix ou quinze années, tandis que les femmes sans enfants accomplissent la durée complète du service.

— Ainsi la femme ne quitte pas nécessairement le service industriel dès qu'elle se marie ?

— Pas plus que l'homme, répliqua le docteur. Et pourquoi donc le quitter ? Actuellement, les femmes mariées sont affranchies de la responsabilité des ménagères, et un mari n'est pas un enfant qui ait besoin d'une bonne. »

Je repris :

« On regardait comme un des traits les plus regrettables de notre civilisation le travail excessif que nous exigions des femmes, mais il me semble que vous tirez encore plus d'elles que nous ne faisions. »

Le docteur répondit en riant :

« En effet, tout comme des hommes. Et cependant, les femmes de notre siècle sont très heureuses, et celles du XIX⁰ siècle, à moins que les renseignements que nous possédons à leur égard ne soient erronés, menaient une existence bien misérable. La raison pour laquelle les femmes, tout en étant pour nous de si excellentes collaboratrices, sont si satisfaites de leur sort, c'est tout simplement que, dans l'organisation de leur travail, comme dans celle du travail masculin, nous appliquons le principe de donner à chacun le genre d'occupation qui lui convient le mieux. Les femmes étant plus faibles physiquement que les hommes et plus mal dotées pour certains genres d'industries, on tient compte de ces données dans le choix des travaux qui leur sont réservés et dans les conditions de ce travail. Partout, les tâches les plus lourdes sont exécutées par les hommes, les moins fatigantes par les femmes. Dans aucun cas on ne permet à une femme de prendre un emploi qui ne soit absolument approprié aux exigences de son sexe, par son caractère comme par l'intensité de l'effort exigé. En outre, leurs journées de travail sont beaucoup plus courtes que celles des hommes ; on leur accorde de fréquents congés et tout le repos nécessaire à leur santé. Les hommes de notre époque comprennent si bien que la beauté et la grâce de la femme sont le plus grand charme de leur vie et le principal stimulant de leur activité, que s'ils permettent à leurs compagnes de travailler, c'est uniquement parce qu'il est reconnu qu'une certaine quantité de travail régulier, d'un genre adapté à leurs moyens, leur est salutaire pour le corps et pour l'esprit pendant la période de la plus grande vigueur physique. Nous croyons que la santé florissante de nos femmes, qui les distingue de celles de votre temps, est due, en grande partie, à ce qu'elles ont toutes des occupations salubres et qui les intéressent.

— D'après ce que vous venez de dire, j'ai compris que la femme fait partie de l'armée industrielle, mais comment peut-elle être régie par le même système de promotion et de discipline que les hommes, alors que les conditions de son travail sont si différentes ?

— Elles obéissent à une discipline entièrement différente, répondit le docteur, et constituent plutôt une force alliée qu'une partie intégrante de l'armée masculine. Elles ont un général en chef femme, et vivent sous un régime exclusivement féminin. Ce général, ainsi que les officiers supérieurs, sont choisis dans la catégorie des femmes qui ont terminé leur service, de la même façon que sont élus les chefs dans l'armée masculine et le président de la nation. La générale de l'armée féminine a un siège dans le cabinet du président ; elle peut opposer son veto à toutes mesures relatives au travail des femmes, sauf appel au congrès. J'ai oublié de vous dire, en parlant de la magistrature, que nous avons, à côté des juges masculins, des juges femmes nommés par leur générale. Les affaires où les deux parties appartiennent au sexe féminin sont jugées par des magistrats femmes ; dans les contestations entre hommes et femmes, le verdict doit être rendu par deux juges appartenant aux sexes différents.

— Ainsi, la femme semble organisée, dans votre système, comme une sorte d'*imperium in imperio* ? dis-je.

— Jusqu'à un certain point, répliqua le docteur, mais cet empire intérieur est de telle nature, vous l'admettrez, qu'il n'offre pas un grand danger pour la nation. L'une des innombrables bévues de votre société était de ne pas reconnaître, en pratique, l'individualité distincte des deux sexes. L'attraction passionnelle, entre hommes et femmes, a trop souvent empêché de voir les profondes différences qui, sur tant de points, rendent les deux sexes étrangers l'un à l'autre. C'est en donnant libre jeu aux différences de sexe, plutôt qu'en cherchant à les oblitérer, ainsi que s'efforçaient de le faire quelques réformateurs de votre époque, que l'on peut à la fois sauvegarder le bonheur particulier de chaque sexe et l'attraction que chacun d'eux exerce sur l'autre. De votre temps, il n'y avait pas de carrière pour les femmes, à moins qu'elles n'entrassent dans la voie peu naturelle d'une concurrence avec les hommes. Nous leur avons créé un monde à part, avec ses émulations, ses ambitions, ses professions, et je vous assure qu'elles s'en trouvent fort bien. Il nous semble que les femmes étaient à plaindre entre toutes les victimes de votre civilisation. Même si cette époque est lointaine pour nous, nous nous sentons pénétrés de commisération au spectacle de leurs vies ennuyées et atrophiées, arrêtées par le mariage, par l'horizon étroit que bornaient matériellement les quatre murs de leur maison, moralement un cercle mesquin d'intérêts personnels. Je ne parle pas seulement ici des classes les plus pauvres, où la femme était presque toujours abrutie et lentement tuée par un travail excessif ; je parle aussi des classes aisées et même riches. Pour se consoler des grands chagrins, ainsi que des petits ennuis de la vie, elles ne pouvaient se réfugier dans l'atmosphère vivifiante du monde extérieur ; les seuls intérêts qui leur fussent permis étaient ceux de la famille. Une pareille existence eût réussi à ramollir le cerveau des hommes ou à les rendre fous. Aujourd'hui, tout cela est changé. On n'entend plus des femmes regretter de n'être pas des hommes, ni des parents souhaiter avoir des garçons plutôt que des filles. Nos filles ont, autant que nos fils, l'ambition d'arriver. Le mariage ne signifie plus pour elles la prison et ne les sépare pas davantage des grands intérêts de la société, de la vie affairée du monde. Ce n'est qu'au moment où la maternité éveille, dans l'esprit de la femme, des soucis nouveaux, qu'elle se retire du monde pour un temps. Plus tard, quand elle le veut, elle vient reprendre sa place parmi ses camarades, sans perdre jamais le contact avec elles. En un mot, la femme est aujourd'hui plus heureuse qu'elle ne l'a jamais été et distribue plus de bonheur autour d'elle.

— Je me figure, dis-je, que l'intérêt que prennent les jeunes filles à leurs carrières industrielles et leurs ambitions nouvelles doivent avoir pour effet de les détourner du mariage ? »

Le docteur Leete sourit.

« N'ayez point d'inquiétude sous ce rapport, monsieur West. Le Créateur a pris soin que, malgré toutes les modifications que les hommes et les femmes peuvent introduire dans leur condition respective, l'attraction mutuelle demeure constante et toujours la même. Comment en douter, quand on voit qu'à une époque comme la vôtre, où la lutte pour l'existence devait absorber toutes les pensées, où l'avenir semblait si incertain qu'il paraissait presque criminel d'assumer les responsabilités de la paternité, que même à cette époque, dis-je, on n'ait pas discontinué de prendre et de donner des femmes en mariage ! Quant à l'amour, un de nos auteurs prétend que le vide laissé dans l'esprit des hommes et des femmes par l'absence des soucis journaliers a été entièrement rempli par l'amour. Je vous prie de croire que c'est une légère exagération. Du reste, le mariage est si peu un obstacle dans la carrière d'une femme, que les plus hautes positions de l'armée féminine sont exclusivement réservées à celles qui ont été épouses et mères, parce qu'elles seules représentent leur sexe dans toute sa dignité.

— Les cartes de crédit sont-elles distribuées aux femmes comme aux hommes ?

— Naturellement.

— Mais, en raison des interruptions fréquentes dans leur travail, je suppose que le crédit qui leur est alloué est moins important que le vôtre ?

— Moins important ! s'écria le docteur. Absolument pas. Il n'y a de différence pour personne ; s'il y en avait une à faire, ce serait en faveur des femmes. Quel service présente plus de titres à la gratitude nationale que celui de mettre au monde et d'élever des enfants pour la patrie ? Selon nous, personne ne mérite mieux du pays que de bons parents. Il n'est pas de tâche moins égoïste, plus désintéressée (bien que le cœur y trouve sa récompense), que d'élever des enfants qui prendront notre place quand nous ne serons plus de ce monde.

— D'après ce que vous me dites, la femme ne dépend plus du mari pour son entretien ?

— Cela va sans dire, répliqua le docteur, et il en est de même des enfants par rapport à leurs parents ; je ne parle que des moyens d'existence, non des soins d'affection. Lorsque l'enfant sera grand, le fruit de son travail enrichira le fonds commun et non ses parents, qui seront morts. Il est donc juste qu'il soit entretenu aux frais de l'État. Chaque personne, femme, homme ou enfant, est en compte direct avec la nation, sans intermédiaire, sauf le rôle de tutelle des parents. Comme membre de la nation, tout individu a le droit d'être entretenu par elle; qu'importent, à cet égard, des relations de parenté ou d'alliance avec d'autres membres de la même association? Faire dépendre une personne d'une autre, pour ses moyens de subsistance, serait contraire au sens moral, ainsi qu'à toute théorie sociale rationnelle. Et que deviendraient, sous un régime pareil, la liberté et la dignité personnelles? Je sais bien que vous vous considériez comme libres au XIXe siècle. Mais le mot ne pouvait avoir alors le même sens qu'aujourd'hui, sans quoi vous n'auriez pas songé à l'appliquer à une société dont chaque membre, pour ainsi dire, était placé vis-à-vis d'autres personnes dans un rapport d'étroite et humiliante dépendance, le pauvre dépendant du riche, l'employé du patron, la femme du mari, l'enfant de ses parents. Au lieu de répartir les produits de la nation directement entre les membres, comme l'exigent la nature et le bon sens, on dirait que vous vous êtes ingéniés à découvrir un système compliqué de distribution, de la main à la main, entraînant le maximum d'humiliation personnelle pour tous ses bénéficiaires. Quant à la dépendance matérielle de la femme vis-à-vis de l'homme, qui était dans vos mœurs, peut-être dans le cas d'un mariage d'inclination l'amour mutuel le rendait-il supportable. Cependant, il devait toujours y avoir là quelque chose d'humiliant pour celles qui avaient le cœur haut placé. Mais que dire des cas innombrables où la femme, avec ou sans mariage, était forcée de se vendre pour vivre? Vos contemporains mêmes, si aveugles aux laideurs les plus révoltantes de leur état social, paraissent avoir compris cette injustice. Mais c'est par pitié seulement qu'ils déploraient le sort de la femme. Ils ne sentaient pas qu'il y avait autant de duperie que de cruauté dans l'accaparement par l'homme de tous les produits du globe, tandis que la femme devait ramper et mendier pour obtenir sa part. Mais, monsieur West, je m'emballe, comme s'il n'y avait pas plus de cent ans que tout cela est passé, et comme si vous étiez responsable de tout ce que vous déploriez, sans doute, aussi vivement que moi.

— Il faut bien que je supporte ma part de responsabilité dans l'état du monde d'alors, répondis-je. Tout ce que je puis dire, comme circonstance atténuante, c'est qu'avant que la nation fût mûre pour le système actuel de production et de distribution organisées, aucune amélioration sérieuse dans la condition de la femme n'était possible. La raison de son infériorité, c'était, comme vous le dites vous-même, sa dépendance matérielle vis-à-vis de l'homme, et je ne vois pas d'autre organisation qui pût, à la fois, affranchir la femme de l'homme et affranchir les hommes les uns des autres. Je suppose qu'un changement aussi radical dans la condition des femmes a dû se traduire par quelques modifications dans les relations sociales entre les deux sexes. Ce sera pour moi le sujet d'une étude intéressante.

— Ce qui vous frappera peut-être le plus, dit le docteur, c'est l'entière franchise, l'absence de contrainte qui caractérisent actuellement ces relations, et qui contrastent avec les façons artificielles et hypocrites de votre temps. On se rencontre dorénavant d'égal à égal et, si l'on se courtise, c'est par amour seulement. Autrefois, comme la femme dépendait de l'homme pour son entretien, tout le profit matériel du mariage était pour elle. Cette vérité était brutalement avouée dans les classes ouvrières, tandis que, dans le monde policé, elle était dissimulée sous un système de conventions, dont le but était de faire croire précisément le contraire, à savoir que l'homme était l'avantagé. Pour soutenir cette convention, il paraissait essentiel qu'il jouât le rôle de prétendant. Aussi, rien n'était considéré comme plus choquant de la part d'une femme que de trahir ses sentiments pour un homme avant qu'il eût manifesté le désir de l'épouser. Combien avons-nous, dans nos bibliothèques, de livres du xixᵉ siècle consacrés uniquement à l'examen de cette question : une femme peut-elle, dans des circonstances exceptionnelles, prendre les devants et révéler son amour, sans compromettre son sexe ? Tout cela nous paraît singulièrement absurde, et cependant, nous comprenons qu'étant donné vos mœurs, le problème avait son côté sérieux. Car, lorsqu'une femme, en parlant d'amour à un homme, l'invitait, pour ainsi dire, à assumer le fardeau de son entretien, on conçoit que la fierté et la délicatesse aient pu entraver les élans du cœur. Quand vous irez dans notre monde, monsieur West, préparez-vous à être bombardé de questions à ce sujet par nos jeunes gens, qui prennent naturellement un intérêt tout particulier à ce trait curieux des vieilles mœurs.

— Ainsi les jeunes filles du xxᵉ siècle parlent d'amour les premières ?

— S'il leur plaît ainsi ; elles ne se donnent pas plus de mal pour cacher leurs sentiments que ne font leurs prétendants. La coquetterie est aussi méprisée chez l'homme que chez la femme. La froideur affectée trompait rarement vos amoureux ; elle les égarerait absolument de nos jours, tant cet artifice est tombé en désuétude.

— Une des conséquences de l'émancipation de la femme, dis-je, que je devine tout seul, c'est qu'il ne doit plus y avoir que des mariages d'inclination.

— Cela va sans dire, répliqua le docteur.

— Une société où il n'y a que des mariages d'amour ! Oh ! ciel ! Docteur, vous ne sauriez imaginer l'étonnement d'un homme du XIXᵉ siècle qui entend parler d'un phénomène pareil !

— Je le devine jusqu'à un certain point, dit le docteur, mais ce fait a peut-être une signification plus profonde encore que vous ne pensez. Il signifie que, pour la première fois dans l'histoire de l'humanité, le principe de la sélection sexuelle, avec sa tendance à conserver et à perpétuer les meilleurs types de l'espèce et à éliminer les types inférieurs, ne rencontre plus d'obstacles qui contrarient son action. La misère, le désir d'un chez soi ne déterminent plus les femmes à donner comme pères à leurs enfants des hommes qu'elles ne peuvent ni aimer, ni respecter. L'argent et le rang social ne détournent plus l'attention des qualités personnelles. Les louis ne parent plus le front étroit des sots. Les dons personnels – esprit, caractère, beauté, éloquence, générosité, courage – sont sûrs d'être transmis à la postérité. Chaque génération passe à travers un crible plus serré que le précédent. Les vertus qui attirent la nature humaine sont conservées, les vices qui l'éloignent sont stérilisés. Sans doute, beaucoup de nos femmes mêlent la vanité à l'amour et cherchent à faire de beaux mariages, mais même alors, elles ne cessent pas d'obéir à la loi naturelle, car on n'appelle plus de nos jours un "beau mariage" épouser une fortune ou un titre, mais épouser un homme qui s'est élevé au-dessus des autres par l'éclat ou la solidité des services rendus à l'humanité. Ce sont eux qui constituent, aujourd'hui, la seule aristocratie dont l'alliance puisse enorgueillir. Vous parliez, l'autre jour, de la supériorité physique de notre race, comparée à celle de vos contemporains. Une cause de ce progrès, plus efficace que toutes les autres, a été l'action ininterrompue du principe de la sélection sexuelle sur les qualités de deux ou trois générations successives. Quand vous aurez fait une étude plus approfondie de notre société, vous y constaterez un progrès intellectuel et moral aussi bien qu'un progrès physique. Comment en serait-il autrement, puisque non seulement une des grandes lois de la nature travaille librement au salut de la race, mais qu'un profond sentiment moral y collabore? L'individualisme qui, de vos jours, était l'âme de la société, était non seulement fatal à tout sentiment de fraternité humaine, mais encore au sentiment de responsabilité du vivant envers la génération à venir. Aujourd'hui, ce sentiment de responsabilité, méconnu autrefois, est devenu la loi morale par excellence de l'époque. Une conviction intense du devoir renforce l'instinct naturel qui pousse à rechercher, dans le mariage, ce qu'il y a de plus beau et de plus noble dans l'autre sexe. Aussi, pas un des stimulants que nous avons imaginés pour développer l'industrie – le talent, le génie, la perfection en tous genres – pas un, dis-je, n'est comparable à celui qu'exercent les femmes qui jugent le combat, se réservant elles-mêmes en récompense au vainqueur. Il n'y a guère de célibataires de nos jours que ceux qui n'ont pas su s'acquitter dignement des devoirs de la vie. Il faut qu'une femme ait du courage, et un bien triste courage, lorsque, par pitié pour l'un de ces infortunés, elle défie l'opinion publique au point de l'accepter pour mari. C'est son sexe surtout qui la juge sévèrement. Nos femmes se sont élevées à toute la hauteur de leur sentiment de responsabilité, comme gardiennes du monde futur, à qui sont confiées les clefs de l'avenir. Leur sentiment du devoir sur ce point confine à un instinct religieux. C'est un culte auquel elles initient leurs filles dès l'enfance. »

Après être rentré dans ma chambre cette nuit, je restai à lire un roman de Berrian, que le docteur Leete m'avait prêté, et dont le sujet rappelait la fin de sa conversation sur la responsabilité des procréateurs. Imaginez ce sujet traité par un romancier du XIXe siècle ; il se fût attaché à exciter la sympathie maladive du lecteur en faveur de l'égoïsme sentimental des amants et sa révolte contre la loi non écrite qu'ils outragent. Tout autre est le point de vue de *Ruth Elton*. Mais qui n'a pas lu ce chef-d'œuvre ? Qui ne se souvient de l'éloquence entraînante avec laquelle Berrian développe ce thème : « Sur ceux qui vont naître, notre pouvoir est comme celui de Dieu ; notre responsabilité envers eux est pareille à la sienne envers nous. Puisse-t-il nous traiter ainsi que nous les traitons nous-mêmes ! »

XXVI

S I JAMAIS personne fut excusable d'avoir oublié les jours de la semaine, c'était moi. Je crois que si l'on m'avait raconté que le mode de supputation du temps était entièrement changé, qu'au lieu de sept jours, la semaine en comptait cinq, dix ou quinze, je l'aurais cru sans la moindre surprise après tout ce que j'avais déjà vu et entendu du xxe siècle. La première fois que je me préoccupai de savoir le jour de la semaine, ce fut le lendemain, à déjeuner ; le docteur me demanda si j'avais envie d'entendre un sermon.

« C'est donc dimanche aujourd'hui ? m'écriai-je.

— Oui ! fut la réponse. C'est l'autre vendredi que nous avons fait l'heureuse découverte de la chambre souterraine à laquelle nous devons le plaisir de votre compagnie. Vous vous êtes réveillé pour la première fois samedi, un peu après minuit et, pour la seconde fois, dimanche après-midi, en pleine possession de vos facultés.

— Ainsi, vous célébrez encore toujours le dimanche et vous avez encore des sermons ? dis-je. Nous avions des prophètes qui annonçaient que l'un et l'autre usage seraient abolis, longtemps avant l'époque où nous vivons. Je suis curieux de savoir comment l'Église s'accorde avec le reste de votre organisation. Sans doute, vous avez une manière d'Église nationale avec des prêtres officiels ? »

Le docteur éclata de rire et Mme Leete, ainsi qu'Édith, paraissait beaucoup s'amuser.

« Oh ! monsieur West, dit la jeune fille, quelles drôles de gens nous devons vous paraître ! Dès le XIXᵉ siècle, vous en aviez assez des Églises nationales, et vous vous figurez que nous les avons rétablies ?

— Mais comment concilier l'existence d'Églises privées et d'un clergé indépendant avec l'attribution à l'État de tous les édifices et le service industriel obligatoire ? répondis-je.

— Les pratiques religieuses ont naturellement beaucoup changé depuis cent ans, répliqua le docteur, mais, fussent-elles restées invariables, notre système social s'en accommoderait parfaitement. La nation fournit à toute personne ou association de personnes la jouissance des édifices sacrés, moyennant un loyer, et tant que le locataire paie son terme, il reste une jouissance de l'immeuble. Quant aux prêtres, s'il se trouve un groupe de personnes qui désirent s'assurer les services particuliers d'un individu, en dehors du service général de la nation, elles peuvent se les procurer (avec le consentement de l'intéressé) de la même façon dont nous nous procurons nos éditeurs, je veux dire, en indemnisant la nation, au moyen de leur carte de crédit, pour la perte ainsi occasionnée à l'industrie en général. L'indemnité payée à la nation, pour l'individu, correspond au salaire payé, de votre temps, à l'individu lui-même et les applications variées de ce système laissent libre jeu à l'initiative privée, dans tous détails auxquels le contrôle national n'est pas applicable. J'en reviens à notre sermon. Si vous désirez en entendre un aujourd'hui, vous pouvez, à votre aise, ou aller à l'église ou rester à la maison.

— Entendre un sermon, en restant chez moi ?

— Vous n'avez qu'à nous suivre dans la chambre à musique et à choisir un fauteuil ! Il y a encore des gens qui préfèrent entendre les sermons à l'église, mais la plupart de nos prédications, de même que nos auditions musicales, ont lieu dans des locaux acoustiques, reliés par des fils téléphoniques aux maisons des abonnés. Je vois dans le journal que M. Barton prêchera ce matin et il ne prêche que par téléphone : son auditoire s'élève souvent à 150 000 personnes !

— Quand ce ne serait que pour la nouveauté de la chose, je serais bien aise d'entendre une bonne parole dans ces conditions », répondis-je.

Une heure ou deux plus tard, Édith vint me chercher dans la bibliothèque, et je la suivis dans la chambre à musique, où M. et Mᵐᵉ Leete attendaient. Nous venions à peine de nous installer quand une cloche sonna, et quelques minutes après, on entendit comme la voix d'un personnage invisible, parlant au diapason d'une conversation ordinaire. Voici ce que dit cette voix :

Sermon du révérend Barton

« Nous avons parmi nous, depuis la semaine dernière, un critique du XIXe siècle, un représentant en chair et en os de l'époque de nos arrière-grands-parents. Il serait singulier qu'un fait aussi étrange n'eût pas fortement impressionné notre génération. Beaucoup d'entre nous ont trouvé dans cet événement une occasion toute naturelle de reconstituer par la pensée la société d'alors, de se figurer ce que devait être la vie à cette époque. En vous proposant d'écouter quelques réflexions que j'ai faites à ce sujet, je crois donc suivre, plutôt que déranger le cours spontané de vos pensées. »

À ces mots, Édith chuchota quelques mots à l'oreille de son père ; il fit un signe d'assentiment, se tourna vers moi et me dit : « Monsieur West, ma fille prétend que vous éprouverez peut-être quelque gêne à écouter un discours sur le thème qu'on vient de nous indiquer. Voulez-vous qu'on vous mette en communication avec un autre prédicateur ?

— Non, non, au contraire, dis-je. Je suis on ne peut plus curieux d'entendre ce que va nous dire M. Barton.

— Comme il vous plaira », répliqua mon hôte.

Pendant que son père me parlait, Édith avait touché un bouton, et la voix de l'orateur avait soudain cessé. Maintenant, elle touchait un autre bouton, et la voix grave et sympathique qui m'avait déjà si agréablement impressionné, emplit de nouveau la chambre.

« J'ose affirmer qu'il y a au moins un sentiment commun qu'a fait naître dans nos cœurs ce regard rétrospectif : c'est l'étonnement plus profond que jamais devant les changements prodigieux que le court espace d'un siècle a suffi à produire dans les conditions matérielles et morales de l'existence humaine. Je n'insisterai pas sur le contraste entre la misère où étaient plongés alors la nation et le monde entier et le bien-être dont ils jouissent aujourd'hui – après tout, la différence était peut-être aussi grande entre l'Amérique du XVIIe siècle et celle du XIXe, entre l'Angleterre de Guillaume le Conquérant et celle de la reine Victoria.

« C'est en considérant le côté moral de la révolution que nous nous trouvons en présence d'un phénomène sans précédent dans l'histoire, si loin que nous puissions remonter. Certes on serait excusable de s'écrier : "Voici enfin un miracle!"

« Et cependant, le premier moment de surprise passé, si l'on examine d'un œil critique ce soi-disant prodige, on s'aperçoit qu'il ne tient nullement du prodige, encore moins du miracle, et qu'il n'est même pas nécessaire, pour expliquer le phénomène, de supposer une renaissance morale de l'humanité, ou une destruction générale des méchants. Il trouve son explication la plus simple dans la réaction produite sur la nature humaine par un milieu renouvelé. En d'autres termes, à une forme de société fondée sur les principes de l'égoïsme et qui ne faisait appel qu'au principe brutal, antisocial de la nature humaine, on a substitué des institutions basées sur le véritable intérêt, l'altruisme rationnel, et faisant appel aux instincts généreux et sociables de l'humanité.

« Mes amis, si l'envie vous prenait de voir les hommes redevenir les bêtes féroces du xixe siècle, vous n'auriez qu'à rétablir l'ancien régime social et industriel, qui leur enseignait à considérer leurs semblables comme leur proie naturelle, et à trouver leur profit dans la perte d'autrui. Sans doute, vous vous dites qu'aucune nécessité, si puissante qu'elle fut, n'aurait jamais pu vous décider à vous prévaloir de votre supériorité physique ou intellectuelle pour dépouiller vos concitoyens également nécessiteux. Mais supposez qu'il ne s'agisse pas de votre seule existence à vous-même. Je sais que parmi nos ancêtres, il a dû s'en trouver plus d'un qui, plutôt que de se nourrir de pain arraché aux autres, eût préféré renoncer à la vie, s'il ne se fût agi que de la sienne. Mais, il n'en avait pas le droit : de chères existences dépendaient de lui. Les hommes aimaient alors comme on aime aujourd'hui. Dieu sait quel courage il leur fallait pour créer des enfants ; mais enfin ils en avaient, et leurs enfants leur étaient, sans doute, aussi chers que nous sont les nôtres ; il fallait les vêtir, les nourrir, les élever. Les créatures les plus douces deviennent féroces lorsqu'il s'agit de trouver la pâture de leurs petits, et, dans cette société d'affamés, la lutte pour le pain quotidien exaspérait les sentiments les plus tendres. Pour faire vivre les siens, il n'y avait pas à hésiter : l'homme devait plonger dans la lutte impure, il fallait tromper, supplanter, frauder, acheter à bas prix et vendre le plus cher possible, ruiner le commerce du voisin qui n'avait pas d'autre gagne-pain pour sa famille, il fallait exploiter ses ouvriers, pressurer ses débiteurs, cajoler ses créanciers. On avait beau chercher et pleurer, il n'y avait pas d'autre moyen pour gagner son pain et celui des siens, que de prendre la place de quelque concurrent plus faible, et de lui arracher le pain de la bouche. Les ministres de la religion eux-mêmes n'étaient pas exempts de cette affreuse nécessité. Pendant qu'ils prémunissaient leurs ouailles contre l'amour de l'argent, ils étaient forcés, par égard pour leurs familles, de veiller aux avantages pécuniaires de leur vocation. Ah! les pauvres gens! Être astreints de prêcher la générosité, quand ils savaient qu'en l'exerçant on se vouait à la misère; recommander des lois de conduite que la loi de légitime défense obligeait tous les jours de violer! En contemplant le spectacle inhumain de la société, ces braves gens gémissaient sur la dépravation de la nature humaine, comme si la créature la plus angélique eût pu conserver sa pureté dans cette école de Satan!

« Ah! mes amis, croyez-moi : ce n'est pas dans le siècle fortuné où nous vivons que l'humanité révèle ce qu'il y a de divin dans son essence, mais bien dans ces jours néfastes, où même l'âpre lutte pour la vie – lutte où la merci eût été démence – ne parvint pas à bannir entièrement du cœur humain toute générosité, toute miséricorde.

« On comprend l'acharnement de ces hommes et de ces femmes – qui dans d'autres conditions eussent été animés des sentiments les plus tendres et les plus sincères – à s'entre-déchirer dans leur rage de se procurer de l'argent à tout prix, quand on essaye de se rendre compte de ce que signifiait alors la pauvreté. La pauvreté c'était : pour le corps, la faim et la soif, les tourments de la chaleur et du froid; dans la maladie, l'abandon; pendant la santé, le labeur incessant; pour la nature morale, l'oppression, le mépris, l'endurance de tous les outrages, les contacts grossiers dès l'enfance, la perte de toute innocence enfantine, de toute grâce féminine et de toute dignité virile; enfin, pour l'esprit, la mort par l'ignorance, la torpeur de toutes les facultés qui nous distinguent de la brute, la réduction de la vie à un cercle monotone de fonctions physiques. Ah, mes amis! Si l'on ne vous offrait que le choix entre une condition pareille et le succès dans la course à l'argent, est-ce que vous tarderiez beaucoup à retomber au niveau moral de vos ancêtres?

« Il y a deux ou trois cent ans, un acte de barbarie fut commis aux Indes, dans des circonstances particulièrement horribles qui en éterniseront la mémoire, malgré le petit nombre des victimes. Des prisonniers anglais furent enfermés dans un local dont l'air n'eût pas suffi au dixième de leur nombre. Ces malheureux étaient de braves soldats, de loyaux camarades, mais quand l'agonie de la suffocation commença à les saisir, ils oublièrent tout et entamèrent une lutte hideuse, de chacun pour soi et de tous contre tous, pour se frayer un chemin vers une des rares fissures par où rentrait un souffle d'air ! C'était un combat où les hommes devinrent des brutes, et dont le récit, fait par quelques rares survivants, émut nos ancêtres à un tel point que, pendant plus d'un siècle, le trou noir de Calcutta resta, dans leur littérature, comme le symbole typique des extrêmes de la souffrance humaine, dans toute son horreur physique et morale. Ils ne se doutaient guère que le trou noir, avec son troupeau d'hommes se déchirant et s'écrasant les uns les autres pour conquérir une place à la lucarne, deviendrait pour nous une image frappante de la société du XIXe siècle ; une image à laquelle il ne manque, pour être entièrement fidèle, que les femmes, les petits enfants, les vieillards et les infirmes, car là-bas il n'y avait, du moins, que des hommes, durs à la souffrance. Quand on pense que l'ancien système social dont je viens de parler régna jusqu'à la fin du XIXe siècle, et que celui qui existe actuellement nous semble déjà vieux, nous ne pouvons nous empêcher d'être surpris de la rapidité sans précédent avec laquelle a dû s'opérer un changement aussi éclatant. Mais, si l'on observe attentivement l'état des esprits pendant la dernière partie du XIXe siècle, cet étonnement se dissipe dans une grande mesure. Bien qu'on ne puisse dire d'une façon générale que l'intelligence véritable régnât à cette époque dans aucun pays, la génération d'alors était relativement éclairée comparée à celles qui l'avaient précédée. Il en résulta une perception plus vive que jamais des maux de la société. Ces maux avaient été plus cruels, bien plus cruels, pendant les siècles passés. C'était le progrès de l'intelligence populaire qui faisait toute la différence, de même que l'aurore révèle des laideurs que les ténèbres avaient enveloppées. La note dominante de la littérature de cette époque était la compassion pour les pauvres, les malheureux, une indignation contre la banqueroute de la machine sociale, impuissante à atténuer la misère humaine. Ces explosions de colère nous apprennent que les meilleurs de ce temps-là concevaient, au moins par instants, la laideur morale du spectacle environnant, et que les plus sensibles trouvaient dans l'intensité de leurs sympathies une angoisse presque intolérable.

« Bien que l'idée de l'unité de la famille humaine, le sentiment réel de la fraternité, ne fût pas chez eux l'axiome moral qu'ils sont devenus pour nous, il ne serait pas juste de supposer que nos ancêtres n'aient rien conçu et senti de semblable. Je pourrais vous lire plus d'un passage éloquent de leurs écrivains qui démontre que cette idée existait très nettement chez quelques-uns et, sans doute, à l'état vague, chez beaucoup d'autres. N'oublions pas non plus que le XIX⁰ siècle était chrétien – du moins de nom – et le caractère absolument antichrétien de toute l'organisation commerciale et industrielle de la société devait choquer, dans une certaine mesure, ces prétendus fidèles de Jésus-Christ. Quand on se demande pourquoi, après que la grande majorité des hommes eut reconnu les abus criants du système social, ils le tolérèrent quand même, se contentant de discuter quelques réformes insignifiantes, on constate une vérité extraordinaire. Les meilleurs de ces temps-là étaient sincèrement convaincus que les seuls éléments stables de la nature humaine, les seuls sur lesquels on pût fonder un système social, étaient précisément les penchants les plus pervers. On leur avait enseigné (et ils croyaient) que la rapacité et l'égoïsme étaient le ciment nécessaire de l'humanité, que toutes les associations humaines s'écrouleraient le jour où l'on essayerait de réprimer ou d'émousser ces sentiments. En somme, ils pensaient exactement le contraire de ce qui nous paraît évident : ils croyaient que c'était le principe antisocial de l'homme qui constituait la force cohésive de la société.

« Il semble absurde de croire qu'on ait jamais eu de pareilles convictions, et, cependant, il est établi historiquement que non seulement nos arrière-grands-parents pensaient ainsi, mais que c'est cette idée qui est responsable des retards qu'ont subis les réformes sociales. C'est là tout le secret du pessimisme littéraire de la fin du XIX⁰ siècle, de sa poésie morose, de son humour cynique ! Nos aïeux sentaient bien que la situation de l'espèce était intolérable, mais aucun espoir d'un avenir meilleur ne luisait à leurs yeux. Ils croyaient que l'évolution humaine s'était échouée dans une impasse et qu'il n'était plus possible d'avancer. On peut lire dans nos bibliothèques les laborieux arguments des penseurs de ces temps-là, par lesquels ils s'évertuaient à prouver qu'en dépit de la profonde misère des hommes, pour je ne sais quel faible motif, il vaut mieux encore être que ne pas être. Le mépris de soi-même engendrait le mépris du Créateur. La croyance religieuse était partout ébranlée. À peine quelques pâles et furtives lueurs s'échappaient d'un ciel voilé de doute et de terreur, pour éclairer le chaos du monde. Nous sourions à l'idée que les hommes puissent douter de celui dont ils respirent le souffle et redouter les mains qui les ont pétris. Mais souvenons-nous que les enfants, braves pendant le jour, ont souvent de folles terreurs la nuit. L'aurore s'est levée depuis ; il est facile au xxe siècle de nous croire les enfants de Dieu.

« Je vous ai indiqué brièvement quelques-unes des causes qui ont préparé l'esprit des hommes à la transformation de l'ordre ancien et la raison de conservation désespérée qui en retarda l'accomplissement. S'étonner de la rapidité avec laquelle le changement s'opéra, une fois qu'on en eût entrevu la possibilité, serait oublier l'effet enivrant de l'espérance sur des esprits longtemps nourris de désespoir. Le lever du soleil, après une nuit si longue et si noire, dut être éblouissant. Du jour où les hommes comprirent qu'après tout l'humanité n'avait pas été créée pour rester éternellement naine, mais qu'elle se trouvait au seuil d'avatar de progrès illimité, la réaction fut irrésistible, rien ne put arrêter l'enthousiasme qu'inspirait la foi nouvelle.

« Cette fois, enfin, les hommes saluèrent une cause auprès de laquelle pâlissaient les plus grandes causes de l'histoire, et comme des millions d'hommes étaient prêts à mourir pour elle, elle put se passer de martyrs.

« Un changement de dynastie, dans un petit royaume du monde d'autrefois, a coûté souvent plus de vies que la révolution qui remit enfin la race humaine dans le droit chemin. Sans doute, il ne convient pas à celui qui jouit des bienfaits de notre siècle resplendissant de souhaiter un autre sort. Cependant, j'ai souvent pensé que j'échangerais volontiers ma part de cet âge d'or et de sérénité contre une place dans cette orageuse époque de transition, où des héros enfoncèrent la porte grillée de l'avenir et révélèrent aux regards d'airain qui barraient la route une perspective de progrès sans fin, dont la lumière nous éblouit encore.

« Vous connaissez l'histoire de cette révolution, la dernière, la plus grande et la moins sanglante de toutes. Dans l'espace d'une génération, les hommes abandonnèrent les traditions sociales et les pratiques barbares ; ils adoptèrent un ordre social digne d'êtres raisonnables ; renonçant à leurs habitudes déprédatrices, ils devinrent camarades de travail, trouvèrent dans la fraternité à la fois le secret du bonheur et celui de la richesse.

« "Qu'aurai-je à manger et à boire ? Avec quoi m'habillerai-je ?" Le problème était insoluble tant que le moi était au commencement et à la fin. Lorsque le point de vue individuel fut échangé pour le point de vue fraternel, lorsqu'on se demanda : "Que mangerons-nous ? Que boirons-nous ? Avec quoi nous habillerons-nous ?" les difficultés s'évanouirent. Pour la masse de l'humanité, la tentation de résoudre le premier problème avait abouti à la pauvreté et à la servitude. Mais, dès que la nation devint à la fois l'unique capitaliste et l'unique patron, non seulement l'abondance succéda à la pauvreté, mais les derniers vestiges de la servitude d'homme à homme disparurent de la terre. Le principe de l'esclavage humain, si fréquemment et si vainement combattu, était enfin anéanti. Les moyens de subsistance ne furent plus distribués comme une aumône par l'homme à la femme, le patron à l'employé, le riche au pauvre ; ils furent répartis d'un fonds commun, comme autour de la table d'un père de famille. Il n'était plus possible, désormais, à un homme d'utiliser ses semblables comme de vils instruments pour son profit personnel. L'estime publique fut désormais la seule récompense. L'arrogance et la servilité disparurent des rapports sociaux. Pour la première fois, depuis la création, l'homme se tint droit devant Dieu. Plus de mendiants et plus d'aumônes. Dans le royaume de la justice, la charité devint sans emploi. Les dix commandements devinrent presque superflus, dans un monde où il n'y avait plus ni tentation pour le voleur, ni prétexte pour le mensonge, ni place pour l'envie, ni occasion pour la violence. Le vieux rêve de : "Liberté, Égalité, Fraternité", caressé depuis si longtemps et raillé par tant de siècles, était enfin réalisé.

« De même que dans l'ancien ordre des choses l'homme généreux, sensible et juste, se trouvait, par ces qualités mêmes, placé dans une situation désavantageuse à l'égard de la lutte pour la vie, ainsi dans la société nouvelle, la froideur, l'avarice et l'égoïsme mettent l'homme à l'index de l'humanité. Maintenant que les conditions de la vie sont organisées, pour la première fois, de manière à ne pas développer chez l'homme ses plus mauvais instincts, maintenant que la prime qui encourageait l'égoïsme est attribuée au désintéressement, on est enfin à même de voir ce qu'est réellement la nature humaine, affranchie des influences pervertissantes. Les tendances dépravées, qui avaient obscurci l'essence divine de l'humanité, disparurent, comme les champignons des souterrains périssent au grand air. Les qualités nobles s'épanouirent dans une soudaine floraison et, pour la première fois dans l'histoire, l'humanité fut tentée de s'éprendre d'elle-même. Nous assistons à cette révélation, que ni les théologiens ni les philosophes des temps anciens n'avaient voulu admettre, à savoir que la nature humaine, dans ses qualités essentielles, est bonne, que les hommes par leurs penchants naturels sont généreux, compatissants et aimants, animés d'élans divins vers la tendresse et le sacrifice, puisqu'ils sont l'image du Créateur, et non sa caricature. L'oppression séculaire, pesant sur les rapports de la vie, n'est point parvenue à oblitérer le fonds de noblesse qu'il y avait dans l'espèce, et, affranchie de toute entrave, telle qu'un arbre courbé qui se redresse, elle reprit, soudain, sa rectitude naturelle.

« Pour me résumer par une figure, permettez-moi de comparer l'humanité des temps anciens à un rosier planté dans un marais, arrosé d'eau croupissante et respirant, la nuit, les vapeurs empestées d'une rosée venimeuse. Des générations innombrables de jardiniers s'étaient épuisées en efforts pour le faire fleurir, mais, à part, ça et là, un bouton mal ouvert, portant un ver au cœur, leur peine demeurait infructueuse. D'aucuns prétendaient même que la plante n'était point un rosier, mais un arbuste nuisible, bon à être déraciné ou brûlé. Cependant, la majorité des horticulteurs estimaient que l'arbuste appartenait bien à la famille des roses, mais qu'une tare indélébile empêchait l'éclosion des boutons. Quelques-uns maintenaient que l'arbuste était bon, que le terrain marécageux faisait tout le mal et que, placée dans de meilleures conditions, la plante prospérerait davantage. Mais ces personnes n'étaient pas des jardiniers de profession ; les gens de métier les traitaient de théoriciens et de rêveurs, et la masse se faisait l'écho de ce jugement. Quelques philosophes prétendaient que, même admis que la plante pût mieux réussir ailleurs, il y aurait plus de mérite pour les boutons à fleurir dans un marais que sur un terrain favorable : les boutons arrivés à maturité étaient plus rares, leurs fleurs plus pâles, sans parfum, mais ils représentaient un plus grand effort moral que s'ils avaient fleuri spontanément dans un jardin.

« Les jardiniers de profession ainsi que les philosophes eurent gain de cause. Le rosier resta enraciné dans le marais et l'ancien mode de culture continua. On appliquait sans cesse aux racines de nouveaux engrais et des recettes variées, dont chacune était spécialement prônée comme étant la plus efficace pour détruire les parasites. Cet état de choses dura longtemps. De temps en temps, les uns croyaient découvrir une amélioration légère dans l'aspect de l'arbuste, tandis que d'autres déclaraient qu'il dépérissait. En somme, il n'y avait pas de changement notable. Enfin, dans une année de découragement général, le projet de transplantation fut remis sur le tapis et rencontra, cette fois, la faveur du public. "Essayons !" dit la voix du peuple ; et le rosier de l'humanité fut transplanté dans une terre douce, sèche et chaude où il fut baigné par le soleil, caressé par les étoiles et bercé par le zéphyr. On s'aperçut alors que c'était bien un rosier ; les parasites disparurent et l'arbuste ne tarda pas à être couvert de fleurs éclatantes, dont le parfum embauma l'univers.

« C'est un gage de la destinée assignée à notre âme, que ce désir vers la perfection, qui nous fait trouver insignifiants nos résultats de la veille et toujours plus éloigné le but à atteindre.

« Si nos ancêtres avaient conçu la possibilité d'un régime social où les hommes vivraient dans la confraternité la plus absolue, sans convoitise ni querelle, où, moyennant une certaine somme de travail proportionné à leur santé et à leurs goûts, ils vivraient sans plus de soucis du lendemain que des plantes arrosées par des sources intarissables, s'ils avaient pu concevoir un régime pareil, ils eussent cru entrevoir le paradis, le ciel, et qu'il ne restait rien à désirer au delà.

« Et nous, nous qui avons atteint cette cime qu'ambitionnaient leurs regards, nous avons déjà presque oublié – à moins qu'une occasion extraordinaire comme celle d'aujourd'hui nous le rappelle – que le sort de l'humanité n'a pas toujours été ainsi. Il nous faut un effort d'imagination pour nous représenter le régime social de nos aïeux ; nous les trouvons grotesques. La solution du problème de la vie matérielle, la disparition du souci et du crime, loin de nous paraître le couronnement de nos efforts, ne semble que le préliminaire de tout véritable progrès. Jusqu'à présent, nous avons seulement secoué une entrave folle et inutile, qui empêchait nos ancêtres de viser au but réel de l'existence. Nous sommes allégés pour la course, voilà tout. Nous sommes comme l'enfant qui vient d'apprendre à se tenir debout. Le jour où l'enfant marche pour la première fois est pour lui un événement; il s'imagine que c'est un exploit incomparable et cependant, un an plus tard, il a déjà oublié qu'il n'a pas toujours su marcher; son horizon n'a fait que s'élargir. Certes, son premier pas n'en reste pas moins un événement considérable, mais comme point de départ seulement, non comme fin. L'affranchissement matériel de l'humanité au siècle dernier peut être considéré comme une seconde naissance de l'espèce, qui a fortifié la première. Depuis ce moment, l'homme est entré dans une nouvelle phase de développement spirituel, dans une évolution de facultés plus élevées, dont nos ancêtres soupçonnaient à peine l'existence. Au lieu du profond pessimisme et du découragement lugubre du XIXᵉ siècle, la pensée vivante de notre âge est une conception enthousiaste des bienfaits de notre existence terrestre actuelle et des horizons illimités qui s'ouvrent à nous. Le perfectionnement physique, intellectuel et moral de l'humanité est reconnu comme but suprême de tous les efforts et de tous les sacrifices. Pour la première fois, l'humanité a sérieusement entrepris de réaliser l'idéal que Dieu mit en elle, et chaque génération doit l'élever d'un échelon.

« Si vous me demandez ce que j'entrevois, après que des générations sans nombre auront passé, je répondrai que la route s'ouvre vers l'infini et que son extrémité disparaît dans la lumière. Car l'homme doit revenir à Dieu, la demeure céleste, sous deux formes : l'individu par la mort, l'espèce, par l'accomplissement de son évolution, lorsque le secret divin caché dans son germe aura achevé de se dérouler. Donc, avec une larme pour le passé ténébreux, tournons-nous vers l'avenir éblouissant, voilons nos yeux et marchons en avant. Le long et triste hiver de l'espèce est fini. L'été commence. L'humanité s'est dépouillée de sa chrysalide et les cieux s'ouvrent devant elle. »

XXVII

JE N'AI JAMAIS pu m'expliquer pourquoi, durant ma vie d'autrefois, l'après-midi du dimanche m'inspirait toujours des pensées mélancoliques, éteignant toutes les couleurs de la nature et projetant sur les objets comme une ombre d'ennui et de tristesse. Les heures que j'accusais toujours d'aller trop vite me paraissaient, ce jour-là, avoir perdu leurs ailes. Était-ce par réminiscence de cette habitude anciennement prise ? Toujours est-il que, malgré le changement si complet des circonstances, je tombai dans un profond découragement le soir du premier dimanche que je passai au xxe siècle. Cette fois, cependant, ma tristesse pouvait invoquer une cause réelle. J'avais entendu, le matin, le sermon très éloquent du révérend Barton, décrivant, en traits de feu, l'énorme gouffre moral qui séparait le xixe du xxe siècle. Ses paroles sensées et philosophiques sonnaient dans mon âme ; je comprenais maintenant, pour la première fois, le sentiment mêlé de pitié, de curiosité et d'aversion que je devais exciter autour de moi, en ma qualité de revenant d'une époque abhorrée.

La bonté excessive avec laquelle me traitaient mes hôtes et surtout la gracieuse Édith m'avait empêché jusqu'à présent de penser que leur opinion réelle à mon égard devait, au fond, être la même que celle de toute la génération à laquelle ils appartenaient. Qu'il en fût ainsi du docteur et de son aimable femme, passe encore, quoique j'en éprouvasse un vrai chagrin ; mais la pensée qu'Édith partageait elle-même ce sentiment, voilà qui était plus que je ne pouvais endurer. L'effet écrasant que cette révélation produisit sur moi me fit apercevoir clairement ce que le lecteur a peut-être déjà deviné : j'aimais Édith. Était-ce étonnant ? L'occasion d'où naquit notre intimité, le jour où ses mains m'arrachèrent du gouffre de la démence, sa sympathie qui était comme le souffle divin grâce auquel j'avais pu supporter cette existence nouvelle, mon habitude de la regarder comme une sorte de médiatrice entre le monde qui m'entourait et moi-même, toutes ces circonstances avaient préparé un résultat qu'aurait suffi d'ailleurs à produire le charme de sa personne et de son caractère. Il était inévitable qu'elle fût devenue à mes yeux la seule femme de la terre, et cette phrase avait un tout autre sens dans ma bouche que dans celle d'un amant vulgaire. Et maintenant que je me sentais tout à coup pénétré de la vanité de l'espoir que je commençais à caresser, je ressentais non seulement les souffrances habituelles d'un amoureux meurtri, mais, en plus, la sensation d'un isolement, d'un vide affreux, un abandon tel qu'aucun homme avant moi, si malheureux qu'il fût, ne pouvait en avoir éprouvé de pareil. Il est évident que mes hôtes s'aperçurent de mon abattement et ils firent de leur mieux pour me distraire. Édith, surtout, souffrait de ma peine, je le voyais. Mais, selon la perversion habituelle d'un cœur amoureux, ayant eu, un moment, la folie de rêver autre chose, je ne trouvai plus aucune douceur dans une bonté que je savais désormais n'être que de la sympathie.

Après m'être enfermé, pendant la plus grande partie de l'aprèsmidi, dans ma chambre, j'allai, vers la tombée de la nuit, faire un tour au jardin. Le ciel était chargé, l'air chaud et tranquille s'imprégnait de senteurs automnales. Me trouvant près de l'entrée des fouilles, je pénétrai dans la chambre souterraine et m'y assis. « Voici, murmurai-je, mon seul et vrai foyer. Restons-y pour n'en plus sortir. » M'aidant du secours des objets familiers qui m'entouraient, je cherchai une triste consolation en évoquant les formes et les visages qui remplissaient ma vie d'autrefois. Vains efforts ; toute vie les avait bien quittés. Depuis près d'un siècle, les étoiles scintillaient au-dessus de la tombe d'Édith Bartlett et de toute sa génération.

Ainsi, le passé était mort, écrasé sous le poids d'un siècle, et moi j'étais exclu du présent. Nulle part il n'y avait de place pour moi. Je n'étais, à vrai dire, ni mort, ni vivant !

« Pardonnez-moi de vous avoir suivi. »

Je levai les yeux. Édith était debout sur le seuil de la chambre ; elle me regardait en souriant, mais les yeux remplis d'une tristesse compatissante.

« Renvoyez-moi si je vous dérange, dit-elle, mais nous nous sommes aperçus que vous étiez démoralisé. Vous m'aviez promis de me prévenir quand cela vous reprendrait. Vous n'avez pas tenu parole. »

Je me levai et m'approchai de la porte, essayant de sourire, mais faisant, je crois, assez triste figure, car le spectacle de sa beauté raviva en moi, d'une façon plus poignante encore, les motifs de mon découragement.

« Je me sentais un peu seul, voilà tout, dis-je. Ne vous êtes-vous jamais dit que mon isolement est plus profond que ne le fut jamais celui d'aucun être humain, et qu'il faudrait presque inventer un mot nouveau pour le décrire ?

— Ah ! ne dites pas de ces choses-là, ne vous laissez pas envahir par de telles idées, il ne le faut pas ! s'écria-t-elle, les yeux tout humides. Ne sommes-nous pas vos amis ? C'est votre faute, si vous ne voulez pas nous permettre de l'être. Rien ne vous oblige à vous isoler ainsi.

— Vous êtes bonne, trop bonne pour moi, dis-je, mais croyez-vous que j'ignore que c'est uniquement de la pitié, de la douce pitié peut-être, mais de la pitié seulement, que je vous inspire ? Il faudrait être fou pour ne pas comprendre combien je dois paraître différent des hommes de votre génération. Je dois vous faire l'effet singulier et troublant d'une épave venue d'une rive inconnue, et dont la solitude vous touche en dépit de ce qu'elle a de ridicule. Vous avez été assez bonne et j'ai été assez insensé pour oublier presque qu'il devait en être ainsi, pour m'imaginer qu'avec le temps je finirais par m'acclimater (comme nous disions) parmi vous ; que je me sentirais un jour comme les autres hommes qui vous environnent, et vous ferais à peu près le même effet qu'eux. Mais le sermon de M. Barton m'apprend ce qu'il y a d'illusoire dans cette espérance, combien la distance entre vous et moi doit vous sembler infranchissable.

— Ah ! ce misérable sermon, s'écria-t-elle presque en larmes, je ne voulais pas qu'on vous le laissât entendre. Que sait-il de vous ? Il a puisé ses renseignements sur le XIXe siècle dans de vieux bouquins poudreux, et voilà tout. Il ne vous est rien ; pourquoi ce qu'il vous dit pourrait-il vous contrarier ? Notre opinion, à nous qui vous connaissons, ne vous est-elle pas plus précieuse que celle d'un homme qui ne vous a jamais vu ? Ah ! monsieur West, vous ne savez pas, vous ne sauriez imaginer ce que je souffre en vous voyant si désespéré. Je ne puis le supporter. Que puis-je vous dire ? Comment vous convaincre que vous vous méprenez entièrement sur la nature des sentiments que vous nous inspirez ? »

Comme le jour de ma première crise, elle venait vers moi, me tendant les mains dans un geste secourable ; comme alors, je les saisis et je les pressai dans les miennes. Sa poitrine se soulevait, et le léger tremblement de ses doigts, que je serrais convulsivement, trahissait l'intensité de son émotion. Sur sa physionomie, on lisait la lutte angéliquement indignée de la pitié contre les obstacles qui la réduisaient à l'impuissance. Jamais, assurément, la compassion féminine ne porta un masque aussi délicieux. Tant de beauté et de bonté unies faisaient fondre mon âme. Il me semblait que je ne pouvais mieux faire que de lui avouer la vérité. Sans doute, je n'avais pas une lueur d'espoir, mais, d'autre part, je n'avais aucune crainte de la fâcher, elle était trop miséricordieuse pour cela. Aussi, je finis par lui dire :

« C'est beaucoup d'ingratitude de ma part que de ne pas me contenter de toute la bonté que vous m'avez témoignée et que vous me témoignez encore. Mais seriez-vous assez aveugle pour ne pas comprendre pourquoi cette bonté ne suffit pas à me rendre heureux ? Ne voyez-vous pas que c'est parce que j'ai été assez fou pour vous aimer ? »

À ces dernières paroles, elle rougit profondément, ses yeux se baissèrent devant les miens, mais elle ne fit pas d'effort pour arracher ses mains des miennes. Pendant quelques instants, elle resta debout ainsi, un peu haletante, puis, rougissant plus que jamais mais avec un sourire éblouissant, elle me regarda et dit :

« Êtes-vous sûr que ce n'est pas vous qui êtes aveugle ? »

Ce fut tout, mais ce fut assez : si incroyable, si inexplicable que cela parût, je compris que cette radieuse enfant d'un âge d'or avait laissé tomber sur moi plus que sa compassion ; elle me donnait son amour. Malgré cet aveu, et au moment même où je l'étreignais dans mes bras, il me semblait encore que j'étais sous l'influence d'une hallucination de bonheur :

« Si je suis fou, m'écriai-je, ah ! puissé-je le rester !

— C'est moi que vous devez croire folle, murmura-t-elle en s'échappant de mes bras, alors que j'avais à peine goûté le miel de ses lèvres. Hélas! que devez-vous penser de moi, qui me jette ainsi dans les bras d'un homme que je ne connais que depuis huit jours! Je ne voulais pas me trahir de sitôt, mais vous m'avez fait tant de peine que je ne savais plus ce que je disais. Non, non, il ne faut plus que vous m'approchiez avant de savoir qui je suis. Après cela, vous vous excuserez très humblement auprès de moi d'avoir pensé – car je sais que vous le pensez – que j'étais un peu trop prompte à prendre feu. Quand vous saurez qui je suis, vous serez forcé de convenir que c'était mon devoir de vous aimer à première vue et qu'aucune jeune fille au cœur bien placé n'eût pu faire autrement. »

On me croira volontiers, si j'affirme que je me serais parfaitement passé de ses explications, mais Édith déclara qu'il y aurait trêve de baisers jusqu'à ce qu'elle se fût pleinement justifiée, et je fus obligé de suivre la charmante énigme dans la maison.

En arrivant auprès de sa mère, elle chuchota quelques mots à l'oreille de Mme Leete, rougit et se sauva, nous laissant seuls ensemble.

Je découvris alors que, si étrange qu'eût été mon aventure, je n'en découvrais que maintenant le trait le plus étrange. J'appris de la bouche de Mme Leete qu'Édith n'était autre que l'arrière-petite-fille de ma bien-aimée perdue, Édith Bartlett.

Après avoir porté mon deuil pendant quatorze ans, celle-ci avait fait un mariage de convenance, dont naquit un fils qui fut le père de Mme Leete. Cette dernière n'avait jamais vu sa grand-mère, mais elle avait beaucoup entendu parler d'elle, et, lorsque sa fille vint au monde, elle lui donna le nom d'Édith. Cette homonymie contribua à augmenter l'intérêt que l'enfant porta, en grandissant, à tout ce qui concernait sa bisaïeule et surtout à l'histoire tragique du fiancé d'Édith Bartlett, mort, croyait-on, dans l'incendie qui détruisit sa maison. C'était une de ces aventures bien faites pour émouvoir la sympathie d'une enfant romanesque, et la pensée que le sang de la pauvre héroïne coulait dans ses veines rehaussait de beaucoup l'intérêt qu'y prenait la jeune fille. Un portrait d'Édith Bartlett, ainsi que quelques-uns de ses papiers, entre autres un paquet de mes propres lettres, se trouvaient parmi les reliques de la famille. Le portrait était celui d'une ravissante jeune femme dont la vue seule faisait naître une foule de pensées tendres et romanesques. Mes lettres donnèrent à

Édith une idée très nette de ma personnalité ; les deux réunis suffirent pour faire de cette vieille et triste histoire, à ses yeux, une réalité très présente. Il paraît qu'elle disait souvent à ses parents, comme par manière de plaisanterie, qu'elle ne se marierait pas à moins de trouver un amoureux comme Julien West, mais qu'il n'y en avait plus de pareils au XXe siècle.

Bien entendu, tout ceci n'était que le rêve éveillé d'une enfant dont l'âme n'avait pas encore connu l'amour, et il n'en serait rien résulté de sérieux sans la découverte, un beau matin, de la voûte encavée dans le jardin de son père et la révélation de l'identité de son locataire. Lorsque ce corps apparemment sans vie eut été transporté dans la maison, le portrait trouvé dans mon médaillon fut immédiatement reconnu pour être celui d'Édith Bartlett ; en rapprochant ce fait des autres circonstances, on sut immédiatement que je ne pouvais être que Julien West. Même sans l'espoir de me rendre à la vie – et personne n'y songea d'abord – Mme Leete me dit que cet événement eût laissé dans l'esprit de sa fille une impression ineffaçable. Le pressentiment de quelque subtile volonté de la destinée, liant son sort au mien, n'aurait-il pas exercé, dans de pareilles circonstances, une fascination irrésistible sur n'importe quelle femme ?

Lorsque j'étais revenu à la vie et que j'avais paru, dès l'abord, trouver un charme particulier à sa compagnie, Édith s'était-elle trop hâtée de répondre à la sympathie que je semblais lui témoigner ? Mme Leete m'en laissait juge. Elle ajouta que, si même j'étais de cet avis, il ne fallait pas perdre de vue que nous étions au XXe siècle, non au XIXe, et que, maintenant, l'amour grandissait plus vite et s'exprimait plus franchement qu'alors.

En quittant Mme Leete, j'allai vers Édith. Je commençai par prendre ses deux mains et je restai longtemps devant elle, plongé dans une contemplation muette de son visage. Pendant que je la fixais, le souvenir de cette autre Édith, qui avait été comme anesthésié par l'accident terrible qui nous avait séparés, commença à se réveiller en moi ; mon cœur était comme fondu par des sensations à la fois très douces et très pitoyables. Car celle qui ravivait d'une façon si poignante le souvenir de ma perte était aussi destinée à me la faire oublier. On eût dit qu'à travers ses beaux yeux, les yeux d'Édith Bartlett plongeaient dans les miens et m'envoyaient un sourire de consolation. Ma destinée n'était pas seulement la plus bizarre, mais certainement aussi la plus heureuse qu'un homme pût rêver. Un double miracle s'accomplissait en ma faveur. Échoué sur la grève de ce monde étranger, je ne m'y trouvais plus seul et sans compagne. Mon amour, que j'avais cru perdu, avait retrouvé un corps pour me consoler. Lorsque, enfin, dans une extase de gratitude et de tendresse, je pressai la délicieuse enfant dans mes bras, les deux Édith étaient comme confondues dans mon cœur, et jamais, depuis lors, elles n'ont été entièrement séparées.

Je m'aperçus bientôt qu'Édith, de son côté, éprouvait un dédoublement semblable de personnalité. Il est certain que jamais deux jeunes fiancés n'eurent une conversation aussi extraordinaire que la nôtre, ce soir-là. Elle paraissait beaucoup plus désireuse de m'entendre parler d'Édith Bartlett que d'elle-même ; de savoir comment je l'avais aimée que d'apprendre combien je l'aimais elle-même, récompensant les douces paroles que j'adressais à une autre par des larmes, des sourires et des étreintes.

« Il ne faut pas m'aimer trop pour moi-même, dit-elle. Je serai très jalouse pour elle, je ne permettrai pas que vous l'oubliez ! Je vais vous dire quelque chose qui vous paraîtra peut-être étrange : ne croyez-vous pas que les âmes reviennent quelquefois sur la terre pour accomplir une chose qui leur tient à cœur ? Que diriez-vous si je vous avouais que j'ai cru parfois que son âme revivait en moi, et que mon vrai nom était Édith Bartlett et non Édith Leete ? Je n'en sais rien. Bien sûr, aucun de nous ne peut dire qui il est vraiment, mais je le sens. Cela vous étonne-t-il, sachant à quel point je m'intéressais à vous et à elle avant même que vous n'arriviez ? Alors vous n'avez pas besoin de vous donner de peine pour m'aimer, pourvu que vous lui soyez fidèle. Il n'y a pas de danger que je sois jalouse. »

Le docteur était sorti cet après-midi, et je ne pus m'entretenir avec lui que plus tard. Les nouvelles que je lui communiquai n'étaient, sans doute, pas inattendues ; il me serra la main cordialement.

« En toute autre circonstance, mon cher West, dit-il, j'estimerais que cette démarche a été faite après une accointance bien courte. Mais, décidément, ces circonstances sortent de l'ordinaire. Pour être tout à fait sincère, fit-il en souriant, je devrais peut-être ajouter que, bien que je consente de grand cœur à la combinaison proposée, vous n'avez pas de raison de m'en être particulièrement reconnaissant. Mon consentement n'est qu'une pure formalité. Du momment que le secret du médaillon d'Édith était dévoilé. Car si Édith n'avait pas été là pour racheter le gage de son arrière-grand-mère, je crains que la loyauté de Mme Leete envers moi en aurait souffert. »

Ce soir-là, la lune baignait le jardin de sa clarté et, jusque vers minuit, nous nous promenâmes ensemble, Édith et moi, essayant de nous habituer à notre bonheur.

« Qu'aurais-je fait si vous ne m'aviez pas témoigné de sympathie ? dit-elle, j'en avais si peur ! Qu'aurais-je fait, alors que je sentais que je vous étais vouée ?

« Dès que vous êtes revenu à la vie, j'étais aussi sûre que si elle me l'avait dit elle-même que je devais la remplacer auprès de vous ; mais il fallait, pour cela, votre consentement. Ah ! ce matin-là, où vous paraissiez si terriblement dépaysé parmi nous, comme je brûlais de vous dire qui j'étais ! Mais je n'osais ni desserrer les lèvres, ni laisser père ou mère...

— C'est donc cela que vous ne vouliez pas que votre père me dît ! m'écriai-je en lui rappelant la conversation qu'il me semblait avoir entendue en sortant de ma léthargie.

— Sans doute, dit-elle en riant. Il vous a fallu tout ce temps pour le deviner ? Père, n'étant qu'un homme, croyait que vous vous sentiriez plus à votre aise si l'on vous disait qui nous étions. Il ne se préoccupait pas de moi le moins du monde. Mais mère me comprenait et, alors, on fit ce que je voulais. Je n'aurais jamais osé vous regarder en face, si vous aviez su qui j'étais. C'eût été m'imposer à vous d'une façon par trop hardie. J'ai même peur que vous ne jugiez ainsi mon attitude d'aujourd'hui. Je me suis donné assez de peine pour éviter votre censure, car je sais que, de votre temps, on exigeait que les jeunes filles dissimulassent leurs sentiments, et que j'avais horriblement peur de vous scandaliser. Bon Dieu, que cela devait être dur pour elles ! Toujours cacher leur amour comme on le ferait d'une faute ! Pourquoi croyaient-elles que c'était si mal d'aimer avant d'en avoir obtenu la permission ? Une permission pour aimer ! Les hommes se fâchaient-ils donc, quand les jeunes filles les aimaient ? Voilà qui n'est plus dans nos idées modernes. Je n'y comprends absolument rien. C'est une des choses les plus curieuses de ce temps-là, qu'il faudra que vous m'expliquiez. Est-ce qu'Édith Bartlett était aussi sotte que les autres ? »

Après avoir plusieurs fois vainement tenté de nous séparer, elle finit par insister pour que nous nous disions bonsoir, et j'allais imprimer sur ses lèvres un dernier baiser, lorsqu'elle me dit, avec une espièglerie indescriptible :

« Il y a une chose qui m'inquiète : êtes-vous bien sûr que vous pardonniez à Édith Bartlett d'en avoir épousé un autre que vous ? Les livres du XIXe siècle nous montrent les amants plutôt jaloux qu'épris, c'est pourquoi je vous adresse cette question. Comme je serais soulagée de savoir que vous n'en voulez pas, rétrospectivement, à mon arrière-grand-père d'avoir épousé votre bien-aimée ! Puis-je dire au portrait de mon arrière-grand-mère, quand j'irai dans ma chambre, que vous lui pardonnez tout à fait son infidélité ? »

Cette saillie de coquetterie moqueuse – que telle fût ou non l'intention de mon interlocutrice – me toucha au vif et, en me touchant, me guérit d'un absurde sentiment qui ressemblait quelque peu à la jalousie, et dont j'avais eu vaguement conscience, depuis que Mme Leete m'avait parlé du mariage d'Édith Bartlett. Même pendant que je tenais son arrière-petite-fille dans mes bras (tant nos sentiments manquent souvent de logique), je ne m'étais pas rendu compte que, sans ce mariage, cette situation n'aurait jamais pu se réaliser. L'absurdité de cet état d'esprit n'eut d'égale que la promptitude de ma résipiscence, lorsque la question malicieuse d'Édith dissipa le brouillard de mes idées.

Je l'embrassai en riant.

« Vous pouvez l'assurer de mon pardon le plus absolu, lui dis-je, mais, si elle avait épousé tout autre que votre arrière-grand-père, j'aurais pris autrement la chose. »

En rentrant dans ma chambre, je n'ouvris pas, comme d'habitude, le téléphone musical pour me transporter doucement dans le royaume des songes. Pour une fois, doucement, mes pensées faisaient une musique plus harmonieuse que tous les orchestres du XXe siècle, et je restai dans cet enchantement jusque vers le matin, où je m'endormis.

XXVIII

« J E SUIS UN PEU EN RETARD, monsieur. Mais j'ai eu plus de mal
   que d'habitude à réveiller monsieur. »

La voix était celle de mon domestique Sawyer. Je me dressai en
sursaut sur mon séant et regardai autour de moi. J'étais dans ma
chambre souterraine. La douce lumière de la lampe qui brûlait toujours dans l'appartement illuminait les murs et les meubles familiers.
À mon chevet, je vis le domestique, tenant à la main le verre de
sherry qui devait, selon la prescription du docteur Pillsbury, raviver
les fonctions vitales engourdies, au sortir du sommeil magnétique.

« Monsieur devrait avaler ceci d'un trait, dit-il, lorsque je le regardai d'un air ahuri. Monsieur paraît un peu chose, et cela lui fera du
bien. »

Je vidai le verre et je commençai à comprendre ce qui m'était
arrivé. C'était bien simple. Toute cette histoire du XXᵉ siècle, je l'avais
rêvée. J'avais rêvé de cette race d'hommes éclairés et sans soucis, de
leurs institutions si ingénieusement simples, du nouveau Boston avec
sa superbe forêt de dômes et de clochers, avec ses jardins et ses fontaines, avec son confort universel. L'aimable familiarité à laquelle je
m'étais abandonné, mon hôte et mentor, le docteur Leete, sa femme
et leur fille, cette seconde et plus délicieuse Édith, ma fiancée – tout
cela n'était que du rêve.

Pendant longtemps, je conservai l'attitude dans laquelle cette
conviction m'avait envahi, assis sur mon lit, regardant dans le vide,

absorbé dans l'évocation mentale des scènes et des incidents de ma vision fantastique. Sawyer, effrayé de ma mine, demandait avec inquiétude ce que j'avais. Secoué par son insistance, je finis par reconnaître l'endroit où je me trouvais. Je fis un effort pour rassembler mes esprits et je rassurai ce fidèle serviteur en lui disant que je me sentais très bien.

« J'ai fait tout bonnement un rêve extraordinaire, lui dis-je, un rêve vraiment extraordinaire. »

Je m'habillai machinalement, la tête lourde et mal à mon aise ; je pris mon café au lait avec des petits pains que Sawyer avait l'habitude de me préparer avant ma sortie. Un journal du matin était sur la nappe ; j'y jetai les yeux. Le journal portait la date du 31 mai 1887. Bien que sorti de mon rêve du xxe siècle, je n'en éprouvai pas moins une nouvelle secousse devant cette démonstration palpable que le monde n'avait vieilli que de quelques heures depuis que je m'étais endormi. Je parcourus le sommaire, en tête du journal, et j'y lus ce qui suit :

Affaires étrangères. – Guerre imminente entre la France et l'Allemagne. – Nouveaux crédits demandés aux Chambres françaises pour rétablir l'équilibre des effectifs militaires. – Probabilité d'une conflagration générale en cas de guerre. – Grande misère parmi les ouvriers sans travail à Londres. – Manifestation monstre en perspective. – Inquiétude des pouvoirs publics. – Grèves étendues en Belgique. – Le gouvernement se prépare à réprimer les émeutes. – Le scandale du travail féminin dans les mines de charbon en Belgique. – Évictions générales en Irlande.

Intérieur. – L'épidémie des malversations. – Soustraction d'un demi-million de dollars à New York. – Un dépôt détourné par des administrateurs. – Orphelins laissés sans le sou. – Un système de vol habilement organisé par un caissier : 50 000 dollars disparus. – Les barons des charbonnages décident d'augmenter le prix du charbon et de diminuer la production. – Le syndicat des blés à Chicago. – Une coterie fait monter le prix des cafés. – Énorme accaparement de terres par les syndicats de l'Ouest. – Révélation de faits de corruption scandaleux parmi les fonctionnaires de Chicago. – Grandes faillites de maisons de commerce. – Craintes d'une crise commerciale. – Une association de voleurs par effraction. – Assassinat d'une femme à New Haven. – Un propriétaire tué par un voleur. – Suicide à Worcester d'un ouvrier sans travail. – Une famille nombreuse abandonnée sans ressources. – Un couple de vieillards, à New Jersey, met fin à ses jours plutôt que de s'adresser à l'Assistance publique. – Nombreux renvois d'ouvrières dans les grandes villes. – Progrès de l'ignorance dans l'État de Massachusetts. – On demande de nouveaux asiles d'aliénés. – Adresses prononcées le jour de la Décoration. – Discours du professeur Brown, sur la grandeur morale de la civilisation au XIXe siècle.

Je m'étais bien réveillé au XIXe siècle ; plus de doute possible à ce sujet. Ce sommaire d'un journal n'était-il pas comme un microcosme complet, un résumé de l'esprit du siècle, dignement couronné par ce dernier trait de fatuité ? Après le réquisitoire terrible que renfermait cet abrégé du sang versé en un jour, de l'avidité et de la tyrannie universelles, parler de la grandeur morale du XIXe siècle semblait du cynisme digne de Méphistophélès. Et cependant, de tous ceux qui avaient ouvert le journal ce matin, j'étais peut-être le seul que cet étalage de cynisme révoltât ; hier encore, je ne m'en serais pas plus aperçu que les autres. C'est ce rêve singulier qui avait changé mes idées. Je ne saurais dire combien de temps je restai sous son influence, revivant par la pensée dans ce monde fictif, dans cette ville magnifique, avec le confort de ses maisons particulières et la splendeur de ses édifices publics. J'avais encore devant moi ces visages qui ne portaient l'empreinte ni de l'arrogance ni de la servilité, qui ne respiraient ni rapacité, ni inquiétude, ni ambition fiévreuse. Je revoyais les formes majestueuses d'hommes et de femmes qui n'aient jamais tremblé devant leurs semblables, soit par crainte, soit par intérêt, et qui, selon les paroles du sermon qui tintaient encore dans mes oreilles, « se tenaient droits devant Dieu ».

Ce fut avec un profond soupir et le sentiment d'une perte irréparable, bien que la perte ne fût que d'un rêve, que je secouai enfin ma rêverie et quittai la maison.

Je dus m'arrêter au moins une douzaine de fois avant d'arriver à la rue de Washington, tant la vision persistante du Boston de l'avenir me faisait paraître étrange le Boston du présent. La malpropreté et l'odeur nauséabonde des rues me frappèrent, comme si jamais auparavant je ne m'en étais aperçu. Hier encore, je trouvais fort naturel que les uns fussent vêtus de soie et les autres de haillons, que ceux-ci parussent bien nourris et ceux-là affamés. Aujourd'hui, au contraire, les différences criantes dans l'habillement et les conditions sociales des différentes personnes qui se coudoyaient sur les trottoirs me choquaient à chaque pas. Ce qui me choquait encore davantage, c'était l'indifférence complète du riche devant la détresse des misérables. Étaient-ce des êtres humains, ces hommes qui pouvaient contempler la misère de leurs semblables sans qu'un trait s'altérât dans leurs visages? Et cependant, je me rendais bien compte que ce n'étaient pas mes contemporains qui avaient changé, mais moi-même! J'avais rêvé d'une ville où tous les hommes vivaient en communauté, comme les enfants d'une même famille, et se protégeaient mutuellement.

Un autre trait de la physionomie du Boston réel qui m'étonnait comme étonnent les choses familières vues sous un nouveau jour, c'était le règne des affiches et des annonces. Dans le Boston du XXe siècle, cet usage était inconnu, parce qu'il n'était pas nécessaire. Mais, ici, les murs des édifices, les fenêtres, les quatrièmes pages des journaux, les pavés eux-mêmes, tout, excepté le ciel, était couvert par les boniments d'individus qui s'épuisaient en moyens ingénieux pour rançonner le public à leur profit. Sous toutes les variations reparaissait un thème unique : « Venez au secours de John Jones. Qu'importent les autres? Ce sont des voleurs. Moi, John Jones, je suis le seul honnête homme. Venez chez moi. Achetez chez moi. Écoutez-moi, pas d'erreur : John Jones est votre homme. Que les autres crèvent de faim, mais, au nom du ciel, souvenez-vous de John Jones! »

Était-ce la pitié ou le dégoût qui dominait dans ce spectacle? Je ne sais; toujours est-il que je me fis l'effet d'un étranger dans ma ville natale.

« Malheureux, fus-je tenté de m'écrier, vous qui, n'ayant pu apprendre à vous entraider, êtes condamnés à mendier les uns des autres, du haut en bas de l'échelle! Cet horrible charivari d'arrogance éhontée et de dénigrement mutuel, ce vacarme étourdissant de fanfaronnades opposées, d'appels, d'adjurations, ce système étonnant de mendicité impudente, qu'est-ce autre chose que le produit nécessaire d'une organisation sociale où la permission de servir le monde selon ses moyens, au lieu d'être reconnue comme un droit essentiel de chacun, n'est jamais que le prix d'une lutte pénible? »

J'atteignis la rue de Washington à l'endroit le plus affairé, et je m'arrêtai court, riant à gorge déployée, au grand scandale des passants. Rien au monde n'eût pu m'en empêcher, tant me semblait ridicule cette file interminable d'achalandages, souvent de la même nature, à perte de vue des deux côtés de la rue. Des magasins! Toujours des magasins et encore des magasins! Des lieues de magasins!

Dix mille magasins pour distribuer les denrées nécessaires aux habitants d'une seule ville, qui, dans mon rêve, les recevait toutes d'un unique entrepôt, au fur et à mesure qu'elles étaient commandées par une des grandes succursales de quartier, où l'acheteur, sans perte de temps ni de peine, trouvait, sous un seul toit, les échantillons de tous les produits du monde ! Là, le travail de distribution était si minime que son prix n'augmentait que d'une fraction imperceptible le prix de revient des marchandises. En somme, on ne payait que le prix de la fabrication. Mais ici, rien que la distribution des marchandises, les transmissions qu'elles subissaient, augmentaient le prix coûtant d'un quart, d'un tiers, quelquefois d'un demi, sinon davantage. Le consommateur paye ces milliers d'installations, il paye leur loyer, leur état-major de surveillants, leurs escouades de vendeurs, leur armée de comptables, de courtiers, et tout l'argent qui se gaspille en annonces, en hostilités mutuelles. Quel procédé infaillible pour réduire une nation à la mendicité !

Étaient-ce des hommes sensés ou des enfants que je voyais autour de moi et qui conduisaient leurs affaires de cette façon ? Des êtres sensés, ces hommes qui ne s'apercevaient pas de la folie qu'ils commettaient en surchargeant le prix de la marchandise une fois fabriquée, avant qu'elle entrât dans les mains de l'acheteur ? Si les gens se servent, pour manger, d'une cuillère qui laisse échapper la moitié du contenu dans le trajet de l'assiette aux lèvre, n'ont-ils pas des chances de mourir de faim ?

J'avais passé un millier de fois à travers cette rue de Washington, j'avais observé les us et coutumes des marchands ; mais aujourd'hui, il me semblait que j'y passais pour la première fois, tant la curiosité qu'ils m'inspiraient était nouvelle. Je remarquai avec étonnement les devantures de magasins remplies de marchandises, disposées avec le goût le plus raffiné, le soin le plus minutieux pour attirer l'œil du passant. Je vis cette foule de dames s'arrêtant pour regarder, et les patrons épiant avec anxiété l'effet de l'amorce. J'entrai dans un magasin. Je vis l'inspecteur à l'œil de faucon guettant les chalands, surveillant les employés, s'assurant qu'ils ne manquaient pas à leur consigne, et cette consigne c'était de faire acheter, toujours, toujours, toujours, avec de l'argent comptant, si le client en avait, à crédit s'il n'en avait pas, dût-il acheter ce dont il n'avait pas besoin, plus qu'il n'avait besoin, et plus qu'il n'avait les moyens d'acheter. Par moments, je perdais le fil, et ce spectacle m'ahurissait. Pourquoi cette rage de pousser les gens à la consommation ? Qu'y a-t-il de commun entre cette chasse au client et le commerce légitime qui consiste à distribuer des produits parmi ceux qui en ont besoin ? N'était-ce pas le comble du gaspillage que d'imposer aux uns le superflu et de priver les autres du nécessaire ? Chacun de ces exploits appauvrissait la nation. À quoi donc pensaient ces employés ? À ce moment, je me souvins qu'ils n'agissaient pas en qualité d'agents distributeurs, comme ceux que j'avais vus en rêve dans les magasins de Boston. Ils ne servaient pas l'intérêt public, mais leurs intérêts personnels. Peu leur importait l'effet ultime de leurs agissements sur la prospérité générale, pourvu qu'ils grossissent leur propre magot ; car ces marchandises leur appartenaient, et plus ils en vendaient, plus ils en tiraient profit. Encourager la prodigalité, tel était le but que se proposaient expressément les dix mille boutiquiers de Boston. Cependant, ces marchands et ces employés n'étaient pas plus méchants que le reste de leurs concitoyens. Obligés de gagner leur vie et de soutenir leurs familles, où eussent-ils trouvé un métier qui ne les forçât pas à placer leur intérêt personnel au-dessus de tout autre ? On ne pouvait leur demander de mourir de faim, en attendant un ordre des choses tel que celui que j'avais vu dans mon rêve, où l'intérêt de chacun se confondait avec l'intérêt de tous. Mais, grand Dieu ! comment s'étonner, avec un système pareil, que la ville fût laide et malpropre, les gens mal vêtus et qu'il y eût tant de malheureux en haillons et mourant de faim ?

Peu de temps après, je me transportai dans le quartier méridional de Boston, où se trouvent les grandes manufactures. J'avais visité ce quartier des centaines de fois, comme la rue de Washington ; cependant ici, de même que là-bas, je saisis pour la première fois la vraie signification de ce que je voyais. Autrefois, j'étais tout fier de savoir que Boston possédait, au dire des statisticiens, quatre mille fabriques indépendantes ; aujourd'hui, c'est précisément cette multiplicité d'établissements indépendants qui me révélait le secret de l'insignifiance de notre industrie prise dans son ensemble. Si la rue de Washington m'avait fait l'effet d'un Bicêtre, je me trouvais ici devant un Bicêtre agrandi de toute la distance qui sépare la production de la distribution. Car non seulement ces quatre mille établissements ne travaillaient pas de concert, et par ce fait seul travaillaient dans des conditions prodigieusement désavantageuses, mais, comme si cet état de fait n'impliquait pas déjà une perte suffisante de puissance, ils employaient toute leur habileté à se frustrer mutuellement, priant pendant la nuit et travaillant pendant le jour pour la destruction des entreprises rivales.

Le rugissement des roues et des marteaux résonnant de tous côtés n'était pas le bourdonnement d'une industrie pacifique, mais le cliquetis d'épées maniées par des bras hostiles. Ces usines, ces magasins, étaient autant de forteresses, chacune avec son drapeau, ses canons braqués sur les magasins et les usines d'en face, avec ses sapeurs disposant des mines souterraines pour les faire sauter.

Dans chacun de ces forts, on veillait à la discipline industrielle la plus sévère. Les divers bataillons obéissaient à une seule direction centrale. On ne tolérait ni doubles emplois, ni mains inoccupées. Par quel hiatus de logique expliquer alors la non-observation du même principe dans l'organisation des industries nationales prises dans leur ensemble ? Si le manque d'organisation peut compromettre la prospérité d'une seule entreprise, comment ne comprend-on pas que ce vice doit avoir des effets infiniment plus désastreux lorsqu'il s'agit du système général de l'industrie ? Comme on se moquerait d'une armée qui n'aurait ni bataillons, ni régiments, ni brigades, ni corps d'armée, en un mot pas d'unité plus grande que le peloton d'un caporal, pas d'officiers dépassant le grade de caporal, et tous les caporaux exerçant une autorité égale ! Cependant, c'est une armée semblable que formaient les industries manufacturières dans le Boston du xixe siècle. C'était une armée de quatre mille escouades indépendantes commandées par quatre mille caporaux indépendants, chacun muni d'un plan de campagne différent !

On voyait çà et là des groupes désœuvrés, les uns chômant parce qu'ils ne trouvaient pas d'ouvrage, les autres parce qu'ils ne pouvaient pas obtenir la rémunération qu'ils considéraient comme légitime.

J'accostai quelques-uns de ces derniers et ils me confièrent leurs griefs. Je ne pus que leur adresser de faibles consolations.

« Je vous plains de tout mon cœur, disais-je, votre salaire est bien minime, et, malgré cela, ce qui m'étonne, ce n'est pas que les industries dirigées de cette façon vous payent si mal, c'est qu'elles puissent vous payer quoi que ce soit. »

En retournant vers la partie péninsulaire de la ville, j'arrivai, vers trois heures, dans la rue States. Là, j'ouvris de grands yeux sur les bureaux des banquiers et des courtiers et d'autres établissements financiers, dont je n'avais pas rencontré le moindre vestige dans ma vision. Des hommes d'affaires, des employés de confiance, des garçons de recette, allaient et venaient dans ces bureaux, car l'heure de fermeture approchait. Je me trouvai vis-à-vis de la banque où je faisais mes affaires. Je traversai la rue et, suivant la poussée de la foule, je me cachai dans un coin, d'où j'observai l'armée des commis maniant l'argent, et la queue de déposants devant les guichets. Un vieux monsieur, que je connaissais, l'un des directeurs de la banque, m'apercevant dans cette attitude contemplative, s'arrêta un moment.

« Quel spectacle intéressant, dit-il, ne trouvez-vous pas, monsieur West ? Quelle prodigieuse machine ! Je pense comme vous là-dessus. Quelquefois, je m'arrête moi-même pour admirer tout cela. C'est un poème, monsieur, un vrai poème ! Savez-vous bien, monsieur West, que la banque est comme le cœur du système industriel ? C'est vers ce cœur ou de ce cœur que coule, dans des flux et des reflux incessants, le sang vital. Voici le flux ce soir, à demain matin le reflux. »

Et, satisfait de sa petite métaphore, le vieux monsieur continua son chemin en souriant.

Hier encore, j'aurais trouvé la comparaison assez juste ; mais, depuis, j'avais visité un monde infiniment plus riche que celui-ci, où, cependant, l'argent était inconnu et inutile. J'avais appris que l'argent n'a de raison d'être, dans le monde actuel, que parce que le travail producteur de la subsistance nationale, au lieu d'être considéré comme un intérêt général et primordial, et, comme tel, dirigé par la nation, est abandonné aux efforts hasardeux d'individus séparés. Cette erreur originelle rend nécessaire une série d'échanges interminables, pour aboutir, coûte que coûte, à la distribution des produits.

L'argent permet d'accomplir ces échanges (pour voir avec quelle équité, il suffisait de faire un tour dans les faubourgs populaires), il permet de les accomplir à l'aide d'une armée d'individus enlevés aux occupations productives, à travers de continuels écroulements et au prix d'une influence démoralisante sur l'humanité, qui justifie le nom flétrissant dont l'a désigné la sagesse des siècles : « Or, source de tous les maux. »

Pauvre vieux directeur, qui prenait les palpitations fébriles d'un abcès pour les battements du cœur ! Ce qu'il appelait « une prodigieuse machine » était un médiocre artifice imaginé pour remédier à un défaut qu'il eût été facile d'éviter, lourde béquille destinée à un estropié volontaire !

Après la fermeture des bureaux, j'errai sans but, pendant une heure ou deux, dans le quartier des affaires ; puis, je m'assis sur un des bancs publics, m'intéressant à la foule qui passait comme un voyageur qui étudie la populace d'un pays étranger, tant mes concitoyens et leurs mœurs m'étaient devenus étrangers depuis hier. J'avais vécu trente ans au milieu d'eux et je n'avais jamais encore remarqué combien leurs visages étaient fatigués et tirés, à tous, riches et pauvres, traits fins du gentleman ou masque grossier de l'homme inculte ! Et il fallait que cela fût ; car, aujourd'hui, je voyais plus clairement qu'auparavant que chacun, tout en marchant, se détournait pour écouter le fantôme de l'incertitude, qui murmurait à son oreille :

« Travaille tant que tu peux, mon ami ; lève-toi de bon matin et ne te repose qu'à la nuit ; dérobe avec adresse ou sers avec fidélité, jamais tu ne connaîtras la sécurité ! Riche aujourd'hui, tu peux être pauvre demain. Tu auras beau laisser des millions à tes enfants, tu ne pourras jamais être certain que ton fils ne deviendra pas le serviteur de ton serviteur ou que ta fille ne devra pas se vendre pour du pain. »

Un homme qui passait à ce moment me glissa dans la main un prospectus recommandant un nouveau mode d'assurance vie. Cet incident me fit penser au seul moyen qui offrît, à ces femmes et à ces hommes harassés de fatigue, un abri partiel contre l'incertitude. Par ce moyen, les gens aisés pouvaient se procurer l'espoir précaire qu'après leur mort ceux qu'ils aimaient, pendant un temps au moins, ne seraient pas foulés aux pieds des hommes. Mais c'était tout, et ceux-là seuls pouvaient en profiter qui avaient les moyens de payer. Oh ! combien ce simulacre d'assurance, dont se contentaient les pauvres enfants du désert, me semblait misérable à côté de ce que j'avais vu dans ce pays idéal, où chaque membre de la famille nationale était à l'abri du besoin grâce à une police signée par plus de cent millions de ses concitoyens !

Un peu plus tard, j'ai un vague souvenir de m'être trouvé debout sur les marches d'un édifice de la rue Tremont, suivant de l'œil une parade militaire. Un régiment passait, et, pour la première fois dans cette journée lugubre, j'éprouvai une autre émotion que celle de l'étonnement ou de la pitié. Ici, enfin, il y avait de l'ordre et de la logique, un exemple de ce que la coopération intelligente est en mesure d'accomplir. Et dire que les personnes qui assistaient à ce spectacle, le visage rayonnant, ne voyaient là qu'un objet de curiosité! Pouvaient-elles ne pas s'apercevoir que c'était cette action combinée, cette organisation, sous un seul contrôle, qui transformait cette poignée d'hommes en une machine redoutable, capable de vaincre une multitude dix fois plus nombreuses? Et, devant cette évidence, pouvaient-ils manquer d'établir une comparaison entre les moyens scientifiques employés pour les travaux de la paix? Ne se demanderaient-ils pas pourquoi, et depuis quand, la recherche des moyens de destruction paraissait chose plus importante à la société que la nourriture et les vêtements?

Le jour commençait à baisser et les rues étaient encombrées d'ouvriers et d'employés sortant des magasins et des fabriques. Entraîné par le courant, je ne tardai pas à me trouver au milieu d'une scène de malpropreté et de dépravation humaine que ne pouvait offrir que le quartier populeux et infect de South Cove. J'avais vu le gaspillage insensé du travail humain; ici, je voyais, dans sa forme la plus hideuse, la misère que ce gaspillage avait engendrée.

Des portes et des fenêtres noircies de ces repaires s'échappaient, de tous côtés, des bouffées d'air fétide. À sentir les effluves qu'exhalaient les rues et les passages, on eût dit l'entrepont d'un navire chargé d'esclaves. En passant, je saisissais au vol des visions d'enfants pâles, agonisant dans une atmosphère malsaine; des femmes à la physionomie désespérée, déformées par les privations, n'ayant conservé de la femme que la faiblesse extrême, tandis que, des croisées entrouvertes, des filles lançaient des œillades impudiques. Comme ces bandes affamées de chiens bâtards qui infestent les rues des villes de l'Orient, des essaims d'enfants, brutalisés et demi-nus, remplissaient l'air de jurons et de cris, bataillant et culbutant sur les tas de détritus qui encombraient les cours des maisons.

Rien de tout cela ne m'était nouveau. J'avais souvent parcouru cette partie de la ville, souvent j'y avais éprouvé un dégoût mêlé d'un certain étonnement philosophique, en songeant aux horreurs que les hommes peuvent endurer sans cesse de se cramponner à la vie. Mais les abominations morales de mon siècle m'apparaissaient sous un nouveau jour, aussi bien que ses folies économiques. Des écailles m'étaient tombées des yeux depuis que j'avais eu la vision d'un autre siècle. Je ne considérai plus avec une curiosité endurcie les tristes habitants de cet enfer comme des créatures à peine humaines. Je reconnus en eux mes frères, mes sœurs, mes parents, mes enfants, la chair de ma chair et le sang de mon sang. Le grouillement de la misère humaine qui m'entourait n'offusquait plus seulement mes sens, mais me perçait le cœur comme la lame d'un couteau, de sorte que je ne pus réprimer les soupirs et les gémissements. Non seulement je voyais, mais je sentais avec tout mon être.

Bientôt, en examinant ces malheureux de près, je m'aperçus qu'ils étaient tous morts. Leurs corps étaient autant de sépulcres vivants.

Tandis que mon regard terrifié se portait de l'une de ces têtes à l'autre, je fus pris d'une singulière hallucination. Je vis, comme un fantôme incertain et transparent superposé à chacun de ces masques grossiers, je vis la lumière idéale qui aurait éclairé ces visages si l'esprit et l'âme avaient vécu. Ce ne fut que lorsque je vis ces faces livides, lorsque je rencontrai leurs regards pleins de reproches justifiés, que l'entière horreur du désastre me fut révélée. Je fus pénétré de remords et d'une douleur incommensurable, car j'étais un de ceux qui avaient permis que ces choses fussent ainsi. J'étais de ceux qui, sachant bien que ces choses existaient, n'avaient pas voulu en entendre parler, ni être obligés d'y penser, qui avaient poursuivi leur route, comme si elles n'existaient pas, ne cherchant que leur plaisir et leur profit. Il me semblait voir maintenant, sur mes vêtements, le sang de mes frères, dont les âmes avaient été étranglées. La voix de leur sang m'accusait du fond de la tombe. De chaque pierre de ces pavés souillés, de chaque brique de ces repaires pestilentiels sortait une voix qui poursuivait ma fuite en me criant : « Caïn, qu'as-tu fait de ton frère ? »

Je ne me souviens pas clairement de ce qui se passa ensuite, jusqu'au moment où je me trouvai sur les marches sculptées de la superbe maison qu'habitait ma fiancée, dans l'avenue de la République. Au milieu du tumulte de mes pensées, ce jour-là, j'avais à peine songé une fois à elle. Mais, maintenant, obéissant à je ne sais quelle impulsion instinctive, mes pas avaient trouvé d'eux-mêmes le chemin familier de sa porte. Lorsque j'arrivai, on était à dîner, mais on me fit prier d'entrer. En dehors de la famille, je trouvai rassemblées là plusieurs personnes qui, toutes, m'étaient connues. La table resplendissait d'argenterie et de porcelaines de prix. Les dames étaient somptueusement habillées et couvertes de bijoux dignes de reines. C'était une scène d'élégance coûteuse et de luxe déréglé. Les convives paraissaient tous d'excellente humeur ; les rires sonnaient à travers un feu roulant d'esprit et de plaisanteries.

Pour moi, après avoir erré à travers cette forêt de misère où mon sang s'était transformé en larmes à force d'angoisses et de pitié, il me semblait être tombé dans quelque clairière, au milieu d'une société de gais pique-niqueurs. Je restai sans rien dire jusqu'à ce qu'Édith commençât à se moquer de ma mine lugubre. Elle demandait ce que j'avais. Le reste de la compagnie fit chorus, et je devins la cible des sarcasmes et des quolibets. Tous voulaient savoir où j'étais allé, ce que j'avais pu voir, pour rapporter cet air d'enterrement.

« Je viens de Golgotha, répondis-je à la fin. J'ai vu l'humanité suspendue à la croix. Ne savez-vous donc pas quel spectacle le soleil et les étoiles éclairent dans cette ville, pour que vous puissiez penser et parler d'autre chose ? Ignorez-vous qu'à deux pas de votre porte, il y a une multitude immense d'hommes et de femmes, de la chair de votre chair, dont l'existence, depuis la naissance jusqu'à la mort, n'est qu'une longue agonie ? Écoutez ! Leurs habitations sont si près des vôtres, que si vous faisiez taire vos rires, vous entendriez leurs voix désespérées, les cris suppliants des petits enfants qui sucent la misère, les jurons grossiers des hommes saturés de désespoir, redevenus presque des brutes, le trafic d'une armée de femmes qui se vendent pour du pain ! Quel tampon avez-vous donc mis dans vos oreilles pour ne pas entendre ce concert de lamentations plaintives ? Pour moi, je n'entends plus autre chose. »

Mes paroles furent suivies d'un silence. Un frisson de pitié m'avait secoué tandis que je parlais ; mais, lorsque je regardai autour de moi, je m'aperçus que, loin d'être émus comme le mien, les visages n'exprimaient qu'une dure et froide surprise, où se mêlaient, dans la physionomie d'Édith, une extrême mortification, et dans celle de son père une vive colère. Les dames échangeaient des regards scandalisés ; un monsieur avait mis son lorgnon et m'étudiait d'un air de curiosité scientifique ! Quand je m'aperçus que ces choses, qui me paraissaient si intolérables, ne les émouvaient pas le moins du monde, que les paroles qui faisaient fondre mon cœur n'avaient fait que les indisposer contre moi, je fus d'abord comme étourdi, puis accablé sous le dégoût et la douleur. Quel espoir restait-il pour les malheureux, pour le monde, quand des hommes sérieux, des femmes tendres, demeuraient insensibles à de pareilles infortunes ! Alors, je m'imaginai que, peut-être, je ne m'étais pas bien exprimé. Sans doute, on se formalisait parce que j'avais paru faire des reproches, tandis que Dieu sait qu'à ce moment je ne songeais qu'à l'horreur du crime social, sans prétendre à distribuer les responsabilités.

Je réprimai les élans de ma passion, j'essayai de parler avec calme et logique, afin de corriger l'impression que j'avais produite. Je dis que je ne songeais pas à les accuser, eux ou la classe riche en général, d'être responsables de la misère humaine. Sans doute le superflu qu'ils gaspillaient si gaiement eût suffi à soulager bien des infortunes. Ces mets coûteux, ces vins généreux, ces étoffes luxueuses, ces bijoux étincelants, représentaient la rançon de bien des existences. Ils n'étaient assurément pas innocents du crime de prodigalités des riches, qui mises bout à bout, ne pourraient qu'atténuer dans une faible mesure la pauvreté générale. Il y avait si peu à partager que si même le riche et le pauvre prenaient parts égales, chacun n'aurait, après tout, qu'un maigre croûton à ronger. Mais cette croûte serait adoucie et arrosée par le lait de la fraternité.

« C'est la folie des hommes, dis-je, et non la dureté de leur cœur, qui est la grande cause de la misère du monde. Ce n'est pas la faute de l'homme, ni d'une classe quelconque d'hommes, si la race humaine est si misérable : la faute en est à une colossale erreur ! » Et alors, je leur démontrai comment les quatre cinquièmes du travail de l'homme étaient dépensés en pure perte, par cette guerre de tous contre tous, par le manque d'organisation et de concert entre les travailleurs. Pour leur rendre la chose plus compréhensible, je pris pour exemple un terrain aride, dont le sol ne donnait de récoltes que grâce à un emploi judicieux des cours d'eau employés pour l'irrigation. Je leur montrai que, dans de pareils pays, la fonction la plus importante du gouvernement était de veiller à ce que l'eau ne fût pas gaspillée par l'égoïsme et l'ignorance des individus, afin d'éviter la famine. Par cette raison, l'emploi en était strictement et systématiquement réglé, et personne n'avait le droit de détourner les eaux, de les endiguer ou d'en abuser, par pur caprice, d'une façon quelconque.

« Le travail de l'homme, continuai-je, est la source fertilisante qui seule rend la terre habitable. Ce n'est jamais qu'une faible rivière, et il est nécessaire d'en régler l'usage par un système qui distribue chaque goutte de la manière la plus avantageuse, si l'on veut que le monde entier vive dans l'abondance. Mais comme la pratique actuelle est aux antipodes de toute saine méthode ! Chacun prétend se servir du précieux fluide à son gré, ne songeant qu'à préserver sa récolte et à compromettre celle du voisin, afin de vendre la sienne plus cher. Tels champs sont inondés par dépit et par méchanceté ; d'autres s'as-sèchent, et la moitié de l'eau se perd inutilement. Sous un pareil régime, si quelques-uns peuvent conquérir le luxe, à force de vigueur et de malice, le lot du grand nombre est nécessairement la pauvreté ; celui des faibles et des ignorants, la misère noire et la famine perpé-tuelle. Que la nation affamée prenne en main les fonctions qu'elles a négligées et réglemente, pour le bien commun, le cours du fleuve qui alimente la vie ; la terre fleurira comme un jardin, et nul de ses enfants ne manquera de rien. »

Je décrivis le bonheur matériel, la clarté intellectuelle, l'élévation morale qui entoureraient alors l'existence de tous les hommes. Je parlai avec ferveur de ce nouveau monde béni d'abondance, purifié par la justice, adouci par la fraternité ; de ce monde dont j'avais fait le rêve, mais qui pouvait si facilement devenir la réalité. Pour le coup, je m'attendais à ce que les visages qui m'entouraient s'illuminassent d'une émotion semblable à la mienne ; loin de là, ils devinrent plus sombres, plus irrités, plus dédaigneux. Au lieu d'enthousiasme, les dames ne manifestèrent que répugnance et épouvante, tandis que les hommes m'interrompaient avec des cris de réprobation et de mépris. « Insensé ! Misérable ! Fanatique ! Ennemi de la société ! » telles étaient leurs vociférations ; le monsieur qui m'avait lorgné ricana :

« Il dit que nous pouvons nous passer de pauvres. Ha ! Ha ! La bonne histoire ! »

« Mettez-moi cet individu dehors ! » s'écria le père de ma fiancée.

À ce signal, les hommes se levèrent de leurs sièges et se dirigèrent vers moi.

J'éclatais d'angoisse en constatant que ce qui me semblait si clair, si essentiel, était pour eux dépourvu de signification, et que j'étais impuissant à leur faire changer d'avis. Mon cœur était si plein de flammes, qu'il aurait pu faire fondre un glacier. Et après tout cela, sentir le froid mortel figer mes propres fibres !

Je n'éprouvai pas de haine envers ceux qui se ruaient sur moi, rien que de la pitié pour eux et pour le monde !

Quoique désespéré, je ne rendis pas les armes ; je luttai quand même, des larmes ruisselaient de mes yeux. L'émotion paralysa ma voix. Je suffoquai, je sanglotai, je gémis ; l'instant d'après, je me trouvai assis sur mon lit, dans la maison du docteur Leete. Le soleil du matin filtrait à travers mes fenêtres entrouvertes. J'étais haletant ; les pleurs coulaient le long de mes joues ; tous mes nerfs vibraient.

Tel un forçat évadé qui a rêvé qu'il a été rattrapé et réintégré dans un cachot infect ouvre enfin les yeux pour apercevoir la voûte du ciel au-dessus de lui ; telle fut mon impression lorsque je me rendis compte que mon retour au XIXe siècle avait été le rêve et ma présence dans le XXe la réalité.

Les spectacles cruels dont j'avais été témoin dans ma vision, et que je pouvais si bien confirmer par mon expérience de ma vie d'autrefois, avaient, hélas ! existé et devaient, par le souvenir, toucher les cœurs compatissants jusqu'à la fin des temps. Mais tout cela, Dieu merci, était passé pour toujours. Depuis longtemps, l'oppresseur et l'opprimé, le prophète et le contempteur, étaient poussière. Des générations s'étaient succédé depuis que richesse et pauvreté étaient des mots hors d'usage.

Mais, à ce moment, alors que je rêvais avec une gratitude ineffable à la grandeur du salut universel et à mon bonheur d'en jouir, je sentis mon cœur transpercé par un sentiment de honte et de remords, qui me faisait baisser la tête et souhaiter que la tombe m'eût englouti avec mes semblables. Car j'avais été un homme de cette époque passée. Qu'avais-je fait pour contribuer à la délivrance dont j'osais me réjouir aujourd'hui ? Moi, qui avais vécu dans ces jours cruels et stupides, qu'avais-je fait pour y mettre un terme ? Je m'étais montré à tous égards aussi indifférent à la misère de mes frères, aussi cyniquement rebelle à l'idée d'un monde meilleur. J'avais été un adorateur aussi infatué du chaos et de la nuit. Dans les limites de mes forces, j'avais plutôt empêché que favorisé l'affranchissement de l'espèce. De quel droit saluais-je cette ère nouvelle qui me cinglait comme un reproche ? De quel droit me réjouir du jour, après avoir raillé l'aurore ?

« Mieux eût valu pour toi, me disait une voix intérieure, que ce mauvais rêve eût été la réalité, et cette belle réalité le rêve. Tu avais un plus beau rôle en plaidant pour l'humanité crucifiée auprès d'une génération railleuse, qu'en t'abreuvant à des sources que tu n'as pas creusées, en cueillant des fruits d'arbres plantés par ceux à qui tu jetais des pierres ! »

Et mon esprit répondit :

« Oui, cela eut mieux valu. »

Lorsque, enfin, je relevai la tête, j'aperçus, par la fenêtre, Édith, fraîche comme le matin et cueillant des fleurs au jardin. Je me hâtai de la rejoindre. Je me prosternai devant elle et à ses pieds, le front dans la poussière, les yeux baignés de larmes, je confessai combien peu j'étais digne de respirer l'air de ce siècle doré, combien moins digne encore de boire le parfum de la plus belle fleur qu'il eût portée. Heureux celui qui, dans un cas aussi désespéré que le mien, rencontre un juge aussi plein de miséricorde !

Annexes

Post-Scriptum sur les avancées du progrès dans le monde [*]

À l'éditeur du *Transcript* de Boston

Je souhaite qu'on me permette de dire un mot en réponse à la recension de *Looking Backward* parue dans le *Transcript* du 30 mars 1888. Le nouvel ordre social, les institutions industrielles et les modes d'organisation qui y sont décrits – et dont sont présumés bénéficier les citoyens des États-Unis au xxe siècle – rien de tout cela, dans cette recension, n'est tenu pour un idéal de bonheur et de développement moral qui serait nécessairement hors de portée de l'espèce humaine : à condition, dit-on toutefois, que l'on s'accorde le temps nécessaire pour y parvenir, compte tenu de notre point de départ qui est le présent état, chaotique, de la société.

Selon le signataire de la recension, l'auteur de *Looking Backward* n'a pas tenu compte de cette variable et a donc commis une erreur grossière qui diminue la valeur d'un ouvrage qui se veut une œuvre d'imagination, certes, mais réaliste. Ce critique suggère donc qu'au lieu de situer la réalisation de l'idéal social dans tout juste cinquante ans, il eût mieux valu la situer dans soixante-quinze siècles.

Il y a une énorme différence entre cinquante ans et soixante-quinze siècles et si l'estimation du critique quant à la marche probable du progrès humain est juste, les perspectives pour notre monde sont très décourageantes.

Mais a-t-il raison ? Je ne le pense pas.

[*]. Traduit de l'anglais par Normand Baillargeon et Chantal Santerre.

Bien que la forme de *Looking Backward* soit celle d'une œuvre d'imagination, le roman se veut, très sérieusement, une prévision conforme aux lois de l'évolution en ce qui a trait à la prochaine étape du développement industriel et social de l'humanité – tout particulièrement en ce qui concerne ce pays-ci. Son auteur estime, en outre, qu'aucune de ses prévisions n'est mieux étayée que celle qui affirme que l'aube de l'ère nouvelle est proche et qu'elle sera tout naturellement et sans conflits suivie du jour éclatant.

Compte tenu de l'ampleur des changements nécessaires, cela semblera peut-être à première vue inconcevable. Pour autant, que nous disent les leçons de l'histoire, sinon que de grandes transformations nationales ont pu se préparer des siècles durant sans qu'on les remarquât, mais que, sitôt qu'elles sont amorcées, elles s'accomplissent avec une rapidité et une force implacables, proportionnelles à leur intensité, et aucunement limitées par elle ?

En 1759 [1], lorsque Québec tomba, la puissance de l'Angleterre en Amérique semblait irrésistible et la domination des colonies assurée. Et pourtant, trente ans plus tard, on élisait le premier président de la République américaine [2].

En 1849, après Novare [3], le destin de l'Italie semblait aussi sombre qu'à n'importe quelle époque depuis le Moyen Âge : et pourtant, seulement quinze ans plus tard, Victor-Emmanuel [4] était couronné Roi de l'Italie unifiée.

En 1864 [5], le rêve millénaire de l'unité de l'Allemagne pouvait sembler aussi inaccessible qu'il ne l'avait jamais été. Sept années plus tard, il était pourtant réalisé et Guillaume [6] ceignait à Versailles la couronne de Barberousse [7].

1. 1759 est l'année de la bataille des plaines d'Abraham.
2. En 1789, George Washington devient le premier président des États-Unis.
3. Novare (Novara), ville italienne située à 100 kilomètres de Turin et à 50 de Milan, fut le théâtre, le 23 mars 1849, d'une défaite de Charles-Albert de Sardaigne (1798-1849) et du *Risorgimento* (ou Renaissance : c'est le nom du mouvement d'unification et de libération de l'Italie) aux mains de l'armée autrichienne.
4. En 1861, le royaume d'Italie est proclamé et il a pour souverain Victor-Emmanuel II (1820-1878).
5. En 1864, une guerre oppose le Danemark et la Prusse pour la possession du duché de Schleswig.
6. Guillaume Ier (1797-1888) réalisa l'unité allemande ; il fut proclamé empereur en 1871.
7. Frédérick Ier, dit Barberousse (1122 ou 23-1190), empereur germanique.

En 1832, la première société anti-esclavagiste était fondée à Boston par des gens qu'on considérait comme des visionnaires[1]. Trente-huit ans plus tard, cette société se dissolvait, ayant accompli le programme qu'elle s'était fixé[2].

Bien entendu, ces précédents ne prouvent pas que les transformations industrielles et sociales que dessine *Looking Backward* soient imminentes, mais ils montrent que lorsque les conditions morales et économiques sont favorables, on peut s'attendre à ce que les choses se déroulent très rapidement.

Sur aucune autre scène que sur celle de l'histoire ne voit-on des changements de décor aussi magiquement rapides, du moins lorsque l'heure de ces changements a sonné. La question, dès lors, n'est pas de mesurer l'ampleur des changements de décor à apporter pour qu'advienne une nouvelle civilisation fraternelle, mais bien s'il y a ou non des indices permettant de penser qu'une transformation sociale est imminente.

Les raisons qui la font de plus en plus se rapprocher sont depuis toujours à l'œuvre. Chaque fois que la pauvreté a été entrevue, chaque fois que des larmes de pitié ont coulé, chaque fois qu'une passion humaine a été ressentie, qu'a été donné à voir un enthousiasme généreux, chaque fois qu'a été ressenti un véritable sentiment religieux, chaque fois que des êtres humains ont agi selon la sympathie mutuelle qui les pousse à s'unir et à se rapprocher, dans chacun de ces cas, depuis les débuts de la civilisation, quelque chose a été ajouté au torrent des tendances qui conduisent vers l'ultime aboutissement : la mise en place d'un type de société qui sera infiniment plus efficace pour assurer la prospérité matérielle de ses membres et qui sera conforme à nos instincts moraux qui, dès lors, ne seront plus meurtris ni outragés.

Que ce vaste torrent d'influences, qui sans cesse va s'élargissant et s'approfondissant, soit finalement sur le point de rompre les digues

1. Le principal de ces visionnaires était William Lloyd Garrison. Le 6 janvier 1832 il fonde, avec quelques autres, la New England Anti-Slavery Society.

2. L'esclavage est légalement aboli aux États-Unis en 1865, par le 13ᵉ amendement à la Constitution. Bellamy réfère ici au 15ᵉ amendement à la Constitution, adopté quant à lui en 1870, et qui accorde le droit de vote aux Noirs : il marque le moment où la société anti-esclavagiste jugera avoir « accompli le programme qu'elle s'était fixé ».

qu'il sape depuis si longtemps, c'est là une interprétation plausible de l'universelle irritation qui naît dans l'esprit des hommes aux imperfections de l'actuelle organisation sociale. Non seulement les ouvriers du monde entier sont-ils engagés dans une insurrection universelle, mais les hommes et les femmes sincères et humains, quelles que soient leurs conditions, sont désormais dans un état d'exaspération qui frise la révolte absolue contre des conditions sociales d'existence qui réduisent la vie à n'être qu'un combat forcené pour la survie, qui contredisent tous et chacun des enseignements de la morale et de la religion et qui rendent futiles tous les efforts de la philanthropie.

De même qu'un iceberg qui flotte vers le sud depuis le nord glacial fond peu à peu dans les eaux des mers plus chaudes jusqu'à être soudainement renversé, troublant les eaux à une grande distance par les vagues que cause sa chute, de même le barbare système industriel et social qui nous a été légué depuis la féroce Antiquité se dissout peu à peu sous les effets de la bonté et de la modération humaines et se désagrège sous le poids des critiques de la science économique. Les convulsions du monde nous annoncent sa chute prochaine.

Quiconque y a réfléchi convient que l'état actuel de la société annonce de grands changements : la seule question qui demeure posée est de savoir si ces changements seront pour le meilleur ou pour le pire. Ceux qui croient en la noblesse fondamentale de l'être humain penchent vers la première hypothèse ; ceux qui croient en sa fondamentale méchanceté pour la deuxième. En ce qui me concerne, j'opte pour la première hypothèse. *Looking Backward* a été rédigé avec l'intime conviction que l'âge d'or est devant nous, et pas derrière nous et qu'il est même à portée de main.

Nos enfants le verront certainement ; et nous aussi, qui sommes déjà des hommes et des femmes, nous le verrons, si du moins nous le méritons par notre foi et par nos actes.

Edward Bellamy

L'ALLÉGORIE DU RÉSERVOIR [*]

PRÉSENTATION

Le texte qui suit provient du chapitre XXIII de *Equality*, la suite de *Looking Backward* publiée par Edward Bellamy en 1897.

À travers la métaphore filée d'un réservoir d'eau, l'auteur y développe plusieurs de ses idées sur l'économie et cette puissante allégorie est devenue aussi célèbre que celle de la diligence – qui se trouve, on s'en souviendra, au début de *Looking Backward*.

Cette fois encore, Bellamy déploie son immense talent de vulgarisateur en inventant une puissante image qui lui permet d'aborder des sujets aussi variés que la fixation des salaires et des prix, le chômage, le marché et ses cycles, la charité, le luxe, l'abondance et la pauvreté. Il expose en outre, on l'aura deviné, le remède qu'il préconise.

Ce texte est également une évocation de la crise économique de 1893, alors toute récente, et une virulente et impitoyable parodie de ces innombrables et piteuses explications qu'en donnèrent les économistes et intellectuels de l'époque – ils sont ici présentés comme des Devins.

*
* *

[...]

Il était une fois un pays très sec dont les habitants avaient si désespérément besoin d'eau qu'ils ne faisaient rien d'autre, du matin au soir, que d'en chercher et que plusieurs mouraient de n'en avoir pas trouvé.

[*]. Traduit de l'anglais par Normand Baillargeon et Chantal Santerre.

Il y avait toutefois dans ce pays des hommes plus habiles et plus assidus et qui étaient parvenus à rassembler de grandes quantités d'eau là où d'autres n'avaient rien trouvé : on les appelait les Capitalistes. Or il vint un moment où les gens du pays, désespérément assoiffés, allèrent trouver les Capitalistes pour les supplier de leur donner à boire un peu de l'eau qu'ils avaient réunie. Mais les Capitalistes leur répondirent ainsi :

— Éloignez-vous, pauvres fous! Pourquoi devrions-nous vous donner de cette eau que nous avons trouvée? Pour devenir aussi pauvres que vous et mourir avec vous? Voici ce que nous allons plutôt faire : devenez nos serviteurs et alors nous vous donnerons de l'eau.

Les gens du pays acquiescèrent :

— Soit. Donnez-nous de l'eau et nous et nos enfants deviendrons vos serviteurs.

Et il fut fait ainsi.

Les Capitalistes étaient des hommes malins. Ils formèrent avec leurs nouveaux serviteurs des troupes menées par des capitaines et des officiers; certaines furent envoyées à des ruisseaux pour recueillir l'eau, d'autres furent chargées de la transporter, d'autres encore furent assignées à la recherche de nouvelles sources. Toute l'eau trouvée était transportée à un même endroit, où les Capitalistes construisirent un immense réservoir afin de pouvoir la contenir. On appela ce réservoir le Marché, puisque c'était là que tout le monde, y compris les serviteurs des Capitalistes, venait chercher de l'eau.

Les Capitalistes dirent alors à leurs serviteurs :

— Pour chaque seau d'eau que vous nous apporterez et qui sera versé dans ce réservoir, que nous appelons le Marché, nous vous donnerons un sou; pour chaque seau d'eau que nous tirerons de ce réservoir afin de vous donner à boire, à vous ainsi qu'à vos femmes et à vos enfants, vous nous donnerez deux sous : la différence s'appellera Profit. Sans ce profit, qui est à nous et à nous seulement, nous ne pourrions faire tout ce que nous faisons pour vous : sans lui vous péririez donc tous.

Tout cela sembla juste et bon aux gens du peuple, qui étaient peu éclairés; aussi des jours durant apportèrent-ils des seaux remplis d'eau au réservoir. Pour chaque seau qu'ils apportaient, les Capitalistes leur donnaient un sou; et chaque fois que les Capitalistes tiraient pour eux un seau d'eau du réservoir, les gens du peuple leur rendaient deux sous.

Pour chaque seau que les gens y vidaient, ils ne recevaient donc que de quoi acheter un demi-seau : et c'est ainsi qu'après plusieurs jours, le réservoir, qui était le Marché, fut plein et que de l'eau commença à s'écouler par son sommet. Les gens étaient fort nombreux et les Capitalistes en petit nombre et comme, en outre, ceux-ci ne pouvaient pas boire plus que les autres, l'excédent d'eau augmenta et bientôt le réservoir déborda abondamment.

Lorsque les Capitalistes virent cela, ils dirent au peuple :

— Ne voyez-vous donc pas que le réservoir déborde ? Asseyez-vous et soyez patients. Vous ne devez plus nous apporter d'eau, tant et aussi longtemps que le réservoir ne sera pas vidé.

Mais, ne recevant plus comme hier de sous des Capitalistes en échange de l'eau qu'ils leur apportaient, les gens du peuple ne pouvaient plus acheter d'eau et n'avaient nulle part ailleurs où aller se la procurer. Les Capitalistes, de leur côté, durent se rendre à une troublante évidence : ils ne réalisaient plus aucun profit puisque personne ne leur achetait de l'eau. Ils décidèrent donc d'envoyer sur les grandes routes, sur les petites routes et sur tous les chemins des émissaires qui criaient sans répit : « Qui a soif peut venir au réservoir et acheter de l'eau. Venez au réservoir qui déborde.

— Les temps sont durs, se disaient les Capitalistes, nous devons travailler à notre publicité.

Les gens du peuple leur dirent alors :

— Comment pourrions-nous acheter si vous ne nous donnez pas de travail ? Comment, sans travail, aurions-nous de quoi acheter ? Embauchez-nous, comme auparavant, et nous serons enchantés d'acheter de l'eau, d'autant que nous avons très soif. Vous n'aurez même plus besoin de faire de la publicité.

Mais les Capitalistes leur répondirent :

— Vous voudriez que l'on vous embauche pour apporter de l'eau au réservoir alors qu'il déborde ? Achetez d'abord et quand, par vos achats, le réservoir sera de nouveau vide, nous vous embaucherons.

Et c'est ainsi que, les Capitalistes ne les embauchant plus pour apporter de l'eau au réservoir, les gens du peuple ne pouvaient même plus acheter l'eau qu'ils y avaient apportée et que les Capitalistes, ne pouvant plus leur vendre d'eau, ne pouvaient plus les embaucher. Les Capitalistes décrétèrent alors :

— C'est une crise.

La soif des gens du peuple devenait de plus en plus grande, grandissant d'autant que rien n'était plus, à cette époque, comme au temps de leurs pères, alors que la terre était à tout le monde et que chacun pouvait aller se chercher de l'eau pour lui-même. Les Capitalistes s'étaient en effet approprié toutes les sources, tous les puits, toutes les roues hydrauliques, tous les récipients et tous les seaux, de telle sorte que personne ne pouvait plus obtenir d'eau si ce n'est par le Marché – autrement dit au réservoir. Les gens du peuple commencèrent donc à protester et ils dirent aux Capitalistes :

— Voyez ce réservoir qui déborde tandis que nous mourons de soif. Donnez-nous de l'eau afin que nous ne périssions pas.

Mais les Capitalistes répondirent :

– C'est hors de question. L'eau est à nous. Vous ne boirez que si vous êtes capables de payer.

Et ils réaffirmèrent cette décision en proclamant leur volonté de n'agir désormais que conformément à leur nouveau slogan : « Les affaires, c'est notre affaire ! »

Mais les Capitalistes étaient inquiets de ce que les gens n'apportaient plus d'eau, les privant ainsi de profits. Ils se firent alors les réflexions suivantes :

— On dirait que nos profits ont tué nos profits, que les profits que nous avons faits hier nous empêchent aujourd'hui de faire de nouveaux profits. Comment est-il possible que nos profits nous soient devenus improfitables ? Comment se peut-il que nos gains nous appauvrissent ? Que l'on aille chercher les Devins, qui sauront nous interpréter ces mystères.

On alla donc quérir les Devins.

Les Devins étaient des hommes de savoirs obscurs, qui s'étaient alliés aux Capitalistes à cause de l'eau qu'ils possédaient, pour en avoir eux aussi et afin qu'ils puissent survivre, eux et leurs enfants. Ils servaient d'ambassadeurs des Capitalistes auprès du peuple, auquel ils parlaient en leur nom. Il faut dire que les Capitalistes n'étaient ni très vifs d'esprit, ni très doués pour les discours.

Les Capitalistes demandèrent donc aux Devins de leur expliquer pourquoi, le réservoir étant plein, les gens ne leur achetaient plus d'eau.

Certains Devins répondirent en disant :

— C'est la surproduction.

D'autres dirent :

— C'est la sursaturation.

Mais cela voulait dire exactement la même chose.

D'autres encore expliquèrent :

— Pas du tout. C'est à cause des taches sur le soleil.

D'autres enfin assurèrent :

— Ce n'est ni par la sursaturation, ni par les taches sur le soleil que ce mal est venu jusqu'à nous, mais à cause d'un manque de confiance.

Et tandis que les Devins se disputaient entre eux selon leurs rites, les hommes de profit tombèrent dans un paisible sommeil. Quand ils s'éveillèrent, ils dirent aux Devins :

— Cela suffit, maintenant. Vous avez parlé à votre aise : à présent, allez trouver les gens du peuple et parlez-leur. Et faites en sorte qu'ils demeurent calmes et nous laissent en paix.

Mais les Devins, ces charlatans – c'est du moins ainsi que certains les appelaient – craignaient fort d'aller vers les gens du peuple, qui ne les aimaient guère et qui pourraient aussi bien les lapider. Ils dirent donc aux Capitalistes :

— Maîtres, c'est un des mystères de notre art que si des hommes ont bien bu, bien mangé et sont au repos, ils trouveront du réconfort dans nos propos, ainsi que vous venez d'en faire vous-mêmes l'expérience. Cependant, si des hommes ont soif et faim, ils ne trouvent aucun réconfort dans nos discours et se moquent plutôt de nous. Tout se passe comme si notre sagesse semblait vide à quiconque n'est pas rassasié.

Mais les Capitalistes leur dirent sèchement :

— Partez immédiatement. N'êtes-vous pas nos ambassadeurs ?

Les Devins allèrent donc trouver le peuple pour lui expliquer les mystères de la surproduction, pour leur faire comprendre pourquoi certains d'entre eux devaient mourir de soif parce qu'il y avait trop d'eau et pourquoi, en ce moment même, il ne pouvait y avoir assez d'eau puisqu'il y en avait trop. Ils parlèrent également des taches sur le soleil et expliquèrent aussi pourquoi ce qui arrivait ne pouvait manquer d'arriver étant donné le manque de confiance. Mais ce fut peine perdue pour les Devins : aux yeux des gens du peuple, leur savoir était vain. Ils les injurièrent donc :

— Foutez le camp, têtes creuses. Vous vous moquez de nous. Ce serait donc l'abondance qui causerait la famine ? De rien on tirerait beaucoup ?

Sur ces mots, ils commencèrent à ramasser des pierres pour lapider les Devins. Lorsque les Capitalistes constatèrent que le peuple était encore en colère et qu'il refusait de prêter l'oreille aux propos des Devins, ils prirent peur qu'il ne vienne au réservoir s'emparer de l'eau par la force. Ils firent donc venir les Saints Hommes – c'étaient de faux prêtres – pour qu'ils aillent expliquer au peuple qu'il devait rester calme et ne pas déranger les Capitalistes sur le simple prétexte qu'il avait soif. Et ces Saints Hommes, ces faux prêtres, affirmèrent aux gens du peuple que cette affliction leur était envoyée par Dieu pour guérir leurs âmes, que s'ils acceptaient de prendre leur mal en patience, sans convoiter l'eau, sitôt qu'ils mourraient, ils iraient dans un pays sans Capitalistes, un pays où il y a de l'eau en abondance. Et ils leur assurèrent pour finir qu'ils étaient d'authentiques prophètes de Dieu qui jamais ne parleraient au nom des Capitalistes, bien au contraire, puisqu'ils parlaient toujours contre eux.

Mais les Capitalistes durent constater que le peuple était toujours en colère et qu'il n'avait pas été plus apaisé par les propos des Saints Hommes qu'il ne l'avait été par ceux des Devins. Ils décidèrent donc d'aller eux-mêmes au-devant du peuple. Ils trempèrent les bouts de leurs doigts dans l'eau qui débordait du réservoir, afin de les mouiller puis, en se secouant les mains, ils lancèrent à la volée des gouttes d'eau sur les gens qui s'étaient massés autour du réservoir. Ces gouttes d'eau furent baptisées Charité. Elles avaient un goût terriblement amer.

Mais les Capitalistes durent cette fois constater que pas plus que les mots des Saints Hommes, ces faux prêtres, ou que ceux des Devins, les gouttes d'eau de la Charité n'avaient su apaiser le peuple, qui devenait de plus en plus en colère et qui se massait autour du réservoir, comme s'il était déterminé à s'emparer de l'eau par la force. Les Capitalistes tinrent alors conseil et décidèrent d'envoyer des espions parmi les gens du peuple, afin d'y recruter ceux qui étaient doués pour le combat. Les espions les réunirent ensuite et leur tinrent cet habile discours :

— Pourquoi ne pas lier votre destin à celui des Capitalistes ? Si vous acceptez d'être de leur côté et de les servir contre le peuple, si vous faites en sorte que le peuple ne s'en prenne pas au réservoir, vous aurez de l'eau en abondance et ni vous ni vos enfants ne mourrez.

Ces hommes forts et doués pour la guerre prêtèrent l'oreille à ces propos et, comme ils avaient soif, ils se laissèrent persuader : ils joignirent les rangs des Capitalistes et devinrent leurs hommes de main. On leur remit des dagues et des épées et ils se firent le rempart des Capitalistes, frappant et châtiant le peuple sitôt qu'il s'approchait du réservoir.

Des jours et des jours passèrent. Les Capitalistes élevaient des fontaines, creusaient des étangs à poissons, leurs femmes et leurs enfants prenaient des bains et ils dépensaient l'eau pour leur seul plaisir. Un jour, le niveau de l'eau baissa dans le réservoir.

Lorsqu'ils constatèrent que le réservoir était vide, les Capitalistes déclarèrent que la crise était finie. Ils firent quérir des gens qu'ils embauchèrent pour apporter de l'eau et remplir à nouveau le réservoir. Chaque seau d'eau que les gens apportaient au réservoir leur était payé un sou et chaque seau d'eau qu'ils achetaient leur était vendu deux sous. Le moment vint donc où le réservoir déborda de nouveau.

Lorsque les gens eurent de la sorte rempli de nombreuses fois le réservoir jusqu'à ce qu'il déborde et qu'ils eurent souffert de la soif à de nombreuses reprises en attendant que les Capitalistes eurent gaspillé le surplus d'eau, des voix s'élevèrent dans le pays, les voix de ceux qu'on appela les Agitateurs, parce qu'ils tentaient de soulever le peuple. Ces voix s'adressaient aux gens du peuple en leur disant qu'ils devaient unir leurs forces, que s'ils le faisaient ils n'auraient plus besoin d'être les serviteurs des Capitalistes et que plus jamais ils ne seraient assoiffés. Les Capitalistes voyaient ces Agitateurs d'un très mauvais œil et, n'eut été de la peur que leur inspirait le peuple, ils les auraient sans aucun doute fait crucifier.

Ce que les Agitateurs disaient au peuple, c'était essentiellement ceci :

— Ô malheureux peuple, combien de temps encore seras-tu trompé par des mensonges ? Ô gens du peuple, combien de temps encore croirez-vous à ce qui n'est pas et qui vous fait souffrir ? Car la vérité est que tout ce que vous ont raconté les Capitalistes et les Devins ne sont que d'astucieux mensonges. Quant à ces Saints Hommes qui vous disent que c'est par la volonté de Dieu que vous êtes pauvres et que vous le resterez toujours, ce sont non seulement des menteurs mais aussi des blasphémateurs et Dieu les jugera sévèrement après qu'Il aura pardonné à tous les autres. Pourquoi donc ne pouvez-vous pas venir prendre de l'eau au réservoir ? N'est-ce pas parce que vous n'avez point d'argent ? Mais pourquoi donc n'avez-vous pas d'argent ? N'est-ce pas pour cette raison que vous recevez un sou par seau apporté au réservoir, c'est-à-dire au Marché, alors que vous devez en payer deux pour obtenir un seau d'eau, et cela pour permettre aux Capitalistes de réaliser un profit ? Ne voyez-vous pas que de cette manière le réservoir doit nécessairement déborder, qu'il se gonfle de ce qui vous fait défaut, qu'il n'est rempli que parce que vous êtes vidés ? Ne voyez-vous donc pas que plus vous travaillez fort et plus vous faites diligence pour apporter de l'eau, pires et non meilleures en sont alors les conséquences pour vous, précisément à cause du profit et que cela ne saurait avoir de fin ?

Les Agitateurs parlèrent de la sorte durant des jours, sans que personne ne fasse attention à eux. Mais un moment vint où le peuple prêta l'oreille et répondit aux Agitateurs :

— Vous dites vrai. À cause des Capitalistes et de leurs profits, il nous est impossible de récolter les fruits de notre travail, de telle sorte que notre travail est vain et que plus nous travaillons fort pour remplir le réservoir, plus vite il déborde et plus vite nous ne recevons plus rien étant donné qu'il y a trop, pour parler comme les Devins. Mais sachez que les Capitalistes sont des hommes féroces et dont la bienveillance même est cruelle. Dites-nous donc, si vous le connaissez, le moyen de nous libérer de notre servitude ; mais si vous ne connaissez aucun moyen sûr de nous libérer, nous vous implorons de vous taire et de nous laisser en paix, afin que nous puissions un tant soit peu oublier notre misère.

Les Agitateurs répondirent :

— Nous connaissons ce moyen.

Les gens leur dirent alors :

— Ne nous mentez pas. Ce système existe depuis longtemps et bien que nombreux soient ceux qui ont cherché, les larmes aux yeux, le moyen de nous libérer, personne à ce jour ne l'a trouvé. Si toutefois vous connaissez vraiment ce moyen, dites-le nous, et vite.

Les Agitateurs parlèrent alors du moyen et dirent :

— Quel besoin avez-vous de ces Capitalistes et pourquoi leur donnez-vous le fruit de votre travail ? Quels grands services vous rendent-ils pour que vous leur offriiez un tel tribut ? Pensez-y : ce n'est que parce qu'ils vous mettent en équipes, vous commandent de faire ceci ou cela et qu'ils vous donnent ensuite un peu de cette eau que vous leur avez apportée. Voici donc le moyen de mettre un terme à votre servitude : faites pour vous-même ce que le Capitaliste fait pour vous, à savoir la décision de travailler, l'organisation du travail, la division des tâches. Ainsi vous n'aurez nul besoin des Capitalistes, vous n'aurez plus à leur donner de profit et vous partagerez entre frères le fruit entier de votre labeur, chacun en obtenant la même portion. De la sorte, le réservoir ne débordera jamais plus, chacun boira tout son saoûl et vous pourrez utiliser l'eau qui reste pour ériger des fontaines ou bâtir des étangs selon votre plaisir, comme le faisaient les Capitalistes : mais tout cela se fera désormais pour le bonheur de tous.

Et les gens répondirent :

— Comment pouvons-nous accomplir cela, qui est tellement souhaitable ?

Les Agitateurs répondirent :

— Choisissez des hommes discrets qui rassembleront vos équipes et ordonneront le travail, comme le faisaient les Capitalistes. Mais prenez garde qu'ils ne soient pas vos maîtres, comme l'étaient les Capitalistes, mais des frères qui désireront ce que vous désirez et qui ne prendront aucun profit mais seulement leur part, qui sera la même que celle des autres. Qu'il n'y ait plus ni maîtres ni serviteurs parmi vous, mais uniquement des frères. Et que de temps à autre, lorsque vous le jugerez à propos, d'autres hommes discrets remplacent ceux qui coordonnent le travail.

Les gens écoutaient et l'idée leur semblait juste et bonne. Mieux : elle leur parut facile à réaliser. D'une seule voix, ils lancèrent :

— Ce sera comme on l'a dit puisque nous allons le faire !

Les Capitalistes entendaient tout ce vacarme, entendaient toutes ces voix et tout ce qui s'était dit, comme l'avaient également entendus les Devins, les Saints Hommes ainsi que les puissants Hommes de Guerre, qui étaient le rempart des Capitalistes ; tous se mirent à trembler, genoux s'entrechoquant et ils se dirent les uns aux autres :

— C'est la fin pour nous.

Il y avait cependant aussi de vrais prêtres du Dieu vivant qui n'avaient jamais prêché pour les Capitalistes et qui avaient une véritable commisération pour le peuple ; et quand ceux-là entendirent ses cris et ce qui s'était dit, ils exultèrent de bonheur et remercièrent Dieu que le jour de la délivrance soit arrivé.

Et les gens allèrent accomplir toutes les choses que leur avaient dites les Agitateurs et tout se déroula comme ils l'avaient dit. Il n'y eut plus jamais la soif dans ce pays, ni jamais plus quelqu'un ne fut affamé ou dénudé, jamais plus qui que ce soit n'eut froid ou ne souffrit de quelque manque de ce genre. Et chacun s'adressait à ses semblables en disant « Mon frère » ou « Ma sœur », car ils étaient en effet désormais des frères et des sœurs, travaillant ensemble et unis.

Les grâces de Dieu furent éternellement sur ce pays.

BIBLIOGRAPHIE

Edward Bellamy est l'auteur d'une œuvre abondante, qui n'avait d'ailleurs pas été entièrement publiée au moment de son décès et qui ne l'est toujours pas, du moins sous la forme de livres. Avant même *Looking Backward*, il avait déjà fait paraître plusieurs romans, de nombreuses nouvelles (dans des revues) et un grand nombre d'articles de journaux. Après *Looking Backward*, dont il rédigera une suite – *Equality* –, il écrira encore de très nombreux articles pour la presse du Parti nationaliste.

Quant à la littérature concernant Bellamy en général et *Looking Backward* en particulier, elle est, elle aussi, fort abondante – même si la quantité de textes aujourd'hui publiés n'est en rien comparable à ce qu'elle a été à la fin du XIXe et au début du XXe siècle.

Ce qui suit ne constitue qu'une simple première orientation bibliographique dans ces masses de documents.

On y trouvera d'abord (section I) un choix d'œuvres de Bellamy ; puis (section II) quelques éditions choisies de *Looking Backward* (distinctes par leurs préfaciers et intéressantes pour cela), ainsi que les deux éditions françaises qui en ont été tirées.

Suivent un choix d'études sur Bellamy et sur *Looking Backward* (section III) et un choix d'études sur la période historique concernée et notamment ses mouvements sociaux et ses luttes ouvrières (section IV).

On trouvera enfin quelques références sur l'économie participaliste (section V) puis un choix de sites Internet (section VI).

I. Œuvres d'Edward Bellamy

Six to One : A Nantucket Idyl, New York, G. P. Putnam's Sons, 1878.

Dr. Heidenhoff's Process, New York, D. Appleton, 1880.

Miss Ludington's Sister : A Romance of Immortality, Boston, James R. Osgood and Co., 1884.

Looking Backward, 2000-1887, Boston, Ticknor, 1888.

Equality, New York, D. Appleton, 1897.

The Blindman's World and Other Stories, Boston/New York, Houghton Mifflin, 1898.

The Duke of Stockbridge : A Romance of Shays' Rebellion, New York, Silver Burdett, 1900.

Edward Bellamy Speaks Again !, Kansas City, Peerage Press, 1937.

Talks on Nationalism, Chicago, Peerage Press, 1938.

Selected Writings on Religion and Society, New York, Liberal Arts Press, 1955.

« Why I Wrote Looking Backward », repris dans : Kenneth M. Roemer, *America as Utopia*, New York, Burt Franklin, 1981, p. 22-27.

II. Éditions de Looking Backward

En anglais

Looking Backward, 2000-1887, New York et Scarborough, Ontario, New American Library, 1960. Avant-propos d'Erich Fromm.

Looking Backward, 2000-1887, Cambridge, Harvard University Press, 1967. Introduction de Robert L. Shurber.

Looking Backward, 2000-1887, New York, The Modern Library, 1981. Introduction de Heywood Broun.

Looking Backward, 2000-1887, New York, Penguin Classics, Penguin Books, 1982. Introduction de Cecelia Tichi.

Looking Backward, 2000-1887, Boston/New York, Boston Books of St. Martin's Press, 1995. Introduction et notes de Daniel H. Borus.

Looking Backward, 2000-1887, New York, Signet Classics Paperback, 2000. Introduction de James Walter Miller.

Looking Backward, 2000-1887 New York, Broadview Press, 2003. Introduction d'Alex McDonald.

En français

Cent ans après ou l'an 2000, Paris, Éditions E. Dentu, 1891. Traduction de Paul Rey, préface de Théodore Reinach.

Seul de son siècle, Traduction et discussion du roman communiste « Looking Backward » de M. Ed. Bellamy, Vicomte Combes de Lestrade, Paris, Guillaumin et Cie Éditeurs, 1891.

III. Études sur *Looking Backward* et sur Edward Bellamy

Adams, Frederick B. Jr., *Radical Literature in America*, Stamford, Connecticut, Overbrook Press, 1939.

Beilharz, Peter, « Looking Back : Marx and Bellamy », *The European Legacy*, vol. 9, n° 5, 2004, p. 597-604.

Blau, Jospeh L., « Bellamy's Religious Motivation for Social reform », *Review of Religion*, 21, mars 1957, p. 156-166.

Bleich, David, « Eros and Bellamy », *American Quaterly*, 16, automne 1964, p. 445-459.

Bogart, William T., « Looking Backward at Feasible Socialism : Using Bellamy to Teach Schumpeter », *Journal of Economic Education*, vol. 26, 1995.

Bowman, Sylvia E., *The year 2000. A critical Bibliography of Edward Bellamy*, New York, Bookman Associates, 1958.

—, *Edward Bellamy*, Boston, Twayne Publishers, 1986.

— *et al.*, *Edward Bellamy Abroad. An American Prophet's Influence*, Boston, Twayne Publishers, 1962.

Connor, George E., « The Awakening of Edward Bellamy : Looking Backward at Religious Influence », *Utopian Studies*, vol. 11, 2000.

Dewey, John, « The Great American Prophet », *Common Sense*, avril 1934, p. 1-7.

DURIEUX, Catherine, « Les femmes dans l'œuvre utopique d'Edward Bellamy », *Revue d'histoire du XIXe siècle*, 24, 2002.

DOMBROWSKI, James, *The Early Days of Christian Socialism in America*, New York, Columbia University Press, 1936.

FRANKLIN, J.H., « Edward Bellamy and the Nationalist Movement », *The New England Quarterly*, vol. 11, décembre 1938, p. 739-772.

GARDNER, Martin, « Looking Backward at Edward Bellamy's Utopia », *New Criterion*, septembre 2000.

GRAY, Alexander, *The Socialist Tradition*, New York, Longmans, Green & Co., 1946.

GUTEK, G., « Analysis of Formal Education In Edward Bellamy's *Looking Backward* », *History of Education Quarterly*, vol. 4, n° 1, mars, 1964.

HALEWOOD, W. H., « Catching Up with Edward Bellamy », *University of Toronto Quarterly*, vol. 63, n° 3, printemps 1994, p. 451-61.

HILLQUIT, Morris, *History of Socialism in the United States*, New York, Funk & Wagnalls, 1903.

JACOBY, Russell, « Looking Backward : From 200 to 1887 », *Harpers' Magazine*, décember 2000.

KNOPP, James J., « Looking Backward at Edward Bellamy's Influence in Oregon, 1888-1936 », *Oregon Historical Quarterly*, vol. 104, n° 1.

LIPOW, Arthur, *Authoritarian Socialism in America*, Berkeley/Los Angeles/Oxford, University of California Press, 1991.

MACY, John, *Socialism in America*, New York, Doubleday, Page & Co., 1916.

MANNHEIM, Karl, *Ideology and Utopia*, New York, Harcourt Brace, 1949.

MORGAN, Arthur E., *Edward Bellamy*, New York, Columbia University Press, 1944.

—, *The Philosophy of Edward Bellamy*, New York, King's Crown Press, 1945.

MULLIN, John Robert, « Bellamy's Chicopee. A Laboratory for Utopia ? », *Journal of Urban History*, vol. 29, n° 2, janvier 2003, p. 133-150.

NORDHOFF, Charles, *The Communistic Societies of the United States*, New York, Harper and Brothers, 1875.

PARRINGTON, Vernon L., *American Dreams : A Study of American Utopia*, Providence, Rhode Island, Brown University, 1947.

PATAI, Daphne (dir.), *Looking Backward, 1988-1888 : Essays on Edward Bellamy*, Boston, University of Massachusetts Press, 1989.

PEYSER, Tom, « Looking Backward at *Looking Backward* », *Reason*, août/septembre 2000. Consulté en ligne le 11 janvier 2007 : http://reason.com/0008/fe.tp.looking.shtml

SCHIFFMAN, Joseph (dir.), *Edward Bellamy. Selected Writings on Religion and Society*, New York, The Liberal Arts Press, 1955.

SHURBER, Robert L., « Introduction », *Looking Backward, 2000-1887*, Cambridge, Harvard University Press, 1967.

THOMAS, J. L., *Alternative America : Henry George, Edward Bellamy, Henry Demarest Lloyd and the Adversary Tradition*, Boston, Harvard University Press, 1983.

TRAHAIR, Richard, « Looking Backward : 2000-1887, 2nd ed. », *Utopian Studies*, vol. 8, n° 2, printemps 1997, p. 118-120.

WIDDICOMBE, R. T., *Edward Bellamy : An Annotated Bibliography of Secondary Criticism*, Garland Reference Library of the Humanities, vol. 827, 1988.

— et H. S. Preiser, *Revisiting the legacy of Edward Bellamy (1850-1898)*, Lewiston, Edwin Mellen Press, 2002.

IV. CONTEXTE HISTORIQUE, MOUVEMENTS SOCIAUX ET LUTTES OUVRIÈRES

ARTAUD, Denise et André Kaspi, *Histoire des États-Unis*, Paris, Librairie Armand-Collin, 1969.

BEARD, Charles A., *Contemporary American History 1877-1913*, New York, Kennikat Press, 1971.

BUCK, Paul H., *The Road to Reunion 1865-1900*, Boston, Little, Brown and Company, 1937.

FONER, Philip S., *History of the Labor Movement in the United States Volume 1*, New York, International Publishers, 1947.

—, *History of the Labor Movement in the United States Volume 2*, New York, International Publishers, 1947.

GUÉRIN, Daniel, *Le Mouvement ouvrier aux États-Unis de 1866 à nos jours*, Paris, Librairie François Maspero, 1977.

KASPI, André, *Les Américains : I. Naissance et essor des États-Unis 1607-1945*, Paris, Éditions du Seuil, 1986.

LACOUR-GAYET, Robert, *Histoire des États-Unis : des origines à la fin de la guerre civile*, Paris, Librairie Arthème Fayard, 1976.

—, *Histoire des États-Unis : de la fin de la guerre civile à Pearl Harbor*, Paris, Librairie Arthème Fayard, 1976.

LAWLISS, Chuck, *The Civil War Sourcebook A Traveler's Guide*, New York, Harmony Books, 1991.

MARSHALL, Ray et Brian Rungeling, *L'Amérique des Syndicats*, Paris, Economica, 1978.

REEDY, T.W., *Le Syndicalisme aux États-Unis*, Paris, Éditions M.-Th. Génin, 1960.

ZINN, H., *Une histoire populaire des États-Unis : de 1492 à nos jours*, Montréal/Marseille, Lux/Agone, (2002, 2004) 2006.

WOODWARD, C.V., *Reunion and Reaction : the Compromise of 1877 and the End of Reconstruction*, Boston, Little, Brown and Company, 1966.

V. SUR L'ÉCONOMIE PARTICIPALISTE (OU PARTICIPATIVE)

ALBERT, M., *Après le capitalisme. Éléments d'économie participaliste*, Marseille, Agone, 2003.

—, *L'Élan du changement*, Montréal, Écosociété, 2004. Préface de Normand Baillargeon.

ALBERT, M. et R. Hahnel, *Quiet Revolution in Welfare Economics*, Princeton, NJ, Princeton University Press, 1990.

—, *Looking Forward : Participatory Economics for the Twenty First Century*, Boston, South End Press, 1991.

—, *The Political Economy of Participatory Economics*, Princeton, Princeton University Press, 1991.

BAILLARGEON, Normand, « Une proposition libertaire : l'économie participative ». Paru dans : *Les chiens ont soif*, Montréal/Marseille, Comeau-Nadeau/Agone, 2001. Disponible en ligne à : http://

bibliolib.net/article.php3?id_article=14. (Lien vérifié le 11 janvier 2007)

—, « L'écopar. Enfin des idées libertaires pour l'économie », *Possibles*, vol. 29, n° 2, printemps 2005, p. 131-148.

VI. INTERNETOGRAPHIE

Tous les liens présentés ci-dessous ont été vérifiés le 11 janvier 2007.

Edward Bellamy : A Nineteenth Century Visionary. Extraits de textes de Bellamy ainsi que des essais qui lui sont consacrés :
http://www2.sjsu.edu/faculty/wooda/bellamy.html.

Version électronique de *Looking Backward*, en anglais :
http://xroads.virginia.edu/~HYPER/BELLAMY/toc.html.

Version électronique de *Equality*, en anglais :
http://www.gutenberg.org/etext/7303.

La bibliothèque numérique de la Bibliothèque nationale de France maintient en ligne en format PDF *Cent ans après ou l'an 2000*, ainsi que *Seul de son siècle, deux traductions de* Looking Backward :
http://gallica.bnf.fr/

Un site consacré aux *Trade Unions* du XIXe siècle :
http://www.spartacus.schoolnet.co.uk/USAtu.htm.

TABLE

CET OUVRAGE A ÉTÉ IMPRIMÉ EN FÉVRIER
2007 SUR LES PRESSES DES ATELIERS DE
L'IMPRIMERIE MARQUIS POUR LE COMPTE DE
LUX, ÉDITEUR À L'ENSEIGNE DU CHIEN D'OR

Il a été composé avec LaTeX, logiciel libre
par Sébastien MENGIN

La révision du texte et la correction des épreuves
ont été réalisées par Annie PRONOVOST et Marie-Eve LAMY

Lux Éditeur
c.p. 129, succ. de Lorimier
Montréal, Qc H2H 1V0

Diffusion et distribution au Canada : Flammarion
Tél. : (514) 277-8807 - Fax : (514) 278-2085

Diffusion en France : CEDIF
Distribution : DNM / Diffusion du nouveau monde
Tél. : 01.43.54.49.02 – Téléc. : 01.43.54.39.15

Imprimé au Québec